HACIA LA REVOLUCIÓN

¡INFORMACIÓN!

ABRIL DE 2018

CARLOS ASTRADA - ELÍAS CASTELNUOVO
NORBERTO FRONTINI - RODOLFO GHIOLDI
BERNARDO KORDON - LEOPOLDO MARECHAL
EZEQUIEL MARTÍNEZ ESTRADA
JORGE RICARDO MASETTI - MARÍA ROSA OLIVER
ANÍBAL PONCE - ENRIQUE RAAB
LEÓN RUDNITZKY - ALFREDO VARELA

HACIA LA REVOLUCIÓN

Viajeros argentinos de izquierda

Selección y prólogo de Sylvia Saítta

FONDO DE CULTURA ECONÓMICA

MÉXICO - ARGENTINA - BRASIL - COLOMBIA - CHILE - ESPAÑA
ESTADOS UNIDOS DE AMÉRICA - PERÚ - VENEZUELA

Primera edición, 2007

Hacia la revolución : viajeros argentinos de izquierda / compilado por Sylvia
Saítta ; con prólogo de: Sylvia Saítta. - 1a ed. - Buenos Aires : Fondo de
Cultura Económica, 2007.
    348 p. ; 21x14 cm. (Tierra firme)

    ISBN 978-950-557-731-6

    1. Crónicas. I. Saítta, Sylvia, comp. II. Saítta, Sylvia, prolog.
    CDD 070.43

Nota del editor
Se han llevado a cabo todos los esfuerzos posibles por contactar
a los propietarios de los derechos de reproducción de todos los artículos
publicados en este volumen. Los editores están dispuestos a corregir
cualquier omisión que se les haga notar.

Coordinación de la Serie Viajeros: Alejandra Laera

Diseño de tapa: Juan Balaguer

D.R. © 2007, Fondo de Cultura Económica de Argentina, S.A.
            El Salvador 5665; 1414 Buenos Aires, Argentina
            fondo@fce.com.ar / www.fce.com.ar
            Av. Picacho Ajusco 227; 14200 México D.F.

ISBN: 978-950-557-731-6

Impreso en Argentina - *Printed in Argentina*
Hecho el depósito que previene la ley 11.723

ÍNDICE

Hacia la revolución

Sylvia Saítta

En todas sus acepciones, la palabra revolución expresa un cambio violento y profundo; alzamientos o insurrecciones que generan conmoción tanto en las estructuras políticas y sociales existentes como en los sistemas de valores. Asimismo, designa a uno de los más poderosos mitos políticos modernos: el que considera la revolución como la única manera de hacer tabla rasa con el pasado para instalar definitivamente, y para siempre, un mundo nuevo para un hombre nuevo. A su vez, en ciertos períodos de la historia del siglo XX, la revolución, además de un hecho político, social o cultural, se convierte en un *lugar* determinado en el mapa. A partir de la Revolución Rusa de 1917, la noción misma de revolución se *espacializa*, porque desde entonces delimita un territorio y funda un escenario que, precisamente por eso, supo convocar a viajeros, cronistas, intelectuales y políticos de todo el mundo.

La Unión Soviética hasta los años cincuenta, la República Popular China y la Cuba revolucionaria fueron tres momentos del siglo XX en los cuales la revolución dejó de ser la utopía soñada por muchos para convertirse en un modelo existente de sociedad cuyo modo de funcionamiento prometía la felicidad de todos sus integrantes. Por lo tanto, y desde la Revolución Rusa en adelante, las representaciones de la sociedad ideal abandonaron un imaginario tiempo futuro para convertirse en puro presente: bastaba con atravesar el océano o cruzar una frontera para presenciar ese futuro devenido presente y tocar con las manos un sueño realizado.

Para los argentinos en particular, y los latinoamericanos en general, el camino abierto por Rusia parecía demostrar –como sostiene Ricardo Falcón– que la revolución también era posible en un país de capitalismo periférico, gobernado por una aristocracia secular y con la presencia dominante de campesinos pobres. En sus comienzos, la Revolución Rusa también representó, en palabras de Beatriz Sarlo, un principio de transformación radical cuyo atractivo residía en sus proporciones épicas, en la juventud de sus dirigentes, y en el nacimiento de un nuevo orden que anunciaba el trastrocamiento de todos los lugares sociales; en los años treinta, para países no desarrollados como Argentina, la sociedad soviética continuaba resultando atractiva tanto por su racionalidad, planificación, industrialización, aplicación de la ciencia y la tecnología y también como modelo de sociedad, posibilidades de felicidad e igualdad social. Del mismo modo, la creación de la República Popular China demostró que era posible romper con sistemas imperialistas de dominación a través de una revolución que introdujo la industria y la modernización sin impugnar por ello una tradición cultural milenaria. Como afirma Eric Hobsbawm, el comunismo chino fue un hecho tanto social y político como cultural; por lo tanto, cuando los comunistas tomaron el poder en 1949 se convirtieron en los verdaderos sucesores de las dinastías imperiales y demostraron ser capaces de crear una organización disciplinada a escala nacional, con una política de gobierno desarrollada desde el centro hasta las más remotas aldeas. A estos factores se sumó la incuestionable heroicidad de los ochenta mil hombres que iniciaron la Larga Marcha a través de un recorrido de 10.000 kilómetros, esquivando a los militares o enfrentando al enemigo.

En el caso de Cuba, el atractivo fue aun superior. Según la descripción de Hobsbawm, la Revolución Cubana parecía tenerlo todo: "espíritu romántico, heroísmo en las montañas, antiguos líderes estudiantiles con la desinteresada generosidad de su juventud –el más viejo apenas pasaba de los 30 años–, un pueblo jubiloso en un paraíso turístico tropical que latía a ritmo de rumba". Si la imagen heroica de los jóvenes guerrilleros fue un dato fundamental en la radicalización de los países del primer mundo, donde se pensó que una emancipación a nivel mundial podía ser posible a través de la liberación de los países pobres y dependientes, para esos países periféricos, en cambio, la Revolución Cubana significó la apertura de un proceso absolutamente original. Como sostiene Claudia Gilman, fue la primera revolución socialista realizada sin la participación del Partido Comunista, que abrió un camino para toda Latinoamérica; para los argentinos en particular, se sumaba el atrayente carisma del Che Guevara, que representaba el idealismo desinteresado y la violencia revolucionaria.

En diferentes momentos del siglo XX, entonces, la Unión Soviética, la República Popular China y Cuba se mostraron a sus espectadores como sistemas sociales capaces de restituir el sentido de todos los actos de una vida; de ofrecer un nuevo sistema de creencias y principios éticos a la modernidad de un mundo desencantado. Ser testigo de esas sociedades radicalmente nuevas se convirtió, como para el resto del mundo, en el anhelo de muchos intelectuales, escritores y periodistas argentinos: "He venido a ver, nada más […] ver con los ojos la realización del socialismo y tocarlo después con las dos manos", dice el escritor Elías Castelnuovo cuando llega a Leningrado en 1931. Ver y tocar: la experiencia revolucionaria se materializa ante la mirada de Castelnuovo porque pisar el suelo soviético –como para María Rosa Oliver recorrer China o para Ezequiel Martínez Estrada residir en Cuba– es experimentar la realización de un modelo de justicia social en sus aspectos más tangibles y materiales: tanto en la economía, la política y la organización social como en la cultura, la educación y la medicina. Y a su vez, es sentirse parte de una comunidad reconciliada, regida por la armonía entre valores diferentes, entre el individuo y la sociedad, entre la cultura y la naturaleza, entre los intereses públicos y los privados, entre los deseos y la realidad.

Esa armonía se manifiesta, ante la mirada de los viajeros, en todos los niveles de la organización social: recién llegado a la Unión Soviética en 1957, y apenas desciende del avión, Bernardo Kordon interpreta el "contraste de poderío técnico y sencillez humana" del aeropuerto de Moscú como símbolo de "el poderío soviético y la sencillez rusa". Alfredo Varela la descubre después de visitar una fábrica rusa en 1949, donde asiste a las clases de las escuelas técnicas y los centros de enseñanza; en ese entonces, sostiene que en la Unión Soviética "va desapareciendo la frontera entre el trabajo intelectual y el manual" así como se disipan las diferencias culturales entre el campo y la ciudad: "los muchachos y las muchachas conocen desde chicos los tractores, camiones y máquinas combinadas. A veces los engrasan, los arreglan y también los manejan. Poco a poco, las fronteras entre la ciudad y el campo se van borrando. Y por lo tanto, también se diluyen las diferencias entre la juventud urbana y la campesina". La organización soviética del trabajo conduce al bienestar individual y al de la comunidad porque "el egoísmo ya no tiene razón de ser, porque el interés personal no choca, sino que se confunde, con el colectivo". Los lazos armónicos que existen entre los miembros de una sociedad revolucionaria son tales que los camaradas chinos, sostiene Kordon, hacen el elogio de los capitalistas de Shanghai, y hasta en las cárceles, según cuentan María Rosa Oliver y Roberto Frontini –donde no hay cerrojos en las puertas y los muros que dan a la calle son de escasa altura– los presos no están custodiados por guardias armados: los presos "trabajan, toman sol, hacen deporte, aprenden a leer y se ponen en contacto con la vida política del país a través de las lecturas y comentarios de las noticias diarias; pueden ir y venir a su antojo por toda la cárcel", porque en la prisión comprenden que los motivos que los llevaron a delinquir estaban íntimamente relacionados con las condiciones sociales de la sociedad en la que vivían. En este sentido, la armonía que los viajeros descubren en China difiere sustancialmente de la de otras sociedades revolucionarias porque se trata de una revolución que no arrasa con el pasado sino que concilia ese pasado milenario con un presente revolucionario: "el orgullo nacional chino –afirma Kordon– se fija en el amor a las realizaciones del pasado, y es el motor que impulsa a un gobierno revolucionario a reconstruir a toda costa los grandes monumentos del pasado feudal".

El mayor impacto que estas comunidades reconciliadas producen en la mirada de escritores y periodistas es la inexistencia del abismo que suele separar a los intelectuales del pueblo: si para Oliver y Frontini la idea de servir al pueblo surge con las nuevas condiciones de vida, y este ideal enciende "el alma de los intelectuales con una llama que antes desconocían, sus conocimientos sirven para hacer feliz a una sociedad en la cual, a su vez, ellos pueden desarrollar al máximo su capacidad creadora", para Varela, con la destrucción del capitalismo, el arte está al servicio de los trabajadores: "Como los intereses de esta sociedad son los mismos que los del artista y los objetivos del socialismo coinciden con sus sueños más audaces, ahora es realmente independiente. Aún más: por primera vez en la historia ha conquistado la libertad". En este sentido, Aníbal Ponce, después de asistir a una representación de *Las almas muertas* de Nicolás Gogol en la que descubre que "jamás un escritor o un artista, en ningún país de la tierra, ha tenido a su lado un público más alerta y comprensivo", considera que el lugar que la sociedad rusa le otorga a la cultura resuelve los conflictos entre las armas y las letras, el mundo del trabajo y el mundo de la cultura:

> El mismo obrero que trabaja por la mañana en la granja o las usinas, asiste por la tarde al club o los museos, frecuenta por la noche el teatro o los conciertos. Ediciones fabulosas de los mejores libros publicados dentro y fuera del país se agotan en pocos días, y mientras en el resto del mundo se acumulan los obstáculos para impedir a las masas el ingreso a las escuelas, la Nueva Rusia desparrama a manos llenas el tesoro de la cultura, alienta la más mínima inquietud renovadora.

La armonía subrayada por estos viajeros constituye, siguiendo a Isaiah Berlin, el elemento central de toda aspiración utópica, esa creencia de que "en alguna parte, en el pasado o en el futuro, en la revelación divina o en la mente de algún pensador individual, en los pronunciamientos de la historia o de la ciencia, o en el simple corazón de algún hombre bueno e incorrupto, existe una solución definitiva"; esa creencia basada "en la convicción de que todos los valores positivos en los que han creído los hombres deben ser compatibles, e incluso quizá implicarse unos a otros". De allí que, para Ponce, la Revolución Rusa confirma la realización de la utopía porque el hombre soviético "introduce su voluntad en lo que parecía inaccesible; cambia el curso de los ríos, renueva el alma de las viejas tribus, transforma a su antojo la flora y la fauna", y todo ello "de acuerdo a un plan minuciosamente elaborado" por sabios ante cuyo empuje creador han cedido ya las viejas nociones de la biología, la etnografía o la geografía física. Castelnuovo confirma los alcances de esta transformación a través de su propia experiencia: "el soplo de la libertad, de una libertad nunca vista, comienza a acariciar el cuerpo y el alma del viajero. Y el que hacía tiempo que no sonreía empieza a sonreír, y el que hacía tiempo que no cantaba, se pone a cantar". Algo parecido sostiene Leopoldo Marechal quien, si bien se considera "un cristiano viejo, que además es un antiguo 'justicialista', hombre de tercera posición", afirma en un artículo publicado en la revista *Juan*, en junio de 1967: "Cuba es una isla feliz. Y como es feliz crea en torno a ella un psiquismo colectivo de felicidad que se contagia. Yo, en Cuba, hice una cura de juventud. Todos mis nervios se relajaron y volví completamente relajado".

El otro componente de la noción de utopía que aparece reiteradamente en los relatos de los viajeros es el encuentro con sociedades en las cuales los intereses de la comunidad prevalecen por sobre los del individuo y donde el bien de la comunidad garantiza la felicidad de todos sus componentes. La idea de que "todo es de todos" resulta, para Castelnuovo, una realidad que se encuentra difundida y arraigada en la clase trabajadora; para Varela, parece "un cuento de hadas" porque los beneficios de la propiedad colectiva de los medios de producción "van a parar a manos de todos". En el mismo sentido, para Martínez Estrada la Revolución Cubana sostiene, por primera vez en América, una revolución integral que cumple la "voluntad general" para constituir una sociedad "con todos y para todos".

En el anhelo de presenciar la existencia de esas sociedades utópicas, el viaje a la Unión Soviética inaugura una nueva forma de viajar porque a través del viaje se "realiza un modelo": como caracteriza Mario Laserna, desde la Revolución Rusa, el intelectual, el cronista, el político de izquierda viajan para conocer una realidad concreta que es importante no sólo por lo que constituye en sí misma, sino porque representa la materialización de una teoría general que se piensa transmisible y trasladable a otros espacios, a otras naciones, a otras culturas. De este modo, el viaje a la revolución convierte al viajero en espectador de un experimento que se ha cumplido y que, por lo tanto, convierte a esa sociedad en objeto de un conocimiento racional, un conocimiento "que permite no sólo entenderla o conocerla en sí misma, sino también planearla, controlarla, predecir su comportamiento, explicar las condiciones de su origen, su estado actual y su desarrollo pasado y futuro".

La idea de enfrentarse a un experimento resuelto es predominante en el relato de Ponce, porque Ponce no *mira* la realidad soviética sino que *constata* la puesta en funcionamiento de un modelo teórico: como señala Oscar Terán, el viaje a Rusia contribuyó a delinear con más entusiasmo su visión teórica porque fue la comprobación experimental de sus principios. La certeza es tal que Ponce no necesita recorrer Moscú para afirmar, como lo hace cuando atraviesa el arco de Negoroloiev donde figuran las palabras que invitan a la unión de los obreros de todo el mundo, que "la utopía enorme, que parecía destinada a flotar entre las nubes, tiene ya en los hechos su confirmación terminante". Aun para Leopoldo Marechal, ajeno a la ideología marxista, Cuba es el laboratorio donde se plasma la primera experiencia socialista de América Latina, que funcionará como ejemplo para el resto de los países latinoamericanos.

A su vez, para los escritores, periodistas e intelectuales que viajaron a Rusia, China o Cuba, el modelo tenía un atractivo especial. Más allá de sus diferentes aspectos económicos o sociales, los tres tenían, como propone Paul Hollander, un componente en común: se trataba de sociedades donde escritores, poetas y ensayistas ocupaban posiciones de poder; más que críticos o soñadores, los intelectuales eran los que estaban haciendo la historia. Por lo tanto, la entrevista a los líderes políticos –que suele ser un capítulo en los relatos de los viajeros de izquierda– se convierte en una conversación entre *iguales*: en febrero de 1958, en los montes de Sierra Maestra, "el famoso" Che Guevara, "el joven médico argentino metido a comandante héroe y a hacedor de una revolución que no tenía nada que ver con su patria", se revela para Jorge Masetti como "un muchacho argentino típico de clase media"; "a poco de hablar nos dimos cuenta de que coincidíamos en muchas cosas […] y comenzamos a tutearnos". Algo similar sucede cuando el filósofo Carlos Astrada entrevista a Mao Tse Tung a finales de agosto de 1960 en su residencia de Tien An Men en Pekín; muy rápidamente, los tiempos de la entrevista se alargan y la formalidad inicial del diálogo deja su paso a una conversación de más de tres horas y media de duración que, en tanto se cena, transita por todos los temas: desde la construcción del socialismo en la República Popular China hasta las etapas decisivas en el movimiento filosófico europeo, pasando por la evolución de las religiones en China y el rol decisivo de las Comunas Populares en la construcción del socialismo en el país. La referencia a estos intelectuales revolucionarios es constante en otros viajeros a China: Oliver y Frontini reflexionan sobre la figura del escritor, poeta y dramaturgo Kuo Mo Jo, quien es, a su vez, el vicepresidente de la República Popular China; por su parte, Kordon dedica un cálido homenaje al escritor y general Lu-Sing, en cuyo museo se exhiben sus obras literarias y los testimonios sobre su participación en la revolución cultural.

De todos los líderes políticos revolucionarios, Fidel Castro y el Che Guevara fueron los que más entusiasmaron a los intelectuales que visitaron Cuba, particularmente a los argentinos. Sus atributos eran únicos: jóvenes, altruistas, combatientes guerrilleros, universitarios y teóricos de la lucha revolucionaria; no formaban parte de la vieja izquierda, se mostraban partidarios de la experimentación y no dependían de partidos o facciones políticas. En este sentido, el modo en que Fidel Castro irrumpe en el relato de Masetti, demorado en una espera de días y horas a la expectativa, *dice* sobre la figura de Castro más de lo que efectivamente narra: Masetti está durmiendo sobre un jergón, muerto de frío, en un bohío destartalado, cuando una linterna le enfoca la cara:

> Yo no sentí deseos de abrir los ojos.
> —Déjale… déjale dormir, que luego le veré.
> Fue una voz extraña, como la de un chico afónico. No sé por qué, intuí que ése era el hombre por el que había viajado más de 7.000 kilómetros. Salté del jergón y sujetando mis abrigos corrí tras la voz.
> —Doctor Castro… –grité.
> Una enorme figura, cubierta con una manta a modo de poncho, giró hacia mí.

A su vez, como son intelectuales quienes detentan el poder, la situación de los escritores, periodistas, dramaturgos y artistas en la Unión Soviética, China o Cuba dista enormemente de las condiciones de producción que los viajeros sobrellevan en sus propios países. La instauración de un orden revolucionario modifica tanto las relaciones entre el artista y su público como los vínculos entre el intelectual y el Estado: "¿Es que alguna vez, en cualquier país capitalista, se ha considerado tan altamente el trabajo de un escritor?", se pregunta Varela cuando comprueba que la mayoría de los escritores soviéticos viven solamente de su labor literaria.

El relato del viaje

Así como el viaje a Rusia inaugura una nueva forma de viajar, inaugura también un nuevo modo de narrar la experiencia del viaje. Porque si bien se inscribe en las propias tradiciones culturales nacionales, el relato del viaje de izquierda se internacionaliza. En este sentido, se convierte en un texto siempre tensionado entre una estructura narrativa que se reitera de viajero en viajero, sea cual sea el país del que provenga, y las modulaciones propias de la lengua en la cual se enuncia; entre el escenario internacionalizado que se describe y las diferentes realidades nacionales de las que se proviene. Por su misma internacionalización, los relatos de los argentinos no difieren demasiado de los textos de los viajeros de izquierda procedentes de otros países y culturas, con quienes comparten los mismos tópicos, parecidas experiencias, similares representaciones.

En primer lugar, y principalmente en el caso de los viajeros a Rusia, la narración del cruce de la frontera constituye el capítulo fundacional del relato del viaje. Los viajeros expresan sus temores antes de enfrentarse a la aduana; dan cuenta de las habladurías que escuchan antes de cruzar la frontera: "se le llena la cabeza de tantas tonterías al viajero por el camino –dice Castelnuovo–, que al penetrar en territorio soviético, se pone uno a temblar como una rata. Se prepara materialmente para entrar en la morgue"; enumeran la cantidad de papeles que tuvieron que conseguir para estar en regla: "no cualquiera puede visitar la Unión Soviética –explica Alfredo Varela–, las puertas no están abiertas al turismo. Los diplomáticos y periodistas extranjeros no pueden moverse a su arbitrio dentro del país".

Para el periodista de *Crítica*, León Rudnitzky, las cosas no fueron fáciles a finales de 1927: apenas el tren en el que viajaba pisa suelo ruso, "súbitamente se apagan las luces y quedamos envueltos en espesas tinieblas"; ya en la aduana, donde "la inquisición sobrepasa todo lo imaginado", le revisan el equipaje, le abren las cartas de recomendación, es interrogado por el jefe y, finalmente, pierde el tren, debiéndose quedar en la desierta estación hasta la mañana siguiente. Para Castelnuovo, las cosas no fueron tan difíciles; después de la revisación de su equipaje y de un breve interrogatorio, el ingreso se complica cuando descubren en su valija el mate, la bombilla y la yerba, por los que fue sometido a un "tribunal de guerra atrás del mostrador".

En este sentido, Mary Louise Pratt sostiene que *las escenas de arribo* son una convención en toda la literatura de viajes porque enmarcan las relaciones de contacto y fijan los términos de su representación. En la Unión Soviética, el cruce de la frontera es literalmente un rito de pasaje entre dos mundos y dos tiempos; cruzar la frontera es enfrentarse con lo radicalmente diferente: "la gente *del otro mundo* –dice Castelnuovo en su primer encuentro con los rusos–, aunque rara, barbuda, melenuda, bigotuda, tocada con gorras de astracán o embutida adentro de un capote largo y talar, ceñido por una correa y acogotado de rulitos, parece, no obstante, extremadamente cordial y mansa". Para el dirigente comunista Rodolfo Ghioldi, en cambio, la diferencia es ideológica: a bordo de una nave, y aun antes de pisar suelo soviético, exclama: "el pequeño vapor rompía –¡era hora!– con el pesado y maloliente ambiente de las grandes ciudades, donde leer públicamente un diario comunista es delito y donde, para poder entrevistarse con algún camarada, es necesario rodearse de todas las precauciones a fin de evitar el espionaje o la celada policial. El último trozo de viaje por mar nos permitía de nuevo respirar con relativa seguridad. ¡Hasta cantamos *La Internacional!*".

En la descripción de *la escena de arribo*, y como parte de ese primer capítulo fundacional del relato, quienes viajan solos –y no como integrantes de algún grupo, ya sea de delegados a un congreso (como es el caso de Ghioldi), o como grupo invitado por el gobierno (como viajan Oliver y Frontini)– declaran, explícita o implícitamente, con qué posición ideológica llegan y cuáles son los objetivos del viaje: mientras Marechal aclara que viajó para participar como jurado en un certamen literario, Martínez Estrada afirma: "estoy en Cuba para servir a la revolución, que es también la causa de los pueblos expoliados por los *racketers* de la Banca Internacional, amedrentados y escarnecidos por los esbirros de la policía militar interamericana, y torturados y perseguidos por los verdugos y delatores en sus propios países".

Otros, en cambio, como Castelnuovo y Masetti, se presentan como observadores que, en principio, no tienen una posición tomada; Castelnuovo reitera: "yo no fui en calidad de amigo ni de enemigo del comunismo" o "yo no he venido a Rusia a hacerme bolchevique, he venido a ver, nada más […] a ver con los ojos la realización del socialismo"; Masetti, en el Prefacio de su libro, expone sus dudas y el objetivo de su viaje:

Salí de Buenos Aires lleno de dudas. Mi opinión sobre Batista estaba formada, por supuesto. Pero había que averiguar quiénes eran los que trataban de voltearlo y a qué intereses respondían. La única forma de saberlo, de despejar los interrogantes que siempre dejaban abiertos los cables de las agencias noticiosas, de conocer si realmente la causa del Movimiento 26 de Julio merecía la adhesión de quienes querían la libertad de Latinoamérica, era ir hasta Fidel Castro y plantearle claramente las preguntas que nos hacíamos aquí.

En ambos casos, este punto de partida se modifica al final del relato, como si la narración del viaje fuese, a la vez, la narración de un aprendizaje. Castelnuovo enfatiza el cambio experimentado a lo largo del viaje exclamando que, una vez entendido el "grave asunto de de la *plusvalía*", comenzó a pensar la explotación del hombre desde la aritmética; Masetti, en cambio, subraya en el

final del relato, más que la experiencia de un cambio, la sensación
de pertenencia:

> La Habana se fue quedando abajo, atrás, pequeña, con sus rasca-
> cielos y su cimbreante malecón. Creí que una vez fuera de ella, sin
> policías secretos, ni chivatos, ni agentes del FBI debajo de las alfom-
> bras, me sentiría alegre, satisfecho. Pero no era así. Me encontré den-
> tro de mí con una extraña, indefinible sensación de que desertaba…

El que mejor sintetiza el resultado del aprendizaje es Kordon –aun
cuando su compromiso ideológico es previo al viaje– y lo hace a
través del epígrafe con el que se abre su libro, donde explica qué
significa el título elegido: "Al partir a China pensé que un libro
sobre el viaje podría llamarse *Uno y 600 millones*. Pero resulta
que en el mundo de hoy la fraternidad se llama China. Difícil
conocer ese pueblo sin identificarse con la suerte de 600 millones de chinos. Por eso *Uno y 600 millones* se convierte en *600
millones y uno*".

Otro de los rasgos de estos relatos de viaje es el uso de la comparación y la analogía para describir los nuevos escenarios. En el
caso de China, predomina la enumeración de las similitudes entre
lo que ven y los paisajes latinoamericanos: para Kordon, la sensación de estar en "el corazón populoso del lejano Shanghai" coincide con la de haber recorrido "el corazón desolado de mi América
del Sur"; para Oliver y Frontini, las analogías entre China y América
son tan evidentes que los confirma en la teoría sobre el nexo que
unió Asia con el continente americano en la época prehistórica.

En la Unión Soviética, en cambio, prevalece la comparación
entre aquello que ya sabían de Rusia por haberlo leído en novelas, en otros libros de viajeros o en crónicas periodísticas, y su propia experiencia. En la constatación o la discusión con lo ya leído,
los argentinos asumen lo que Edward Said denomina una "acti-

tud textual", noción que hace referencia a uno de los comporta-
mientos que experimenta el viajero cuando entra en contacto con
algo relativamente desconocido: para codificarlo y transmitirlo
el viajero recurre tanto a las experiencias que ya ha tenido y que
pueden aproximarse a lo nuevo, como a lo que ya ha leído sobre
el tema:

> De rato en rato, ahora, llueve. El cielo yace encapotado. Una garúa
> menuda y fría se desprende constantemente sobre la tierra enchar-
> cada. Las cúpulas de los palacios y las torres de las iglesias emergen
> entre las brumas de la mañana como en los días más tristes y taci-
> turnos que desfilan, sin cesar, a través de las páginas sombrías de las
> novelas de Antón Chéjov o de Saltikov Chedrín. Parece un día de
> *Los endemoniados*. (Castelnuovo)

> ¿Quién no ha oído hablar de la Perspectiva Nevski, quién no la conoce
> por los relatos de Tolstoi, Chéjov, Gorki o los actuales escritores sovié-
> ticos? El movimiento de la muchedumbre, que no cesa en la ciu-
> dad, parece hacerse más inquieto en esta hermosa avenida, jalo-
> nada de antiguos palacios y nuevos edificios monumentales, de
> grandes comercios del Estado, teatros y restaurantes. (Varela)

A pesar de compartir muchos de los rasgos que caracterizan a
los relatos de escritores, periodistas e intelectuales de todo el
mundo, en los relatos de los argentinos que viajan a Rusia y a
China ingresa como tema recurrente el idioma, y lo hace de dos
maneras. En primer lugar, como el gran problema con que se
enfrentan a la hora de interactuar con las sociedades que visitan.
Los viajeros dependen de los intérpretes para leer un diario,
asistir a una obra de teatro o, simplemente, comunicarse; de
allí, que todos los discursos que se incorporan sean traducidos,
aun cuando algunos viajeros intenten comprenderlos ya sea por

los gestos, como es el caso de Ghioldi, o por el poco ruso que aprendieron antes de viajar, como es el de Castelnuovo. De este intento de comprender nacen muchas situaciones cómicas o equívocas ("entender, lo entiendo relativamente bien –dice Castelnuovo–. Pero, se ve que al hablar lo asesino magistralmente, pues con cada uno que entablo conversación, me pregunta indefectiblemente si yo vengo de Oceanía"); en lo que *dice* comprender, el viajero expone, en realidad, todo aquello que el viajero *quiere* creer, como sucede cuando Ghioldi interpreta el discurso que un trabajador de los ferrocarriles dirige a los pasajeros cuando el tren en el que viajaba llega a Rusia:

> La mayoría de los que escuchábamos no entendíamos sus palabras, pero la entonación de su voz era tan elocuente, que comprendimos bien que en su cordial saludo de bienvenida nos pintaba los titánicos esfuerzos del proletariado ruso que, a pesar de todos sus dolores y sufrimientos, continuaba con heroica serenidad y firmeza su obra redentora.

En segundo lugar, para quienes no provienen de la elite, como Castelnuovo, Varela o el mismo Ghioldi, la reflexión sobre el idioma, particularmente el ruso, anula las distancias culturales que los separan de quienes pueden leer en francés o en inglés, por haber sido educados por institutrices extranjeras o en colegios europeos. Para Castelnuovo, el ruso es decididamente "el idioma del porvenir"; para Varela, reformula la noción misma de capital simbólico: "antes, para estar al día con los adelantos científicos o artísticos, era necesario conocer francés, inglés, alemán. Ahora –y cada día más– se hace indispensable para todo hombre verdaderamente culto el conocer el idioma ruso".

En Cuba, en cambio, la situación de los viajeros es radicalmente otra. La ausencia de mediadores permite que los viajeros circulen solos por la ciudad, que transmitan voces ausentes en los relatos de quienes viajaron a Rusia o a China, tanto las anécdotas callejeras como los diálogos con camareros, vendedores o transeúntes, y que lo hagan en la lengua del otro y no en un castellano rioplatense. Tanto es así, que Enrique Raab transcribe, como escena primaria de su arribo a Cuba, un comentario adverso a la revolución: "el sueño de todo periodista que llega a Cuba se está cumpliendo ahí mismo, con salir nomás del hotel: ver, a cara limpia y despotricando contra el gobierno, a un gusano contrarrevolucionario". A su vez, en Cuba los viajeros se divierten, y hacen divertir a sus anfitriones, con los usos diferenciados del mismo idioma, como sucede, por ejemplo, en las chanzas que transcribe Masetti durante todo el relato:

—¿Tú eres el argentino?... Carlos Bastidas, para servirte... Soy periodista ecuatoriano.
Cuando me acerqué para estrecharle la mano, calculé que tendría no más de 22 años.
—Me alegro de encontrar un colega –le dije.
—Dos colegas. Este es Paquito, camarógrafo cubano.
El barbudo enojado, me dijo, imitando el acento argentino:
—Qué decís... cheeee...

Cronistas, peregrinos y turistas políticos

"Compañeros de viaje" o "compañeros de ruta" fue la expresión con la que, durante varias décadas, se denominó a los simpatizantes de la Unión Soviética que no tenían un vínculo formal con el Partido Comunista. Salvo en muy contados casos –como el de Ghioldi– fueron precisamente esos "compañeros de viaje" quienes pusieron en palabras el relato del viaje: en estos casos, el compañero del viaje ideológico se convirtió en el protagonista de un viaje que desencadenó la narración. No obstante, no todos los intelectuales de izquierda que viajan lo hacen con la misma disposición; Hollander describe, en este sentido, dos figuras: la del peregrino político que, como el término lo indica, "se consagra de una manera fervorosa y consciente a los valores políticos que supone encarnados en el país que visita", y la del turista político, que se caracterizaría por adherir a los principios ideológicos del sistema del país al que arriba, pero que está menos politizado y no siempre es un intelectual. Enzensberger denomina a este último "turista revolucionario", expresión que es retomada irónicamente por Heberto Padilla en su poema "Viajeros" de *Provocaciones*: "En dos o tres semanas ya tienen experiencia/ suficiente para escribir un libro sobre los guerrilleros […] Todas son gentes cultas, serias, provistas de sistemas".

Peregrinos o turistas, lo cierto es que en los viajeros de izquierda argentinos se combinan el fervor religioso de Martínez Estrada, para quien el movimiento popular de liberación en Cuba "está vigorizado por un *élan* religioso", porque "la Revolución Cubana es la de los macabeos, que renueva el lema de su caudillo, de que 'quien combate a los tiranos sirve a Dios'", con la abierta simpatía de "un cristiano viejo, antiguo 'justicialista' y hombre de tercera posición" como Leopoldo Marechal. A su vez, conviven la libertad de movimientos de un militante como Rodolfo Ghioldi en la Moscú de 1921, y los recorridos pautados para las delegaciones de argentinos que integran María Rosa Oliver y Norberto Frontini por la China comunista, o el de Enrique Raab por Cuba, en 1973; la placidez que Alfredo Varela siente inmerso en la prosperidad de la Unión Soviética de 1949, y el sobresalto de Masetti, ante la duda de si podrá finalmente salir de Cuba con las grabaciones realizadas a los revolucionarios en Sierra Maestra.

La mayoría de los viajeros cuyos relatos se compilan en este libro viajaron como cronistas, y esto fue así, entre otros motivos, porque ya no se trataba —en términos de David Viñas— del viaje estético y consumidor de los escritores de la elite para quienes el viaje a Europa funcionaba como señal de prominencia social dentro del estatus literario, sino de intelectuales y escritores que accedieron al viaje en su calidad de periodistas: "Leer y viajar —cuenta Raúl González Tuñón— fueron las dos grandes escuelas de mi vida. Viajar se lo debo, en gran parte, al periodismo. Y así fue que conocí el mundo". Y así fue como León Rudnitzky y Alfredo Varela conocieron la Unión Soviética, y como Jorge Ricardo Masetti y Enrique Raab fueron testigos de la Revolución Cubana. Aun Castelnuovo, que viajó a Rusia como acompañante de su amigo Lelio Zeno —médico rosarino que había sido invitado para trabajar en un instituto de cirugía de Moscú—, lo hizo en calidad de corresponsal del diario *La Nación*, si bien a su regreso, como revela en sus *Memorias*, se vio obligado a publicar sus crónicas de viaje en *Bandera Roja* porque el país continuaba bajo el gobierno del general Uriburu:

> Se podía, no obstante, escribir, pero con arreglo a un patrón determinado o indeterminado, con puntos corridos y alusiones veladas, a causa de que lo que se tenía que decir no se podía decir, y lo que no se tenía que decir no se podía decir de ninguna manera. Sobre todo en la prensa seria. La otra prensa, en cambio, la de la otra vereda, continuaba siendo escrita como si la Constitución no hubiese perdido su vigencia.

En el resto de los viajeros, los motivos del viaje son otros: algunos viajaron por sus propios intereses en los aspectos políticos y culturales de las nuevas sociedades revolucionarias, como Ponce, Astrada, Kordon y Martínez Estrada; otros, por la invitación de los mismos gobiernos, como son los casos de Marechal, Oliver y Frontini.

Todos estos viajes difieren –salvo en el caso de Ghioldi– de los realizados por los militantes y los dirigentes comunistas para cumplir misiones del partido, por varios motivos: en primer lugar, porque muchas veces los dirigentes viajan clandestinamente; en segundo lugar, porque son viajes que rara vez se traducen en relatos públicos. Por ejemplo, son muy pocos los relatos escritos por dirigentes comunistas argentinos si se tiene en cuenta que éstos viajaban periódicamente a la Unión Soviética, sobre todo a partir de 1924 cuando, después de la muerte de Lenin y más precisamente a partir del V Congreso de la Internacional Comunista, en junio de ese año, se produce el proceso de bolchevización de los partidos comunistas de todo el mundo. La discreción de los dirigentes contrasta con la de los intelectuales y escritores argentinos que viajaron a la Unión Soviética, China y Cuba, quienes no sólo conocieron y vivieron la experiencia revolucionaria, sino que también dejaron el testimonio de esa experiencia en un relato del viaje.

* * *

Este volumen compila algunos de los textos de escritores, periodistas e intelectuales argentinos de izquierda que viajaron hacia la revolución y que publicaron sus relatos del viaje en diarios, revistas o libros; en algunos casos, las crónicas publicadas en diarios fueron compiladas por sus mismos autores en libros editados posteriormente. Las tres partes en que se divide esta edición no siguen un orden cronológico sino que responden al país visitado por los viajeros; en cada una, distintas voces narran, además de la experiencia de un viaje, un capítulo de la historia del intelectual argentino de izquierda.

Unión Soviética

La primera parte está integrada por los relatos de cinco argentinos que viajaron a la Unión Soviética; además de sus experiencias personales, cada uno de ellos da cuenta, desde perspectivas diversas, de cinco momentos políticos de la Revolución Rusa. La serie se abre con las crónicas de Rodolfo Ghioldi, quien viaja a la Rusia de Lenin en 1921, y se cierra con el relato de Alfredo Varela, que da cuenta de la situación que se vive en la Unión Soviética poco después de finalizada la Segunda Guerra Mundial, y ya en plena guerra fría. Entre uno y otro relato, se ubican tres perspectivas diferentes: la mirada del periodista, León Rudnitzky, enviado por *Crítica* en 1928; la del escritor, Elías Castelnuovo, y la del intelectual, Aníbal Ponce.

Rodolfo Ghioldi. Dirigente del Partido Comunista Argentino, del que fue fundador y uno de sus principales voceros. Viajó a Rusia en junio de 1921 como delegado argentino en el III Congreso de la Internacional Comunista, celebrado en Moscú, el primer congreso donde participó un delegado del Partido Comunista Argentino. Ese congreso marcó un momento de viraje en la Internacional Comunista porque se realizó el llamamiento a un Frente Único con los obreros que pertenecían a la Segunda Internacional y a otras organizaciones reformistas y anarcosindicalistas. Después de ese congreso, en agosto del mismo año, el Partido Comunista Argentino fue reconocido oficialmente como sección de la Internacional Comunista en una reunión de su Comité Ejecutivo. Desde Moscú, Ghioldi envía al diario *La Internacional. Órgano del Partido Comunista. Sección Argentina de la III Internacional,* dirigido por José Penelón, las dos notas que se compilan en el presente volumen: "El Viaje. Carta desde Moscú", publicada el 15 de agosto de 1921 y "Un sábado comunista de los delegados extranjeros", publicada el 9 de octubre del mismo año. Horacio Tarcus cuenta que el costo de ese viaje fue alto para Ghioldi, quien se desempeñaba como maestro en Buenos Aires: en su viaje de regreso a Argentina vía Italia, se cruzó en Génova con Ángel Gallardo, presidente del Consejo Nacional de Educación; cuando llegó a Buenos Aires, Ghioldi supo que había sido "separado de su puesto de maestro", por resultar incompatible con sus ideas "maximalistas".

León Rudnitzky. Periodista del diario *Crítica*, dirigido por Natalio Botana, de nacionalidad rusa pero exiliado en Argentina después del fallido intento revolucionario de 1905 en Rusia. Según cuenta Isidoro Gilbert, fue uno de los primeros contactos con los comerciantes soviéticos de la *Yuzhamtorg* en Argentina, y el traductor de *Abejas proletarias* de Alejandra Kollantai, primera embajadora de Lenin. En 1927, el director de la *Yuzhamtorg*, Kraevski, organizó una delegación para que viajara a Moscú con motivo de las celebraciones por el décimo aniversario de la Revolución Rusa. En el marco de ese viaje –cuya duración supera los cuatro meses–, Rudnitzky, integrante de esa delegación, escribe sus impresiones a solicitud del diario *Crítica*, que las publica bajo el título "Rusia: la verdad de la situación actual del soviet. Impresiones recogidas por un enviado especial de *Crítica* a la tierra de Lenin", entre el 18 de mayo y el 8 de junio de 1928. En su nota de presentación, *Crítica* afirma: "Un esfuerzo más hemos tenido que realizar, enviando a uno de nuestros redactores a la Unión Soviética, para que palpara la situación de aquel foco de experimentación que apasiona tanto a sus admiradores como a sus adversarios. No nos hemos conformado con la observación y el comentario ajenos, muchas veces deformados por los intereses de partido, cuando no falseados por la interpretación y el desconocimiento del alma rusa".

Elías Castelnuovo. Escritor y fundador –junto con Leónidas Barletta, Roberto Mariani, Álvaro Yunque, Lorenzo Stanchina, entre otros– del grupo de Boedo en los años veinte. A finales de la década, participa del Teatro Experimental de Arte (TEA), el primer teatro independiente del país. Más vinculado al anarquismo que al comunismo, viaja a Rusia como compañero de un amigo, el médico rosarino Lelio Zeno, quien había sido invitado por el doctor Sergio Iudin, director del Instituto Sklifosovsky, para trabajar en el establecimiento de cirugía de urgencia más grande de Moscú. Noches después de que Castelnuovo regresara a Buenos Aires, la policía allana su casa, llevándose toda la documentación del viaje al Departamento Central de Policía. De memoria, Castelnuovo reconstruyó su viaje para publicar las crónicas en *Bandera Roja*, el diario comunista dirigido por Rodolfo Ghioldi, y en *Actualidad*, revista marxista de la que es director desde su primer número de abril de 1932. En el marco de la editorial Actualidad, edita *Yo vi…! en Rusia (Impresiones de un viaje a través de la tierra de los trabajadores)*, en 1932, de donde se seleccionaron los capítulos que integran el presente volumen. Al año siguiente, edita la segunda parte de su relato del viaje, publicado bajo el título *Rusia soviética (apuntes de un viajero)*. La atrevida anécdota que tiene como protagonista a una joven pareja de pintores con la que Castelnuovo cierra el primer tomo publicado –relato que se transcribe en el presente volumen– generó una gran polémica en las filas comunistas locales; semanas más tarde de publicado el libro, el nombre de Castelnuovo no figura en la lista de colaboradores de *Actualidad*, revista de la que era director.

Aníbal Ponce. Teórico del marxismo, ensayista, crítico literario y periodista. Discípulo de José Ingenieros en las primeras décadas del siglo XX, incorporó después los principios del materialismo dialéctico como herramientas para el análisis de los procesos sociales y culturales. A finales de 1934 inició su tercer, y último, recorrido por diversas ciudades europeas, en el marco del cual arribó, en febrero del año siguiente, a la Unión Soviética. Sus notas no son las de un viajero sino que las incorpora en su libro principal, *Humanismo burgués y humanismo proletario*, publicado por primera vez en México en 1938. No obstante, la experiencia del viajero también fue escrita, aunque no públicamente, en las cartas que desde allí envía, reproducidas por Héctor P. Agosti en su biografía de Ponce: "No podría decirte –le escribe Ponce a su hermana Clara– mi emoción, mi alegría y mi dicha. Hay aquí una atmósfera tan extraordinaria de trabajo, de confianza, de orgullo, que al poco tiempo se contagia, y uno desearía también trabajar con ellos, crear, construir". A su regreso, le escribe a Luis Reissig: "Hace dos días que he llegado de Moscú. Estoy deslumbrado, optimista, dichoso. He pasado en la URSS los mejores días de mi vida y regresaré a luchar con una confianza absoluta en los ideales que me son queridos". Sus impresiones también fueron transmitidas por Radio Moscú, la radioemisora internacional de la Unión Soviética. Si bien esta radio fue creada en 1922, recién en 1932 transmitió la primera emisión en español para los países latinoamericanos y España, que estuvo a cargo de Luis Cechini, ex vicepresidente de la Federación de Ferroviarios de Argentina, quien tras exiliarse en la Unión Soviética durante la dictadura uriburista, trabajó durante cincuenta y cinco años en Radio Moscú. En su conferencia radial, Ponce aseguró que "el pueblo ruso está escribiendo una página hermosa, prólogo del final de la opresión humana y de la inauguración de la verdadera sociedad". De regreso a Argentina, dicta la conferencia "Visita al hombre del futuro" en el Colegio Libre de Estudios Superiores, en noviembre de 1935; tres años después, y ya exiliado en México –después de haber sido expulsado, por el gobierno del general Justo, de sus cátedras en el Instituto Nacional del Profesorado Secundario por su "conocida actuación ideológica"– incorpora ese texto como capítulo final de *Humanismo burgués y humanismo proletario*, bajo el título "Visita al hombre futuro".

Alfredo Varela. Escritor y periodista comunista. Como periodista del diario *Crítica*, realizó una investigación sobre las condiciones de explotación de los mensús en las plantaciones de yerba mate en el noreste argentino; con ese material, escribió en 1943 la novela *El río oscuro*, que alcanzó un gran éxito de público. Hacia 1950, la novela había sido traducida y editada en la Unión Soviética, Checoslovaquia, Polonia, Bulgaria, Alemania Occidental y Rumania, y había superado los 110.000 ejemplares. Años más tarde, en 1952, con un guión basado en la novela, Hugo del Carril dirige y protagoniza *Las aguas bajan turbias*, en los créditos de la película no figura el nombre de Varela por prohibición del gobierno del general Juan Domingo Perón. Alfredo Varela permaneció en Rusia tres meses, entre diciembre de 1948 y marzo del año siguiente, momento de gran crecimiento económico del comunismo soviético. El relato de su viaje, de donde se han seleccionado algunos capítulos para este volumen, fue publicado en 1950 por la editorial Viento con el título *Un periodista argentino en la Unión Soviética*.

China

La segunda parte de este volumen está constituida por tres relatos de viaje a China que, si bien coinciden en su perspectiva ideológica –el compromiso con la República Popular–, exhiben modos bien distintos de narrar la experiencia del viaje: mientras María Rosa Oliver y Norberto Frontini ofrecen datos objetivos sobre la situación política, en el relato de Bernardo Kordon predomina una mirada poética sobre China que da cuenta de paisajes, escenas urbanas y retratos campesinos. El inicio de los viajes difiere: Oliver y Frontini forman parte de una delegación oficial que, como tal, está pautada en cada uno de sus recorridos; Kordon, en cambio, comienza su recorrido en Pekín, guiado por el pintor chileno José Venturelli, residente en China desde hace años. El testimonio escrito de Carlos Astrada es bien diferente ya que opta por no contar prácticamente nada sobre su propia experiencia como viajero para cederle la palabra a Mao Tse Tung, presidente de la República Popular China.

María Rosa Oliver y Norberto Frontini. Asistentes como delegados del Consejo Argentino por la Paz al Congreso Mundial de los Pueblos por la Paz realizado en Viena entre el 12 y 19 de diciembre de 1952. El Consejo Argentino por la Paz había sido fundado en Argentina por Ernesto Giudice en 1949; el abogado Norberto Frontini era su vicepresidente mientras que la escritora María Rosa Oliver integraba su comité. La delegación argentina que viaja a Viena estaba formada por cuarenta personas; finalizado el congreso, un grupo de once –entre quienes se encuentran, además de Oliver y Frontini, Carlos Castagnino, Leónidas Barletta, Fina Warschaver y el ya mencionado Giudice– continúa viaje hacia la Unión Soviética, donde celebran Navidad y Año Nuevo; en enero de 1953, este grupo visita China por invitación del Consejo Nacional Chino por la Paz Mundial. Llegan, entonces, durante el cuarto año de instaurada la República Popular China, liderada por Mao Tse Tung desde el 1º de octubre de 1949.

De regreso en Argentina, escriben *"Lo que sabemos hablamos…".* *Testimonio sobre la China de hoy,* publicado en 1955 por la editorial Botella al Mar.

Bernardo Kordon. Escritor y periodista, fascinado por la política y la cultura chinas, sobre las que escribió numerosos ensayos: *El teatro chino tradicional* (1959), *China, la revolución para siempre* (1967), *Reportaje a China: una visión personal del país que conmueve al mundo* (s/f); realizó la antología *El cuento chino* en 1981, a la que acompañó de un estudio preliminar. En los años cincuenta, dirigió ocho números de la revista *Capricornio. Literatura, Artes y Actualidades,* en la que convivieron poetas surrealistas y narradores realistas, vanguardia estética y vanguardia política. Kordon viajó a China ocho veces: la primera, en 1957; la última, en 1983. En 1962 se entrevistó con el presidente Mao Tse Tung en Pekín, gracias a la gestión de Chu Tunan, a quien Kordon había conocido en Buenos Aires en 1956, durante su estadía en la ciudad como director de la Ópera de Pekín. Después de su primer viaje escribió el libro *600 millones y uno,* editado en Leviatán en 1940. Años después, en 1984, publica *Viaje nada secreto al país de los misterios: China extraña y clara,* editado en Buenos Aires por la editorial Leonardo Buschi, donde recopila momentos diversos transcurridos durante sus ocho estancias en la República Popular China. En este volumen se han seleccionado capítulos de los dos libros mencionados.

Carlos Astrada. Profesor de filosofía y ensayista, director del Instituto de Filosofía de la Universidad de Buenos Aires, en el marco del cual creó *Cuadernos de Filosofía,* una publicación que dio a conocer en el país a los principales pensadores europeos. Después del golpe de Estado que derrocara a Perón en 1955,

Astrada fue cesanteado de todos sus cargos académicos. En 1960
viajó a Europa y Oriente, donde dictó conferencias en Shangai,
la Universidad de Pekín y el Instituto de Filosofía de Moscú. En
agosto de ese año, conversó con Mao Tse Tung en Pekín; publicó
su entrevista, bajo el título "Convivencia con Mao Tse Tung en
el diálogo", en la revista *Capricornio,* año I, núm. 3, noviembre
de 1965.

Cuba

La última parte de este volumen está formada por cuatro relatos
sobre Cuba, desde los meses previos al ingreso de Fidel Castro y
los revolucionarios en La Habana, en enero de 1959, hasta los
años setenta, cuando la convicción de que una transformación
radical, en todos los órdenes, era inminente en toda América Latina
a partir del modelo de la Revolución Cubana. Cuatro momentos,
entonces, que dan cuenta de los prolegómenos revolucionarios en
el relato de Jorge Masetti; de la vida cultural, en los textos de
Ezequiel Martínez Estrada y Leopoldo Marechal, y de la vida cotidiana, en las crónicas de Enrique Raab.

Jorge Ricardo Masetti. Periodista de Radio El Mundo, por la que
fue enviado como corresponsal a Cuba en 1958 para entrevistar
a Fidel Castro en Sierra Maestra. Cuando regresa a Buenos Aires,
publica sus experiencias revolucionarias en el libro *Los que luchan
y los que lloran,* del que se reproducen algunos capítulos en este
volumen. El impacto de los días transcurridos en Cuba será definitivo: en enero del año siguiente, Masetti regresa a Cuba junto
a su mujer y sus hijos, invitado por el Che Guevara, donde participa de la "Operación Verdad" y funda Prensa Latina, primera

agencia independiente de noticias. La mejor descripción de la labor periodística de Masetti en aquel agosto de 1958, la hace Rodolfo Walsh años después:

> Su reportaje a Fidel en la Sierra, casi al mismo tiempo que Herbert Matthews, es la hazaña más importante –y más desconocida– del periodismo argentino. Matthews tenía alrededor una aureola que venía de la Guerra Civil Española; llevaba consigo el prestigio imponente del *New York Times*. Masetti no tenía nada, Masetti era un oscuro cronista de Radio El Mundo cuando en 1958 se mete por la libre en el laberinto batistiano, llega a través de oscuros canales a ese pedacito de manigua en que doscientos barbudos famélicos están cambiando la historia y descubre esa fantástica galería de héroes risueños y terrenos, Camilo, Barbarroja, el Che, Ramirito, que tanto lo impresionaron y a cuya imagen y semejanza quiso modelar, y modeló su vida. Masetti es otro hombre cuando de ese Olimpo candoroso y brutal baja a la perturbada sofisticación de La Habana, donde se entera de que nadie ha recibido sus reportajes transmitidos por la emisora rebelde. Se interna nuevamente en la Sierra, repite todo el trabajo [...] El libro que enseguida escribió, *Los que luchan y los que lloran*, es el testimonio apasionante de esa hazaña y de un momento crucial en la vida de los cubanos.

Ezequiel Martínez Estrada. Escritor, ensayista y crítico literario. En febrero de 1960, Martínez Estrada realiza su primer viaje a Cuba para recibir el premio Casa de las Américas por su ensayo *Análisis funcional de la cultura*; en septiembre regresa como director del Centro de Estudios Latinoamericano de Casa de las Américas, donde permanece trabajando hasta noviembre de 1962. Durante su estadía en Cuba, Martínez Estrada organiza seminarios de investigación, dicta conferencias y, sobre todo, estudia la obra y vida de José Martí. El resultado de estas investigaciones son sus libros: *Martí revolucionario*, publicado por Casa de las Américas en 1967, y *Martí: el héroe y su acción revolucionaria,* publicado en México en 1966. Además, escribe numerosos artículos que serán recopilados en *Cuba y al servicio de la revolución cubana,* editado en La Habana en 1963, y *Mi experiencia cubana,* editado en Montevideo en 1965, del cual se seleccionaron algunos trabajos para incluir en el presente volumen.

Leopoldo Marechal. Escritor y poeta, a finales de 1966 viajó a Cuba invitado por Casa de las Américas para integrar el jurado del Concurso Literario, junto a Julio Cortázar, José Lezama Lima, Juan Marsé y Mario Monteforte Toledo. El jurado elige en forma unánime la novela *Hombres de a caballo* de David Viñas. La revista *Primera Plana,* uno de los primeros medios masivos que supo reconocer la importancia de la narrativa de Marechal a través de la crónica con que había celebrado la aparición de *El banquete de Severo Arcángelo* un año antes, le encargó entonces una nota sobre la vida en Cuba. Sin embargo, y como en el caso de Castelnuovo, el texto de Marechal, titulado "La isla de Fidel", no fue publicado en *Primera Plana*; Tomás Eloy Martínez consignó la participación de Julián Delgado –asesor de dirección de la revista– en el veto a la publicación del texto de Marechal. Cinco años después de su muerte, el texto integró *El espía y otros relatos,* de Marechal, editado por Jorge Kiev en 1975.

Enrique Raab. Periodista y crítico cultural nacido en Viena, pero radicado en Argentina desde niño. Fue redactor de *Panorama, Confirmado* y, en 1968, jefe de redacción del semanario *Análisis.* Raab viajó a Cuba como corresponsal de *La Opinión* en diciembre de 1973; durante los treinta días que duró su estadía visitó La Habana, Santa Clara, Matanzas, Camagüey y Santiago. Las crónicas, publicadas en el diario en enero y febrero del año siguiente, están centradas en las costumbres, la vida cotidiana, las prácticas culturales de los cubanos a más de diez años de la revolución; como sostiene Jorge Panesi, el acierto de las crónicas de Raab consiste en la mirada puesta en pequeños detalles reveladores que rompen el hilo del relato; esos "fogonazos" y "*travelling*" de frases a los que alude Ana Basualdo en el prólogo a *Crónicas ejemplares*, de Raab, editado en 1999. Muy pronto, esas ocho crónicas sobre Cuba se convirtieron en el libro *Cuba, vida cotidiana y revolución*, que Ediciones de la Flor publicó en 1974.

Criterios de esta edición

Hacia la revolución. Viajeros argentinos de izquierda es una compilación de relatos de trece viajeros argentinos a la Unión Soviética, China y Cuba, publicados en revistas, diarios o libros, en diferentes momentos del siglo XX. Dada la heterogeneidad de las fuentes, en una nota al pie ubicada al comienzo de cada relato, figuran los datos bibliográficos correspondientes.

En la transcripción de los textos, se ha actualizado el uso de los acentos en las formas verbales monosilábicas, se han corregido las erratas y las faltas de ortografía, y se han actualizado las grafías de los numerales. Con respecto a las palabras escritas en ruso, se ha normalizado su grafía y se optó por el uso de la cursiva en reemplazo de las comillas que figuran en algunos de los textos originales.

Mi encuentro con muchos de los textos que integran este volumen hubiera sido improbable sin la colaboración de Paula Bein, María del Carmen Rodríguez Martín, Armando Minguzzi y Santiago Palavecino; a ellos, mi agradecimiento.

Bibliografía consultada

AGOSTI, Héctor P., *Aníbal Ponce. Memoria y presencia*, Buenos Aires, Cartago, 1974.

BRONISLAW, Baczko, *Los imaginarios sociales. Memorias y esperanzas colectivas*, trad. de Pablo Betesh, Buenos Aires, Nueva Visión, 1991.

BERLIN, Isaiah, "Dos conceptos de libertad", en *Cuatro ensayos sobre la libertad*, trad. de Belén Urrutia, Julio Rayón y Natalia Rodríguez Salmones, Madrid, Alianza, 1998.

BUCK-MORSS, Susan, *Mundo soñado y catástrofe. La desaparición de la utopía de masas en el Este y el Oeste*, trad. de Ramón Ibáñez Ibáñez, Madrid, Visor, 2004.

CARR, Edward H., *La revolución rusa. De Lenin a Stalin, 1917-1929*, trad. de Ludolfo Paramio, Madrid, Alianza, 1984.

CASTELNUOVO, Elías, *Memorias*, Buenos Aires, Ediciones Culturales Argentinas, 1974.

CLAUDÍN, Fernando, "Prólogo", en Diego Hidalgo, *Un notario español en Rusia*, Madrid, Alianza, 1985.

CLEMENTI, Hebe, *María Rosa Oliver*, Buenos Aires, Planeta, 1992.

CORBIÈRE, Emilio J., *Orígenes del comunismo argentino*, Buenos Aires, CEAL, 1984.

EIPPER, John E., *Elías Castelnuovo, la revolución hecha palabra: biografía, estudio crítico y antología selecta*, Buenos Aires, Catari, 1995.

FALCÓN, Ricardo, "Militantes, intelectuales e ideas políticas", en Ricardo Falcón (dir.), *Nueva Historia Argentina*, t. VI: *Democracia, conflicto social y renovación de ideas (1916-1930)*, Buenos Aires, Sudamericana, 2000.

FURET, François, *El pasado de una ilusión*, trad. de Mónica Utrilla, México, Fondo de Cultura Económica, 1995.

GILBERT, Isidoro, *El oro de Moscú*, Buenos Aires, Planeta, 1994.

GILMAN, Claudia, *Entre la pluma y el fusil*, Buenos Aires, Siglo XXI, 2003.

HOBSBAWM, Eric, *Historia del siglo XX*, trad. de Juan Faci, Jordi Ainaud y Carme Castells, Barcelona, Crítica-Grijalbo, 1995.

HOLLANDER, Paul, *Los Peregrinos de La Habana*, trad. de Ramón Solá, Madrid, Playor, 1987.

KOHAN, Néstor, *De Ingenieros al Che. Ensayos sobre el marxismo argentino y latinoamericano*, Buenos Aires, Biblos, 2000.

LASERNA, Mario, "Formas de viajar a la URSS", en *Razón y Fábula*, Bogotá, núm. 4, noviembre-diciembre de 1967.

LOTTMAN, Herbert, *La Rive Gauche. La elite intelectual y política en Francia entre 1935 y 1950*, trad. de José Martínez, Barcelona, Tusquets, 1994.

MASETTI, José Ricardo, *Los que luchan y los que lloran (El Fidel Castro que yo vi), y otros escritos inéditos*, prólogo de Graciela Masetti de Morado, Buenos Aires, Nuestra América, 2006.

MONTELEONE, Jorge, *El relato de viaje*, Buenos Aires, El Ateneo, 1998.

NASSIF, Rosa, "Prólogo", en Carlos Astrada, *Encuentro en la dialéctica*, Buenos Aires, Catari, 1994.

PADILLA, Heberto, *Provocaciones (poemas)*, introducción de José Mario, Madrid, La Gota de Agua, 1973.

PANESI, Jorge, "Hegemonía, excepciones y trivialidades en la crítica cultural argentina", ponencia presentada en el IV Congreso Internacional de Teoría y Crítica literaria, Rosario, agosto de 2004.

PRATT, Mary Louise, *Ojos imperiales. Literatura de viaje y transculturación*, trad. de Ofelia Castillo, Bernal, Universidad de Quilmes, 1997.

ROMANO, Eduardo, "No se olviden de Bernardo (Kordon)", en *Orbis Tertius: Revista de Teoría y Crítica Literaria*, Buenos Aires, núm. 12, 2006.

SAID, Edward W., *Orientalismo*, trad. de María Luisa Fuentes, Madrid, Libertarias, 1990.

SARLO, Beatriz, "La revolución como fundamento", en *Una modernidad periférica: Buenos Aires 1920 y 1930*, Buenos Aires, Nueva Visión, 1988.

TARCUS, Horacio, "Los archivos secretos del comunismo: Moscú y el PC Argentino", en *Clarín*, 31 de agosto de 1997.

TERÁN, Oscar, *Aníbal Ponce: ¿el marxismo sin nación?*, México, Cuadernos de Pasado y Presente, 1983.

TROISE, Emilio, *Aníbal Ponce. Introducción al estudio de sus obras fundamentales*, Buenos Aires, Sílaba, 1969.

VARGAS, Otto, *El marxismo y la revolución argentina*, t. II, Buenos Aires, Ágora, 1999.

WALSH, Rodolfo, "Masetti, un guerrillero", en *Marcha*, 14 de mayo de 1965.

YUNQUE, Álvaro, *Aníbal Ponce o Los deberes de la inteligencia*, Buenos Aires, Futuro, 1958.

A LA UNIÓN SOVIÉTICA

Rodolfo Ghioldi
El Viaje

*Carta desde Moscú**

En Reval

Después de algunos días de estada en Berlín partimos para Reval, última estación capitalista. Pasado Reval, ya nos encontraríamos en tierra del soviet.

El corto viaje por agua hasta la ciudad estoniana, sin ofrecer impresiones extraordinarias, nos fue profundamente grato; durante él, los numerosos delegados y delegadas que íbamos a Moscú para asistir a uno o varios de los congresos a realizarse pudimos bastante libremente expandirnos y comunicarnos sin temer las consecuencias poco agradables que ocurren fácilmente en toda Europa occidental. El pequeño vapor rompía –¡era hora!– con el pesado y maloliente ambiente de las grandes ciudades, donde leer públicamente un diario comunista es delito y donde, para poder entrevistarse con algún camarada, es necesario rodearse de todas las precauciones a fin de evitar el espionaje o la celada policial. El

* Publicado en *La Internacional*, núm. 1, 15 de agosto de 1921. Reproducido en Rodolfo Ghioldi, *Escritos*, t. III, Buenos Aires, Anteo, 1976.

último tramo de viaje por mar nos permitía de nuevo respirar con relativa seguridad. ¡Hasta cantamos *La Internacional!*

Esa breve travesía iniciaba para nosotros una serie de impresiones satisfactorias, renovadas diariamente con la aparición de hechos y cosas que alborozaban el corazón y que nos llenaban de legítima alegría. Y Reval mismo, ciudad burguesa, había de ofrecernos motivo de regocijo. En efecto, cuando nos acercábamos al puerto de dicha capital, una bellísima sorpresa nos esperaba: anclado entre otros muchos vapores, hallábase el *Subotnik* ("Sábado Comunista") del gobierno obrero de Rusia, que exhibía orgullosamente en su palo mayor el pendón rojo y a cuyos costados llevaba el escudo de la hoz y el martillo. ¡Cuánto júbilo el nuestro! ¡El *Subotnik* era un barco comunista y su bandera era nuestra bandera, la bandera del proletariado universal! Allí, ella no podía confundirse con insignia garibaldina alguna, ni significaba la expresión sentimental de un núcleo de bravos pero no conscientes hombres que, según los momentos, son giuliettianos, giolittianos, dannunzianos, mussolinianos o malatestianos; por el contrario, colocada en un puerto poblado por barcos de bandera de muchas nacionalidades burguesas, la del *Subotnik* no era otra cosa que una rotunda afirmación revolucionaria, un airado desafío hecho por los trabajadores de todo el mundo por medio de Rusia a la burguesía de la tierra.

Ya en Reval, debía asombrarnos el auto rojo de la misión rusa en esa ciudad. Era un auto grande "de color comunista", con una banderita roja en el motor; él nos trasladaba directamente del puerto a los vagones bolcheviques que nos dejarían en Moscú. El automóvil hacía su trayecto veloz y seguro. Al cruzar rápidamente las calles de Reval en el vehículo en que flameaba nuestro color, se me ocurría que todo ello era también un símbolo, y que si el *Subotnik* con su bandera desafiaba al mundo explotador, el auto rojo, en su marcha y en cada llamada de su potente bocina, anunciaba a la clase privilegiada la proximidad de su fin y el inminente advenimiento de una época en la que sólo podrán comer los que produzcan...

Iamsburg

Minutos antes de llegar a Iamsburg, el tren se detiene, parada que aprovechan los delegados para recoger ramas floridas y adornar los coches. En eso, un viejo muy viejo, compañero que trabaja en la línea del ferrocarril que pasa por esos lugares, asciende a una pequeña elevación y nos dirige un discurso, en ruso. La mayoría de los que escuchábamos no entendíamos sus palabras, pero la entonación de su voz era tan elocuente, sus gestos y ademanes tan expresivos, que comprendimos bien que en su cordial saludo de bienvenida nos pintaba los titánicos esfuerzos del proletariado ruso que, a pesar de todos sus dolores y sufrimientos, continuaba con heroica serenidad y firmeza su obra redentora. Cuando concluyó sus palabras, cantamos *La Internacional*. Fue ése un momento de gran emoción, en el que el hermoso espectáculo de hombres que cantaban al mismo tiempo en los idiomas más diversos, era completado soberbiamente por dos soldados rojos que permanecieron en posición de saludo militar hasta la terminación de las estrofas revolucionarias.

En Iamsburg pasamos horas muy agradables, iniciadas con la visita a la biblioteca instalada en el local de la estación. Inmediatamente realizose un mitin dedicado a los ex prisioneros alemanes que retornaban a su país. Hablaron muchos compañeros rusos y alemanes, explicando a los trabajadores que volvían a su hogar la situación de Alemania y la labor que correspondía rea-

lizar. Luego concurrimos a la casa del soviet local, donde hallamos al secretario de la sección del Partido Comunista; allí, durante
dos o tres horas, sostúvose una amigable conversación sobre las
presentes condiciones de Rusia, cambiándose opiniones, especialmente sobre las concesiones proyectadas a capitalistas extranjeros y de las cuales, hasta hoy, no se ha efectuado ninguna. Se
conversó, también, con algunos camaradas sindicalistas revolucionarios sobre la necesidad de organizar y disciplinar las fuerzas
para la revolución; y tanto en ese momento como poco después,
cuando el tren volvía a emprender marcha, un miembro del soviet
dijo a los sindicalistas: "¡Tenemos la esperanza de que retornen
comunistas!".

En Petrogrado

La estada en Petrogrado fue breve, causa que no permitió recoger impresiones abundantes. Sin embargo, puedo asegurar que
la situación de la ciudad más revolucionaria y más sacrificada de
un país que está en guerra desde 1914, es muy superior a la que
se pueda sospechar; sus calles no están descuidadas ni sus edificios en ruinas. Por el contrario, asómbrase uno de que las casas
se conserven aún tan bien y de que sea posible atender la higiene
de la gran ciudad con el esmero con que se atiende.

Es necesario tener en cuenta las condiciones terribles en que
debe desenvolverse Rusia; recién hoy se goza de relativa paz, lo
que permitirá dedicarse a la obra constructiva. Y a pesar de que
la situación económica no es holgada, los habitantes de Petrogrado
no tienen expresión abatida; antes bien, sus miradas reflejan la
seguridad inconmovible en el triunfo final y la convicción de
que las penurias materiales no habrán de detenerlos en la lucha

contra el imperialismo capitalista. Sobre este asunto escribiré con detención en otra correspondencia.

En cuanto a Petrogrado no podría dar informaciones detalladas puesto que apenas estuvimos allí algunas horas; en cambio, podré hacerlo después de los congresos internacionales, pues permaneceré allí una o dos semanas.

Yo estuve en el Instituto Smolny de la ex aristocracia rusa, y donde hoy se hallan las oficinas de instituciones soviéticas. Conversé allí con el compañero que es jefe de redacción de *La Internacional Comunista* (revista oficial de la Internacional Comunista). Aquel compañero fue anarquista durante muchos años y es actualmente un soldado eficacísimo del comunismo. Lo encontré con mucho trabajo, y a pesar de que su tiempo era escaso dadas sus tareas múltiples, me dedicó algo más de una hora, profundamente interesado por el movimiento sudamericano y especialmente el argentino. Requirió datos y detalles sobre nuestro Partido, expresándome su satisfacción por la orientación y disciplina nuestra.

La Conferencia Internacional de las mujeres comunistas

Desde el 29 de mayo nos encontramos en Moscú, cuya situación –de la que hablaré en otra ocasión– es aún superior a la de Petrogrado. En Moscú se realizarán cuatro congresos internacionales: el de las mujeres comunistas, el de la Internacional Comunista, el de la Sindical Roja y el de las Juventudes Comunistas.

Ayer –9 de junio– se efectuó la inauguración del Congreso Femenino. El local en que se realizó estaba totalmente lleno, en su mayor parte por mujeres. La inauguración consiste en discursos alusivos al acto; estuvieron a cargo de las delegaciones, que coincidieron en la necesidad de intensificar en todo el mundo la propaganda para atraer a la mujer a las filas comunistas.

La aparición de la compañera Clara Zetkin en el escenario provoca una grandiosa salva de aplausos que se prolonga por varios minutos. La concurrencia, público y delegados, la aclaman de pie, y pareciera que el aplauso no sólo fuera un homenaje, sino satisfacción por su llegada a Moscú que podría significar una rectificación de su actitud en el caso Levi.

No haré crónica detallada de cuanto se dijo, pues eso llenaría un libro. Baste decir que en las largas horas que duró el acto de inauguración del Congreso, las voces de mujeres venidas de los puntos más distintos (América, España, Francia, Inglaterra, Hungría, Austria, Alemania, Bulgaria, Rumania, Ucrania, Suiza, Bélgica, etc., etc.) expresaron el esfuerzo que se llevaba a cabo en cada país para despertar al proletariado femenino y evitar que fuera un factor reaccionario en los momentos culminantes de la revolución. Entre las que hablaron, figuran Kolontai, Zetkin, Zozovsky, Talheimer. Pero ha sido especialmente importante, entre otros, el discurso de Clara Zetkin.

Cuando la vieja compañera revolucionaria alemana, que ni por coquetería exhibe un cabello negro, púsose dificultosamente de pie para hablar, se renovaron las explosiones de entusiasmo; ella, con un pañuelo, hacía señas reclamando silencio. Desde la primera a la última palabra habló con una energía extraordinaria. Evocó con palabras emocionadas la acción femenina rusa en la revolución, rindiendo homenaje a varias excelentes compañeras caídas en la lucha de clases, y señaló que la Segunda Internacional había traicionado también los intereses del proletariado femenino; sólo la Internacional Comunista se preocupa grandemente por el problema, y será bajo la dirección de ésta que la mujer encarrilará ajustadamente su acción. Hizo largas consideraciones sobre la situación revolucionaria mundial, señalando que tan sólo con el comunismo y la dictadura del proletariado es posible conseguir la liberación de la explotación capitalista. Concluyó su bello discurso con vivas a la Internacional Comunista, a la Internacional Femenina y a la Revolución Rusa. Al concluir, una nueva salva de aplausos saludó a la compañera Zetkin.

Moscú, 10 de junio de 1921

Un sábado comunista
de los delegados extranjeros*

Una de las características colectivas que más extraordinariamente
me ha llamado la atención en Rusia es la gran voluntad, delibe-
rada y consciente, que se pone al servicio de la causa revolucionaria. Jamás me ha sido dado observar en pueblo alguno como en
éste, en cualquier ruta de la actividad humana, una voluntad así
de grande de hacer y realizar un propósito fijado de antemano,
voluntad que permite llegar al objeto venciendo las dificultades
enormes que, fuera de Rusia, parecerían absolutamente invencibles. Y no hay en esto que afirmo la mínima exageración. Las tareas
más difíciles y aparentemente imposibles se hacen con éxito. Los
rusos, con escasez de elementos e instrumentos en buen estado,
han hecho verdaderos prodigios y maravillas. ¡Cuántos formidables baches han salvado ya! ¡Cuántas piedras, espinas y malezas ha
separado en su penosísima marcha este pueblo revolucionario! Las
generaciones que en el futuro estudien la historia de la gigantesca revolución de noviembre tendrán frecuente ocasión de asom-
brarse frente a cada hecho, a cada paso producido en el proceso
de esta caravana que marcha hacia el porvenir; y el mayor de todos

* Publicado en *La Internacional*, núm. 9, 9 de octubre de 1921. Reproducido
en Rodolfo Ghioldi, *Escritos*, t. III, Buenos Aires, Anteo, 1976.

provendrá de que la Rusia soviética haya triunfado, a pesar de la miseria y pobreza de recursos, contra el mundo de enemigos que la asediaron desde su nacimiento. En efecto, viendo de cerca la revolución, uno se pregunta merced a qué maravilla Rusia no ha sucumbido ante el infierno que desde 1917 amenaza tragarla. La respuesta debe buscarse en la fe, en la firme y consciente voluntad que cada uno de los soldados de la revolución pone en el trabajo o acción que ejecuta. Rusia no tiene puesto para los pesimistas. El pesimismo halla en ella su muerte. ¡Es de verse con cuánto optimismo y alegría se multiplica el esfuerzo en estos momentos, esfuerzo destinado a reparar el desastre del Volga! Hombres y mujeres, jóvenes y ancianos, se dedican con todo entusiasmo, febril entusiasmo, a esa acción de consecuencias inmediatas. ¡Por los del Volga!, es la consigna. Todos los sábados comunistas se dedican a tal objeto.

La catástrofe proveniente de malas condiciones climáticas pone a prueba, una vez más, la voluntad y el espíritu de sacrificio del proletariado ruso. Los muchos delegados extranjeros que aún hay en Moscú han querido asociarse a este movimiento espontáneo, ofreciendo una contribución material y moral al pueblo ruso; los delegados han querido hacer un sábado comunista.

Fue esa una jornada inolvidable de gran significado. El sábado 20 de agosto, a las 15 horas, juntáronse en el patio del Lux los delegados de muchos países del mundo; formaban también, en el nutrido grupo, los compañeros y compañeras que trabajan en las oficinas de la Internacional Comunista. Entre estos últimos se hallaban Axelrod, Schneider, la compañera Otto; entre los delegados, no recordamos a todos, vimos a Gennari, Belloni, Massierotto, Torralva, Beci, González, Mareni Gracia, Bell, Haywood, Williams. De la Argentina estábamos Barker y yo. Los delegados representaban organizaciones sindicales o políticas de los siguientes países: Rusia, Alemania, Italia, Inglaterra, Austria-Hungría, España, Holanda, Grecia, Turquía, Ucrania, Polonia, Yugoslavia, Checoslovaquia, Estados Unidos, Argentina, Australia, Japón, India, etc. Constituidos en manifestación, fuese desfilando por diversas calles hasta llegar al destino; la columna llevaba un gran cartelón de tela roja con una inscripción que decía: "Sábado comunista dedicado a las familias del Volga".

Llegados a la estación ferroviaria Alexander, fuimos divididos en varias cuadrillas y colocados frente a altas pilas de leña gruesa. El trabajo a realizar consistía en trasladar esa leña, que estaba alejada del riel, junto a éste a fin de cargarla en los vagones. ¡Con cuánto amor se realizó el trabajo! Hombres y mujeres ponían en juego todas sus energías para hacer más productiva la labor. Todos obraban con rapidez. En lo íntimo de cada uno palpitaba el mismo sentimiento: cada pila trasladada y cargada era un eslabón más que unía indisolublemente, en su amplio significado solidario, al proletariado ruso con el proletariado de todo el mundo.

El trabajo terminó a las 20, después de cuatro horas de labor. Ello dio lugar a la expansión acostumbrada y siempre emocionante. En coro, en las más diversas lenguas pero en el mismo tono y compás, se cantó *La Internacional*; sus notas sonoras y varoniles llenaron el espacio. La uniformidad de nuestra hermosa canción revolucionaria interpretada en palabras diferentes era un símbolo de unión de los obreros de los cinco continentes. Y parecía que la fuerte brisa que soplaba en aquella hora llevaría a todos los rincones del país el eco de la canción, que era sincera palabra de solidaridad para cada uno y todos los obreros rusos, campeones de la revolución.

Nuevamente en marcha, la columna pobló las calles de Moscú con cantos nuestros: *Bandiera rossa*, *La Carmagnole*, *Hijos del pueblo*, el canto de la IWW.

Ya en el patio del Lux repitiose *La Internacional.* Y después de un ¡hurra! que siguió al *¡Evivva il proletariato mondiale! ¡Evivva la solidarietá internazionale!,* lanzado por Belloni, la reunión se disolvió.

***

Yo atribuyo una enorme importancia a este sábado comunista. Materialmente, él significa una contribución que si es mínima ante las grandes exigencias, es siempre una contribución no despreciable; son 600 horas de intensa labor, cuyo producto integra los fondos y recursos que se destinan a las víctimas del Volga. Pero, sin discusión, el sábado comunista del 20 de agosto vale por su hondo significado moral. Para comprender esto, es necesario conocer el sentimiento del proletariado ruso que es capaz de sobrellevar todas las cargas y dolores físicos por pesados que sean, pero que será impotente de continuar su titánica lucha si el proletariado de los demás países lo abandonara y no fuera solidario con él. Mientras los rusos sepan que en los otros países los trabajadores se agitan por la Rusia y se sienten hermanados con la revolución de noviembre, hallarán en sí, siempre, energías para continuar la terrible marcha. La solidaridad internacional por sobre todo. Y es precisamente ese sentimiento revolucionario de la solidaridad por sobre ríos, montañas y fronteras, el que ha expresado objetivamente el sábado comunista del 20. Y es la solidaridad del proletariado universal la que espera hoy Rusia.

Moscú, 22 de agosto de 1921

León Rudnitzky
Rusia: la verdad de la situación actual del Soviet

Impresiones recogidas por un enviado especial
de Crítica *a la tierra de Lenin**

El panorama de Rusia

Rusia en la actualidad no es otra cosa que un país de grandes luchas, en el que se opera un lento proceso de sedimentación, tendiente a perfilar el cuño de una nueva sociedad.

La lucha es ardua y tenaz; llena toda ella de las inevitables pasiones y de los imprevisibles errores. Lucha heroica y terrible, como todo combate donde se define el carácter de una potencia universal. No está de más advertir que esta controversia se lleva a cabo en un plano completamente distinto al que se opera en los otros países del mundo. Y por ello, no se parece, ni tiene ningún punto de contacto con las de aquéllos. De ahí que nos parezca extraña y muchas veces horrible. Andan de por medio los enemigos externos y los internos, mezclándose con los amigos y partidarios, que en muchas ocasiones son peores que los

* Publicado por entregas en *Crítica*, Buenos Aires, 18 de mayo, 20 de mayo y 8 de junio de 1928.

propios adversarios mortales. Todo ello será tema de sucesivas crónicas.

Por la misma razón, los enemigos encarnizados de la Rusia presente quieren hallar en alguna descripción de aquel régimen un resquicio que les permita introducir la acerada censura, cuando no el odio desembozado que sirva para sepultar en el descrédito esa admirable obra del genio moscovita.

Tampoco nos apartamos del punto de vista contrario, desde el cual algún pernicioso sectario del comunismo quiera ver en estas crónicas una maliciosa propaganda contra el régimen bolchevique. Nos hallamos en el punto intermedio de la querella y nos dirigimos en nuestros relatos objetivos a los lectores imparciales, con la única finalidad de llevar un poco de luz a los acontecimientos rusos. Y con ello no solamente cumplimos con nuestra misión de informadores, sino que contribuimos, conscientemente, a que nuestros lectores abandonen el laberinto a que los condujo su demasiada credulidad en los relatos no sólo de los enemigos, sino también de los llamados "amigos" de la Rusia de los soviets.

¡Por fin Rusia!

El tren expreso que nos conduce a Rusia va dejando tras sí la poblada campiña de la Rusia Blanca, anexada en fecha no lejana por Polonia.

Insensiblemente nos vamos aproximando a la frontera de la Unión Soviética, cuya imaginación llevamos llena de esperanzas al anochecer de un día 23 de agosto del pasado año. El crepúsculo dora en este momento con sus luces de otoño desteñidas los abetos de agujas verdes que intensifican el amarillento color de los campos rapados. Estos campos se suceden con la persistencia de peldaños entre los interminables bosques de la región.

A veces, a la orilla del bosque que raudo atravesamos, aparece un hombre tocado con sombrero verde, adornado con una pluma. Lleva el fusil en banderola y le acompaña, invariablemente, un perro de caza. Es el tipo característico del polaco, encargado de una estancia, o del mediano propietario rural. Más allá, la figura descolorida del campesino, astroso y desarrapado de la Rusia Blanca, unas veces peón, otras arrendatario que marcha tras una *talega*, suerte de carreta rusa, rezumando sudor y caminando penosamente.

La penúltima estación polaca

Al abandonar Baranovichi, penúltima estación en territorio polaco, antes de atravesar la frontera nuestro convoy queda poco menos que desierto. Han desaparecido también, con gran contento nuestro, los equívocos y eternos sospechosos de los trenes internacionales, que desde Varsovia nos vienen mirando con ojos escrutadores y de quienes jamás puede decir uno si se trata en realidad de pacíficos ciudadanos en tren de excursión, o siniestros sabuesos de la policía secreta rusa o polaca. El paso de la frontera, erizado de dificultades, ha barrido, pues, con la mayoría de nuestros compañeros de viaje y los pocos que quedan se aprestan resueltos a sujetarse a las formalidades insoportables de la revisación.

Frente a la Rusia Roja

El crepúsculo, que en aquellas latitudes adquiere prolongadas notas de color y dilatadas agonías de luz, ha cedido a la oscuridad y la noche deslumbrante de estrellas raya en serenidad. El coche se enciende, de pronto, y cada uno de nosotros se recoge en sus cavilaciones. Todo el misticismo de la religiosa Rusia acude en esos momentos en forma de pensamientos. Ninguna zozobra nos asalta: no hay una sola muestra de inquietud en la mirada que se dirige a través de los cristales, a campo traviesa por la noche de esa Rusia íntima que apenas se entrevé a pocos pasos de nosotros.

Entramos al territorio de los soviets como amigos dispuestos a interpretar inteligentemente esa nueva vida acechada de dificultades y peligros: con nuestros documentos formalmente extendidos, provistos de valiosas cartas de presentación y con el cordial saludo del gentil embajador ruso en París, M. Rakowsky, y sin embargo, sólo el hecho de haber faltado de la patria por espacio de veinte años, aun conociendo su alma, que es la nuestra, y su proverbial acogida, pone en nuestras meditaciones una suerte de preocupación por todo lo que ha ocurrido en tan largo paréntesis.

Este cambio, que no sólo la decoración sino el fondo de todas las cosas ha trocado con un vertiginoso vuelco, nos desconcierta un poco, debemos confesarlo, y es la vecindad de esta tierra trastocada y ahora desconocida para nosotros, campo de luchas, odios y esperanzas, la que precipita nuestras pulsaciones.

El paso de la frontera

Pasa al fin la última estación polaca, Stolbzi, estación improvisada en la reciente rectificación de fronteras. Descienden los guardatrenes y los gendarmes polacos. Apenas si nos damos cuenta cuando el personal ruso se hace cargo del convoy, más que por aisladas palabras en ruso que se escuchan aquí y allá. El corazón nuestro marcha con más premura.

Súbitamente se apagan las luces y quedamos envueltos en espesas tinieblas. Adivinamos en el chispazo que se anuncia, un corto circuito que hubiese dejado a oscuras tan sólo nuestro vagón. Al mirar en busca de luz comprobamos que todo el tren sufre la misma falta.

Si recorriésemos las desoladas praderas yanquis o las encrucijadas mejicanas, cuajadas de bandidos cinematográficos, hubiéramos pensado que se trataba de uno de aquellos asaltos. Declaramos por nuestro honor que nos sentíamos conturbados y que nuestra imaginación se lanzó a sospechar que penetrábamos en un territorio de acechos y emboscadas traidoras.

Nuestro vecino de asiento se apresura a tranquilizarnos, advirtiéndonos que ésta es la práctica cada vez que un tren cruza la frontera ruso-polaca. Y de inmediato pensamos: ¿cómo se las arreglan los convoyes que regresan de Rusia, a pleno sol, para producir esa misma impresión?

Negoreloc

A los diez minutos vuelven a encenderse las luces y nos disponemos a preparar las maletas para descender en Negoreloc, la primera estación que abre al viajero las puertas de Rusia.

Nos choca este descenso incomprensible, porque nuestro tren, según rezan los letreros, es lo que se llama, con desacertada propiedad, el Expreso París-Vladivostock, en el extremo oriental del Asia. Pero nos enteramos de que allí el viaje se corta para dar lugar al cambio de coches que, desde Negoreloc, reducen el ancho de las vías a través de toda la Unión de los Soviets. Todavía recordamos que, en tiempo de los zares, debido a preocupaciones estratégicas, la trocha de los ferrocarriles imperiales era más ancha que la de los demás países de Europa, ante el temor de las invasiones, factibles desde la audaz empresa napoleónica, y confirmada cien años después por los ejércitos austro-alemanes.

Cuando los polacos proclamaron su independencia, estrecharon la distancia entre riel y riel. Así se explica que, al tocar tierra rusa, sea necesario abandonar el tren y ubicarse en otro de antemano preparado. Sin otra pérdida que la del tiempo necesario, éste se pone en marcha y va aminorándola a medida que nos encontramos con las primeras viviendas insignificantes de Negoreloc. Son las 21 horas del 23 de agosto. Para el tren, y los guardas nos invitan a descender acompañados del equipaje. Entonces, una turba de *tovarisch*, changadores típicos de Rusia, se lanza sobre nosotros, ofreciéndonos sus servicios para conducir los equipajes. Los observamos con curiosidad, no tanto como a desconocidos, pues no lo son, sino más bien por ser los primeros proletarios que en la nueva Rusia vienen a nuestro encuentro. ¿Qué encontramos de sorprendente en ellos? ¿Están formados de la misma pasta que los demás changadores del mundo? Hay una pequeña diferencia: la circunstancia de hablar distinto idioma. El hombre del cual nos valemos para conducir nuestras maletas carga con ellas y descendemos del tren.

¡Ya estamos pisando el suelo donde impera el régimen proletario de la Unión Soviética!

Complicaciones iniciales

En marcha hacia la aduana. Esta aduana que se ofrece a nuestra mirada es ni más ni menos igual a todas las aduanas de las estaciones fronterizas. Pesadas y minuciosas hasta la exageración.

Sabíamos de antemano con qué clase de instituciones teníamos que habérnosla. Habíamos pasado por las horcas caudinas de la revisación en unas seis o siete fronteras del trayecto, y ya no podían extrañarnos las prácticas fastidiosas de ritual.

Pero nos equivocamos respecto a las aduanas de Rusia: allí la inquisición sobrepasa todo lo imaginado. No sólo se fijan si uno conduce objetos de contrabando, sino que hasta restringen la introducción de efectos personales que sobrepasan un límite determinado. Es necesario no exagerar ni el número de trajes ni el de camisetas o medias. Llevar lo justo, es decir, lo necesario, que en Rusia se halla perfectamente delimitado por ley.

En esa operación, los empleados de la aduana distraen un tiempo precioso, haciendo el recuento detallado de lo que cada uno lleva. Si por casualidad, o por exceso de dinero, el visitante echa mal la cuenta y se provee de una prenda de más, queda de inmediato separada del equipaje, previa constancia de la infracción.

La revisación

Al colocar nuestros bultos en los banquillos tradicionales, y mientras no nos llegaba el turno, nos dispusimos a observar el dilatado proceso. Había allí más viajeros de los que uno se figuraba. Hombres, mujeres y niños de todas las edades, agrupados ante los mostradores, seguían los movimientos de aquellos hierofantes que parecían entregados a un ceremonial religioso. Estos empleados llevan, en su mayor parte, los conocidos blusones tan comunes en Rusia; algunos de ellos portaban *breechs;* en la cabeza llevaban gorras adornadas con estrellas de cinco puntas sobre fondo rojo.

Muchos de los pasajeros aparecían de un rojo apoplético; otros, pálidos. A todos ellos les afectaba aquella revisación meticulosa.

Tras el mostrador se paseaban numerosos personajes vestidos con el uniforme militar o el de la policía. Miran, remiran, controlan, dan el visto bueno, ponen algún reparo y a veces se enfrascan en un cuestionario de preguntas las más de las veces inquietantes. Por encima de todos, un anciano de barba, que resulta ser el jefe de turno, imparte órdenes, evacúa consultas y dirige con firmeza la labor.

Libros heréticos

Al fin llega nuestro número de orden. Se acerca a nuestras maletas un hombre de fieros mostachos, en tanto nosotros nos apresuramos a poner en descubierto el interior de los bultos. Comienza el curioso manipuleo. Va saliendo la ropa usada. Hasta aquí, todo marcha bien. Pero, en seguida aparecen objetos de dudosa clasificación reglamentaria, y el empleado, sin detenerse, los echa a un lado, para consultar si su introducción es legal. Nuestra inquietud aumenta cuando el operario se encuentra con una colección de libros que nos ha venido acompañando durante todo el viaje, e infinidad de material de estadística agropecuaria de la República Argentina.

De todo punto lamentable era el hecho de que ninguno de los allí presentes conociese el castellano, idioma en el que estaban escritos aquellos libros. Para los empleados, como para el cura y la sobrina, los libros expurgados de Don Quijote, debían tener algo de heréticos, desde el momento en que no estaban escritos en idioma legible.

Tímidamente nos aferramos a un ilusorio argumento para salvarlos de la expropiación que los amenazaba.

—Observen ustedes –les dijimos– que tratándose de libros en castellano y no conociendo la gente este idioma, de ninguna manera pueden ser peligrosos para el espíritu ruso.

El pavoroso fantasma de la sospecha

La observación no surtió efecto. Por el contrario, infundió algunas sospechas la propiedad con que nosotros hablábamos el ruso, considerándonos, por las apariencias, extranjeros. (Más tarde, ya en Moscú, nos hicieron notar el error en que habíamos incurrido hablando la lengua nacional. Era el momento en que se habían introducido al país numerosos espías de los rusos blancos, a raíz de la ruptura de relaciones con Inglaterra, cuyos procesos hemos presenciado después.)

En aquel preciso momento se nos aproximó un joven delgado, de ojos poco menos que transparentes, y la curiosidad lo llevó, naturalmente, a hojear los libros en cuestión. Nos miraba de soslayo, para sorprender algún efecto en nosotros y de pronto arrancó en una serie de preguntas breves, pero tortuosas.

El hallazgo de la libreta de enrolamiento entre los papeles nos hizo, al parecer, más sospechosos. Llovieron preguntas sobre la Argentina, especialmente acerca del servicio militar. Al saber que éramos periodistas, inquirieron la filiación del diario, interesados en saber si era comunista o qué credo político defendía. A cada pregunta, en la cual adivinábamos su larga cola intencional, advertíamos que la sangre toda afluía a nuestro rostro y lo menos que sentíamos era el embarazo de pasar por espías al servicio inglés.

Tribunal de inquisición

Nos disponíamos a hacer nuestra defensa con palabras enérgicas, declarando nuestra condición y pretensiones, cuando el joven delgado, que había desaparecido por unos instantes, volvió diciéndonos que el jefe quería interrogarnos. Al advertir que mis maletas quedaban abiertas y a disposición de cualquiera que pasara, nos tranquilizó diciendo que los *tovarisch* se harían cargo del cuidado de los efectos.

Penetramos en un gabinete donde se hallaba el jefe de las barbas, algunas personas más, entre las cuales distinguimos un oficial de marina que nos invitó a sentarnos. La conversación dio comienzo en un tono que ahora no sabría precisar.

Inquirió el oficial sobre nuestra identidad, contestándole que no debía ignorarlo desde el momento en que se hallaba con el pasaporte por delante. En seguida cambió de táctica y se enfrascó en una conversación de estilo familiar, como las que se estilan para enseñar el método Ollendorff.

—¿Qué lleva usted en los bolsillos? –preguntó.

Por toda respuesta vaciamos todo su contenido encima de la mesa: el reloj, la cartera, unos papeles sueltos y varias cartas. Los sobres cerrados atrajeron su atención. Se apoderaron de ellos con precipitación, anunciándonos que iban a darles formal apertura.

Lección y plancha

Protestamos indignados de aquella incidencia, llamándoles la atención acerca del carácter particular de las mismas. Pero cuando vimos que no lograban convencerlos nuestras declaraciones, los invitamos a detenerse en la dirección que llevaban, algunas de las cuales estaban destinadas a personajes influyentes de la política rusa. Tampoco la advertencia fue escuchada. Tres sobres fueron rasgados delante mío por tres personas distintas y una ansiedad verdadera. A medida que avanzaban en su lectura, estudiábamos en los rostros el efecto que les iba produciendo su celosa insistencia. La impresión que les produjo fue mágica.

Nosotros ignorábamos el contenido de aquellas cartas. Solamente sabíamos que una persona, de reconocida autoridad, nos recomendaba como a periodistas deseosos de estudiar la vida rusa.

Como movidos por una descarga eléctrica, los tres inquisidores se levantaron a una, mirándose torpemente, como abochornados, y salieron del gabinete sin decir palabra, dejándonos solos.

El miedo a lo alto

Transcurrieron unos minutos, durante los cuales saboreamos el triunfo de una lección bien dada a los indiscretos funcionarios. Al cabo de los cuales hicieron irrupción aquellos personajes acompañados de un cuarto, uniformado también con el traje de la marina, el cual, dirigiéndose hacia donde estábamos, masculló una retahíla de excusas. Casi imploró que los perdonásemos, que había sido un error lamentable, producto del exceso de celo.

Le contestamos con fingida dignidad que estábamos en su poder y que nada teníamos que excusarles.

Pero el hombre insistió, humildemente, arguyendo el momento difícil por el que atravesaba Rusia; las precauciones muchas veces inmotivadas que se veían obligados a adoptar y muchísimas disculpas por el estilo.

Les hicimos notar que no comprendíamos cómo, después de haberles observado la importancia de las personas a quienes iban dirigidas, se habían empeñado en abrirlas asegurándonos ellos que esos subterfugios se empleaban con frecuencia para vencer la resistencia de los funcionarios.

El tren se va

El oficial quiso todavía dejarnos bien convencidos de que había obrado de buena fe, pero cuanto más hablaba, peor la enredaba. Y confundido, sudoroso, al igual que sus compañeros, no se cansaba de pedirnos que los dispensara. Más adelante supimos que dos de esos celosos funcionarios habían sido exonerados.

La larga escena y la prolongada detención a que nos obligaron todas aquellas explicaciones y diligencias tuvieron una consecuencia deplorable. El tren, harto de esperar, emprendía su marcha, mientras las maletas despanzurradas y en desorden aguardaban todavía nuestra atención. Ellos, solícitos, nos apuraban para que lo alcanzáramos. Pero era tanta nuestra indignación que no atinábamos a poner en orden el equipaje.

Quedó, pues, resuelta forzosamente nuestra permanencia, durante aquella noche (primera de la roja Rusia), en la desierta estación de Negoreloc, a la espera del tren local que partía a la mañana siguiente para Minsk, flamante capital de la Rusia Blanca.

Rusia ha conseguido higienizar sus ciudades

Transcurrió para nosotros una noche toledana. No cerramos los ojos en toda la noche, sin ser falta de sueño, sino por la incertidumbre en que nos tenía nuestra misión por la quisquillosa e inquietante Unión de los Soviets.

El episodio de la frontera nos traía desazonados, pensando en que tal vez se repitiesen a cada paso, lo que hubiese sido suficiente para no dejarnos llegar nunca al punto de destino. Y más que eso nos preocupaba, sobre todas las cosas, la situación del ex imperio de los Zares.

¿Era Rusia, en efecto, un infierno cuyas riendas empuñaba el Terror? ¿Vivía la población bajo un perpetuo pánico, sin saber si, llegada la nueva aurora, estaría cada cabeza en su tronco? ¿O se trataba de casos aislados, de calumnias propagadas por los enemigos del régimen, de ejecuciones justas y necesarias que no tenían más razón de ser que la salvación de la patria en peligro?

Estas preguntas que nos habíamos hecho desde que los bolcheviques escalaron el poder y que ahora se presentaban con insistencia a nuestro pensamiento formaban la base de aquella agitación nuestra que nos quitaba el sueño la primera noche que pasamos en el país soviético.

Mucho después tuvimos noticias de algo contingente con Negoreloc, ocurrido en la época de nuestra visita.

En la aduana de esa estación se había probado la existencia de un desorden irremediable y la arbitrariedad en los procedimientos era tal, que las autoridades centrales se habían visto obligadas a intervenir, dando lugar el suceso a procesos ruidosísimos en los que perdieron sus puestos altos funcionarios de la administración.

Hacia Minsk

Muy de mañana nos levantamos para tomar un ligero desayuno en el comedor de la estación. A las 7 alcanzamos el tren local, protestando en mente de la posibilidad de emplear dos horas en un viaje que el tren expreso pone sólo una hora.

Minsk era la meta. Aquel convoy, un caos: rusos, israelitas y polacos, civiles y soldados, mujeres y criaturas de las aldeas vecinas formaban un pintoresco conglomerado, que sólo podía justificar la vecindad de un emporio tan importante como Minsk, la capital. Nos hallábamos cansados para examinarlos detenidamente. Nuestras maletas y la indumentaria atraían la atención de todos, poco acostumbrados a ver extranjeros y desconocidos por aquel trayecto local.

Debo haberles dado la impresión subitánea de un americano del Norte curioso de aquellas poblaciones de la Rusia Blanca. Hubo quienes se nos acercaron para preguntarnos si conocíamos a unos parientes que vivían en el gueto de Nueva York o el de Chicago.

Al llegar el tren a Minsk, fuimos en busca de un amigo para que nos guiase por la ciudad. Nunca habíamos estado en ella, aun cuando no nos eran enteramente desconocidas algunas grandes poblaciones de la Rusia Blanca, que podían servirnos de parangón para apreciar las diferencias de la vieja y la nueva Rusia.

Nos metimos en un destartalado coche de plaza y llegamos al centro de la ciudad. La reciente guerra con los polacos había dejado sus huellas destructoras. La propia estación era un local provisional, que no reunía ni siquiera las más elementales condiciones para lo que se la destinaba. Había infinidad de edificios destruidos, unas veces por las granadas, otras por el incendio. Muy pocos se hallaban en el período inicial de la refacción. En cambio, las calles de la ciudad, hasta las más apartadas, ofrecían un aspecto de pulcra limpieza que impresionaba bien al viajero.

Antaño las ciudades rusas de provincia, especialmente las pertenecientes a la Rusia Blanca, eran un dechado de inmundicia y abandono. Los animales no se diferenciaban de los humanos en desaseo, ya que andaban mezclados en confuso montón. Pequeños, vacas, cerdos y perros convivían en los estercoleros de las calles, deseosos de encontrar una escombrera donde refocilar sus ansias de suciedad. Los charcos de agua estancada justificaban esta pretensión. Los papeles, los residuos de todas clases, los animales muertos y putrefactos provocaban náuseas.

Ahora todo había cambiado.

Cómo se cumplen
las ordenanzas municipales

El pavimento aparecía bien nivelado y aseado en todas las calles. Y no solamente en Minsk; en la mayoría de las ciudades que visité, recibí la misma impresión de limpieza y buen aspecto. En este sentido de la higiene pública, el gobierno bolchevique ha desplegado una actividad prodigiosa, teniendo que combatir muchas veces prejuicios arraigados y apatías incalificables para mantener la limpieza en las ciudades.

Las ordenanzas municipales son terminantes, y se cumplen estrictamente bajo penalidades severas. Está prohibido terminantemente arrojar basuras, simples papeles a la calle. Y con el fin de facilitar el cumplimiento de las ordenanzas, se instalaron en las esquinas receptáculos apropiados para este objeto. La falta de cumplimiento es penada con multas que jamás se perdonan. Sobre el particular circularon por el mundo las más groseras anécdotas. Imaginarios visitantes de la Rusia Soviética propalaron la especie de que los salones, los teatros, los lugares de esparcimiento y reunión eran estercoleros donde se arrojaban sin consideración las colillas y las más asquerosas expectoraciones. No solamente eso no es cierto, sino que tampoco se ve una sola colilla ni un solo salivazo en las aceras, cosa tan corriente en las ciudades americanas.

En los tranvías, trenes, etc., rezan como en todas partes los cartelitos prohibitivos, pero con la diferencia de que en Rusia se hacen cumplir.

En una inmensa mayoría de oficinas públicas, no se permite fumar.

Los chicos juegan en las plazas y parques, de los que hay muchos, especialmente después de la confiscación de los parques particulares convertidos ahora en públicos.

Una multitud heterogénea pululaba por las calles: rusos, judíos, polacos, jóvenes y viejos de luengas barbas, mujeres y niños iban y venían. Grandes carros llenos de mercaderías, camiones guiados por soldados del ejército rojo circulaban por las calzadas. Soldados, muchos soldados, formando columnas, con fusil al hombro, o pequeños grupos sin formación. En las esquinas, milicias (vigilantes) mirando pasar apaciblemente a las multitudes, guardando el orden. Igual que en cualquier otra ciudad del mundo. En vez de las casas de comercio particulares, las cooperativas ostentaban sus letreros; panadería de la cooperativa tal, "fiambrería" de la cual, etc. En los escaparates de las vidrieras se ven mercaderías en exhibición. Los negocios particulares son pocos y entre ellos predominan los de los *custarnik*, o sea, los que personalmente producen los artículos; por ejemplo, los sastres, zapateros, etc. Hay también quioscos de venta de frutas, agua mineral y gaseosas, especialmente productos del Cáucaso y de Crimea. Algunos de estos quioscos son de particulares, pero la mayoría pertenecen a las cooperativas.

Después de descansar un par de horas y de cambiar de traje, salí a visitar la ciudad. Mi primer impulso era visitar a un diario para curiosear la vida de los colegas y ver la organización de publicidad en este país. En la calle principal, sobre la fachada de un edificio grande y amplio, leí la siguiente leyenda: "*La Estrella*. Dirección, redacción y administración". Entré y pregunté por el jefe de la redacción. Me introdujeron a un salón amplio con varias mesas sobre las cuales varios colegas llenaban sus carillas. Al momento se abrió otra puerta y un joven rubio me hizo señas para que pasara. Al saber que era periodista de la Argentina me invitó a tomar asiento, diciéndome que el jefe llegaría más tarde, pero que tendría mucho gusto en conversar conmigo, manifestándome que era el segundo jefe.

Lluvia de preguntas

Tomé asiento en un sillón confortable y dirigí una mirada a mi alrededor. Era un salón de regulares dimensiones con balcones a la calle. Había dos grandes mesas de escritorio con sus correspondientes sillas, varios sillones y un sofá tapizados en cuero y varias sillas. También había varias bibliotecas y sobre una de ellas, un busto de Lenin. Las paredes ostentaban los retratos de los dirigentes bolcheviques, muchos gráficos, etc. Por todas partes, originales, pruebas, diarios y papeles.

Después de las preguntas banales de práctica, empezaron a llover preguntas recíprocas sobre la vida de los periodistas en los países respectivos. Para ordenar la conversación, le conté en breves palabras sobre la vida del periodismo argentino, la organización de los diarios, sobre todo de *Crítica*. Especialmente se interesaba por saber si los diarios en la Argentina eran de propiedad privada y se quedó admirado cuando le dije que *Crítica* pertenecía a una sola persona. Se veía que mi interlocutor era joven aún y no había alcanzado a trabajar en tiempos del zarismo, cuando los diarios eran de propiedad privada. Riendo le dije que en la Argentina aún no imperaba el colectivismo, ni aun para los órganos de publicidad.

En términos generales supe lo siguiente sobre la organización del diario *Svesda* de Minsk, que es más o menos la misma que la de los demás órganos de publicidad que tuve la oportunidad de visitar en Moscú, Leningrado y otros. Como el *Svesda* es el órgano oficial del gobierno de la Rusia Blanca, su redactor en jefe es nombrado por el mencionado gobierno y él responde por la orientación general del diario. Hay también un segundo jefe, un secretario y un cuerpo de redactores. La política general está dirigida por el redactor en jefe y su segundo. Las demás secciones, por el colegio de cada sección por separado. A veces, los asuntos se tratan en el colegio general de los redactores. Pero la gran novedad, según mi interlocutor, es la organización de los *rabcorov* y de los *selscorov*, es decir, de los corresponsales obreros de las fábricas y los campesinos.

Las colaboraciones

Le hice observar que también en *Crítica* está aceptada la colaboración de la gente del pueblo y que se dedica a este punto una preferente atención. Pero me hizo notar que no sólo no aceptan las colaboraciones espontáneas de los corresponsales obreros de las fábricas y de los campesinos, sino que en primer lugar se dedican a su organización. Al recibir, por ejemplo, una correspondencia de un obrero, y percatándose por ella de que el hombre promete, se le visita, si vive cerca, o se le envían instrucciones sobre los temas a tratar, el modo de tratarlos, etc. Se le envía literatura para que se ilustre, o en su defecto un catálogo de libros adecuados. Además, según la importancia del corresponsal, se le pagan sus colaboraciones. En resumen: en la Rusia actual no existen colaboraciones gratuitas.

Los colaboradores obreros y campesinos representan un factor importantísimo en la vida social rusa. El obrero vive en el ambiente de la fábrica, conoce sus pesares y sus alegrías, las injusticias que a veces comete la dirección de la misma, las imperfecciones de la producción, etc. Lo mismo acontece en la aldea. Por eso, a veces el rol del corresponsal de esta naturaleza es bastante peligroso, especialmente en la aldea, donde a veces las autoridades locales son contrarrevolucionarios disfrazados, y eliminan lisa y llanamente a los corresponsales que les estorban, casos que han acontecido varios años atrás.

Cómo vive el periodista ruso

La situación económica del gremio de los periodistas en Rusia es la más halagüeña y están mejor remunerados que cualquier otro. El periodista ruso percibe un sueldo fijo de cien a doscientos rublos o más por mes. Además se le paga por línea todo lo que se publica, de modo que un periodista ruso de medianas condiciones gana mensualmente unos trescientos o más rublos (un rublo equivale más o menos a 1.30 pesos moneda nacional). Si se compara este sueldo con los de los demás gremios, especialmente con los que ganan los obreros, es un sueldo de príncipes. A pesar de que el diario es una filial del gobierno, la administración debe calcular sus gastos en tal forma que se paguen los gastos con las entradas.

A esta altura llegó el redactor en jefe. Me invitó a visitar las dependencias. Pasamos a la redacción, donde nos rodearon los colegas y cada uno me preguntaba sobre la vida de sus compañeros en la Argentina. Uno hasta se ingenió en hacerme un reportaje breve, que apareció al día siguiente. El redactor en jefe me invitó a colaborar en el diario, lo que le prometí, si el tiempo me permitía. Después fuimos a visitar los talleres, donde he visto varios linotipos, una máquina rotativa y un taller de grabados. Mi visita duró casi tres horas.

Conclusiones

Antes de terminar, me permitiré afianzar algunas impresiones sobre la situación de la Unión de los Soviets. El error fundamental de amigos y enemigos de aquel país consiste en la creencia de que en Rusia impera el socialismo, cuando en realidad no es así. Allí existe un gobierno socialista que representa a los obreros y campesinos, el que por todos los medios posibles trata de implantar tal régimen. Rusia es un crisol, donde se experimenta toda clase de ideas de redención de la humanidad, con el objeto de terminar con la injusticia humana. Todas las gentes de buena voluntad hablan de la libertad de los hombres, de la esclavitud y de la opresión de sus semejantes. Los pensadores ya hace tiempo que se dieron cuenta de que en la actualidad prevalece el concepto bárbaro: *Homo homini lupus*, y cada cual propone su teoría de justicia. Entre estas ideas existe la de Marx sobre la igualdad económica de los individuos, sobre la base del trabajo y de la distribución colectivista.

Mientras que los socialistas de otros países, que en principio reconocen esta teoría, se circunscriben a una actividad vaga y abstracta, los bolcheviques rusos han echado sobre sus hombros una acción directa, emprendiendo la lucha gigantesca, tratando de realizar el sueño dorado de los desheredados y de los oprimidos. La misma naturaleza de su acción gigantesca es tan compleja y múltiple, que forzosamente debe de adolecer de ciertos errores. Además, la resistencia de los enemigos internos y externos de esta acción aumenta aún más las dificultades para poder llegar a un feliz término. Más aún, si es lógico que la clase burguesa sea el enemigo natural que estorba su acción, es completamente increíble que los socialistas del mundo, que debían ser amigos, por una equivocación incomprensible se hayan declarado sus peores enemigos. Estos últimos podían no estar conformes con sus procedimientos, con su acción y podían por lo tanto quedar, si no neutrales, benévolos. Pero toda la historia de los últimos diez años demuestra que el peor enemigo de los bolcheviques rusos son los socialistas.

Mientras tanto, los bolcheviques rusos no tan sólo han proclamado nuevos conceptos de la organización social, sino que tratan de implantarlos con grandes sacrificios. Este proceso nos hace recordar la gran Revolución Francesa, cuando los feudales de todo el mundo veían con terror el surgimiento de las nuevas doctrinas de los "derechos del hombre" y la "libertad, igualdad y fraternidad" y cuando por todos los medios a su alcance trataron no sólo de obstaculizar su realización, sino de demostrar que eran frutos de cerebros enfermizos y llevados a cabo por delincuentes. Hasta hoy, las sociedades que se creen depositarias de aquellos grandes ideales de la Revolución Francesa pintan a los primeros revolucionarios, Robespierre, Marat y otros, como a simples locos sanguinarios, brutos y de bajos instintos, olvidando que eran los verdaderos mártires de la causa y que si han cometido errores, ello era un asunto humano. La plutocracia actual repite tras la aristocracia feudal que los revolucionarios franceses eran simples carniceros, herreros y albañiles, como si sólo los "nobles" fueran capaces de grandes ideales, olvidando de paso su procedencia plebeya.

No hay derecho a menospreciar los soviets

Se puede estar o no estar de acuerdo con los ideales que tratan de expandir los bolcheviques rusos: pero nadie tiene derecho de menospreciarlos, en presencia de su heroísmo, por su desprendimiento personal, por su osadía de realizar sus ideales y por su creencia de dar a la humanidad nuevas normas de justicia social. ¿Han cometido errores, tienen dificultades, hay divergencias entre ellos mismos, van a sucumbir acaso? Podría ser natural en una renovación tan gigantesca. Pero sinceramente quieren el bienestar de todos y, además del gran ideal, de los nuevos conceptos que dejan de herencia a la humanidad, han dejado ya una gran obra. Nuevos códigos, nuevos conceptos, nuevas normas de conducta se han implantado en Rusia, como ensayo de su labor enorme. Han mejorado la vida del obrero, han libertado a la mujer rusa de un yugo vergonzoso, especialmente entre las razas aborígenes, entre las nacionalidades tártara, caucasiana y del centro de Asia, donde la mujer era una cosa, una mercancía, un juguete del hombre.

Han creado nuevos institutos admirables, han dado y siguen dando instrucción a un pueblo analfabeto por excelencia, cuya ignorancia se mantenía por el sistema bárbaro del zarismo. Han dado en tierra, al fin, a ese Estado zarista, cuya existencia era un insulto a la humanidad, como lo fue la esclavitud. Trata esta gente de dar los "derechos del hombre" no sólo al rico, sino al pobre, levantando el nivel del desgraciado y su conciencia de hombre. Han creado el único Estado donde, en la vida social, el trabajador manual o intelectual tiene más derecho que el bien nacido o el enriquecido.

Nadie es capaz de comprender los sufrimientos que ha pasado el pueblo ruso antes de la revolución, víctima del yugo zarista, como tampoco las enormidades que ha sufrido durante la guerra y la revolución. Se ha forjado un nuevo Estado en luchas sangrientas con la sociedad vieja y podrida que azotaba a aquel país. Todavía falta mucho para que el pueblo ruso consiga los objetivos de la revolución soviética. Todavía habrá luchas y dificultades. Los enemigos externos de aquel Estado no se cansarán de hostilizarlo. También dentro de Rusia, las diferentes clases sociales, especialmente los campesinos, ocasionarán muchos dolores de cabeza a los jefes de la revolución. Pero hay un indicio notable, y es que todo el pueblo ruso, políticamente, quiere a su modo, la conservación del régimen; está cansado de guerras civiles, etc., y esto ya es un augurio de éxito. Creo que toda la gente de buena fe, a pesar de no profesar las ideas bolcheviques, ha de simpatizar con el pueblo ruso y con los dirigentes de la revolución soviética por el hecho de que son los factores de una nueva moral superior. Los pueblos que no han entrado en relaciones con el nuevo gobierno sovietista deben apresurarse en hacerlo, para cumplir no sólo con las reglas internacionales, y de colaboración internacional, sino también para poder, de buena fuente, saber lo que pasa en aquel país. Hasta a los enemigos hay que conocerlos de cerca y con la abstención de reconocerlos se sigue la política del avestruz que esconde la cabeza ante el enemigo y el peligro.

Si con mis notas he conseguido despejar un poco las tinieblas con que las agencias interesadas hicieron envolver los acontecimientos rusos, creo haber cumplido con mi misión de periodista imparcial.

ELÍAS CASTELNUOVO
YO VI…! EN RUSIA
Impresiones de un viaje a través
de la tierra de los trabajadores*

La frontera

El candado territorial

El viaje a Rusia, desde Berlín, por tren, dura 35 horas. No obstante, se cruza, en tan corto espacio, tres repúblicas: Lituania, Letonia y el corredor polaco. El internacional corre diariamente. Cuesta el pasaje, con cama, cien pesos argentinos. Por vapor, en cambio, de Stettia o de Kiel, o de Hamburgo, dura tres o cuatro días y cuesta un poco más. Viajando modestamente con seiscientos pesos se puede ir desde Buenos Aires hasta Moscú o Leningrado u Odessa.

La tercera de Europa es, sin disputa, infinitamente mejor que la segunda de la América del Sur. Más limpia, quizás, que la primera.

Los trenes de Rusia constan, generalmente, de una sola clase: tercera. En los largos recorridos, no obstante, el Estado permite a la Wagon Lits intercalar un coche de segunda para los turistas.

* Primera publicación en Buenos Aires, Actualidad, 1932.

En cada república que uno atraviesa se le revisa el equipaje y los documentos. No importa que el tren llegue a las dos de la mañana, como ocurre en Riga. En Alemania la revisación es de lo más decente. Mas, no bien se llega a Kovno, comienza la odisea del pasajero y del equipaje. No se establece ninguna diferencia allí entre una valija y una persona. En Lituania se le examinan hasta las medias a las mujeres. En Polonia se le rompe la almohada para indagar si hay contrabando adentro, y en Letonia se le da vuelta el baúl o el cofre sobre el piso, como si se tratase de una bolsa de papas. Ignoro cómo se trata al pasaje de segunda o de primera. Me refiero tan sólo al pasaje de tercera clase. Los empleados encargados de la inspección, más que empleados a sueldo de un régimen, parecen piratas o filibusteros, ansiosos de confiscación, que trabajan por su propia cuenta.

Es un poco difícil entrar en Rusia. Sobre todo para quien no tenga ninguna ligazón con el Partido Comunista. Esto no implica que sea imposible, como suponen muchos. Todo aquel que no haya sido invitado especialmente por el soviet o que no vaya en calidad de turista (los turistas son llevados y traídos igual que los baúles) necesita, primero, disponer de una recomendación.

Esta recomendación es muy compleja. Porque sucede que con la misma firma que allá le abren las puertas de la república, acá, le abren las puertas de la cárcel. Luego, una persona conocida, que resida en la Unión, tiene que hacerse responsable de la visita. De modo que cualquier trasgresión que cometa uno allá, después, paga uno y paga el otro.

Se dice que Europa le cerró las fronteras a Rusia, mas, no bien se inician los trámites de la visación en Berlín, se llega a pensar lo contrario: que Rusia le cerró las fronteras a Europa. Esto, sin embargo, tiene su explicación. Rusia está rodeada de enemigos. El capitalismo mundial ha movilizado a toda una jauría ecléctica de perros y los ha ubicado estratégicamente a través de sus fronteras. Los buitres negros de la burguesía siguen atentamente desde la Manchuria hasta Finlandia los movimientos del oso polar. Además, Europa no tiene más nada que perder que sus deudas y sus cadenas. No necesita salvar nada, porque todo lo ha perdido. Rusia, en cambio, está construyendo un mundo nuevo y debe cuidar eso: el nuevo mundo. De aquí proviene, en consecuencia, la cerradura que le ha metido a su territorio.

Atando cabos

El llamado *misterio de Asia* comienza, tal vez, en Rusia. Porque Rusia se parece más a Asia que a Europa. Le reserva al que no la conoce más que a través de su literatura una serie de sorpresas tan raras, tan distintas, a menudo, tan escalofriantes, que termina por suponer uno que coexisten dos mundos en el mundo: Rusia y... el otro.

A decir verdad, la situación exacta de la república la conocen tan sólo los iniciados del marxismo o aquellos que, por distintas razones, se trasladaron un día al laboratorio donde se realiza ahora la experiencia soviética. El resto, no por estar más cerca, como Letonia o Polonia, sabe mucho más que nosotros que nos encontramos tan lejos. Las mismas historias espeluznantes que se cuentan por aquí, se cuentan por allá. Bueno es saber, también, que en Riga existe una oficina de información telegráfica, que es la que las fabrica. Se le llena la cabeza de tantas tonterías al viajero por el camino, que esto influye después, en favor o en contra, poderosamente, en la composición que cada cual se forma frente a la realidad.

Sospecho que muchas personas no han llegado jamás a Rusia y nos relataron después lo que sucedía allá, a través de las novelas policiales que se tejen en Letonia o en Lituania. Porque las barbaridades que se cuentan en estas dos repúblicas sólo he tenido oportunidad de leerlas en algunos libros o en algunos diarios. Nada más. No he podido confirmarlas nunca en la realidad. Ni siquiera tenerlas en cuenta, dada la disparidad que existe entre lo que se dice afuera y lo que se realiza adentro.

Cada persona que encuentra uno por el camino se cree en el deber de hacerle una recomendación, como si ella hubiese estado allá durante largo tiempo, aunque por lo regular nunca estuvo.

Lo primero que se le recomienda es no hablar mucho. Para esto se le da una lata de media hora. Luego, que medite largamente lo que va a decir, siempre que no tenga más remedio que decir algo. Le convendría, claro está, ser mudo. De este modo no incurriría en ningún delito. Si se aprendió el ruso para comprender mejor a la raza, se lo reputa muy mal, y, si no se lo aprendió, se lo reputa peor. Se lo inhabilita desde ya para alcanzar cualquier conocimiento.

—¿Cómo usted pretende saber lo que es Rusia –se le dice– si no sabe el ruso? Se le hará ver lo blanco, negro, y lo negro, blanco. Los rusos son muy astutos. Mejor es que no vaya.

Si se lo aprendió, en cambio, se le dice:

—Ha hecho muy mal. Usted puede ahora oír todo y saber todo, cosa que al gobierno no le conviene. Se le vigilará constantemente. Dondequiera que usted vaya, irá detrás suyo un GPU o una Cheka…

También se le encarece que no se meta a juzgar la situación política o económica. ¡Mucho cuidado con esto! De economía, sólo puede hablar allá el Comité Central, y, de política, Stalin o Radek. Es menester recoger los datos impresos sobre el papel y convenir en que estos datos son ciertos. En cada fábrica, en cada usina, en cada granja colectiva, se le llenará la libreta de cifras, estadísticas, diagramas, etc., mas, en ningún caso, se le permitirá comprobar objetivamente si todo eso es exacto.

Con el mayor desparpajo, el informante asegura:

—Yo sé que todos esos cuadros estadísticos son positivamente falsos. Los imprime el soviet para engañar a los turistas y a los literatos.

E invoca inmediatamente el testimonio de un tío o de un pariente, de un libro o de un diario.

Información gratuita

El interrogatorio que se le hace al entrar, según la opinión corriente, es muy delicado. Conviene preparar un día antes el discurso que se debe pronunciar en la frontera. Se le pregunta si tiene propiedades. A esto hay que responder que no. Si tiene mujer e hijos. Si está casado o unido. Si la familia se compone de parientes. El número. Luego, el nombre de cada uno y la profesión. Qué hace su mujer, qué hace su hijo, qué hace usted. De qué trabaja, si trabaja y si no trabaja, de qué vive. A qué clase pertenece: a la burguesía o al proletariado.

Quien no cumpla estrictamente estas indicaciones se podrá despedir del mundo civilizado. No retornará jamás a su casa. Se pudrirá en un calabozo o se le mandará a cortar leña en las condiciones que prescribió el general Uriburu.

Si es argentino de nacimiento, se le recomienda que se busque un pasaporte sueco. Porque a todo argentino después del asunto de la *Iuyamtorg*, se le toma en calidad de rehén, para cobrarse, quizás, los treinta millones de pesos que se le hizo perder aquí a la entidad soviética. (El día que salió aquí el telegrama donde se confirmaba la prisión de los argentinos radicados en

Rusia por el entredicho de la *Iuyamtorg*, el mismo día, los escritores de Leningrado me dieron un banquete.)

Esto, en lo que se refiere al aspecto moral. En lo que se refiere al aspecto físico, las recomendaciones son infinitas. Hay que llevarse ropa de abrigo, interior y exterior. No mucha, porque se la quitan. O porque se le puede confundir con un mercachifle y reducir a juicio y a prisión. Ninguna prenda de lujo. Todo lo que se reputa lujo, en la Aduana, se le confisca. Hay que llevarse de comer. Sobre todo: manteca y huevos. Una cantidad limitada, se sobreentiende, pues podría ocurrir que se le tomase por un acaparador de huevos y manteca. También hay que llevarse un primus y materia inflamable. Escasea el fuego. Escasea la ropa. Escasea la comida. Escasea la vivienda. Si una casa fuese transportable, se le recomendaría, creo yo, que se llevase, también, una casa.

De haber hecho una lista de todas las cosas que debía llevar conmigo, no me hubiese alcanzado, probablemente, el vagón para completarla a medias.

Cuando se está por llegar a Riga se le contempla a uno con misericordia, como si fuese un condenado a muerte que se dirige voluntariamente al patíbulo.

Un pasajero le toca el codo a otro y le dice:

—¡Pobre hombre! ¡Ese infeliz va a Rusia! Seguramente no vuelve más.

Una mujer a quien yo no conocía quería a todo trance que me diera vuelta. Puso tanto calor en su empeño, que intercedió otra. Entre las dos, luego, tomaron tan en serio mi defensa que llegaron hasta meterse con mi familia.

—¿Tiene mujer? –indagaba la primera.

—Sí, tengo.

—¡Pobre mujer! –exclamaba condolida–. ¡Pobre, pobre, que se quedará viuda!

—¿Tiene algún hijo? –inquiría la segunda.

—Tengo, sí: tengo uno.

—¿Es chico?

—Un año y medio.

—¡Pobre angelito –vociferaban una y otra– que se quedará huerfanito!

De modo que, al penetrar en territorio soviético, se pone uno a temblar como una rata. Se prepara materialmente para entrar en la morgue.

De pronto, siente un golpe en la puerta del camarote del tren, y abre. Aparece un guardia rojo, completamente desarmado. Está mal vestido. Tiene el capote desabrochado, la cabeza despeinada y las botas llenas de barro. Una garúa fina cae sobre los campos de Ostrov, que es el límite con la frontera letona.

Me pide el pasaporte. Se lo entrego medio asustado. Me vienen ganas de tomarlo de un brazo y suplicarle:

—Vea: no me vayan a fusilar, porque tengo una mujer y un hijo... ¿Sabe usted? Yo no hice nada malo todavía... Figúrese que no he tenido tiempo... Recién llego... No soy agente de Norteamérica... Lea bien y no confunda: vea que yo pertenezco a la América del Sur. Y por allá los queremos mucho a los rusos. Los queremos tanto que a veces los hacemos pasear en camiones como a los de la *Iuyamtorg*, por la Avenida de Mayo...

El muchacho se escupe un dedo y comienza a hojear mi pasaporte.

Bajamos juntos del coche y nos dirigimos a la revisación. El guardia rojo conversa conmigo como si me conociese desde la infancia. Esa confianza que se toma inmediatamente, se la toma después todo el mundo. Es una costumbre rusa.

[...]

El tren

La campiña abandonada

De nuevo, sobre el tren, la máquina comienza a rodar a través del suelo de la Unión Soviética.

Insisto en que se me fue el miedo.

La gente *del otro mundo*, aunque rara, barbuda, melenuda, bigotuda, tocada con gorras de astracán o embutida dentro de un capote largo y talar, ceñido por una correa y acogotado de rulitos, parece, no obstante, extremadamente cordial y mansa.

A pesar de su rudeza exterior, de su aspecto montañoso, inspira inmediatamente confianza.

Soy el único pasajero que atraviesa esa mañana la frontera. Teóricamente, entonces, estoy en poder del coche. Fuera de mí, en los cinco o seis vagones, no viaja más nadie. El resto de los que se embarcaron conmigo en Berlín se fue largando por Letonia y por Lituania.

No hay que hacerse ilusiones. Rusia interesa tan sólo a los trabajadores. La revolución que allí se ha hecho ha sido y continúa siendo, cada vez más, una revolución exclusivamente proletaria. Una revolución de clase. Y como los trabajadores no pueden viajar, ordinariamente, porque carecen de plata, de aquí que no sea muy visitada y se dé el caso de que cinco o seis vagones introduzcan a una sola persona.

Creo, no obstante, que si el 80 por ciento de los obreros estuviese en condiciones económicas de trasladarse allá, el mundo burgués se quedaría repentinamente sin animales de trabajo.

Entrar por Ostrov en Rusia es como entrar en la Argentina por la Quiaca.

Entre Ostrov y Leningrado hay tan sólo campo de cultivo. De modo que durante ocho horas no se ve más que tierra de pastoreo o de labranza, parvas o trojas o galpones de madera para acopiar los granos.

De cuando en cuando, aparece una aldea, un puente en construcción o un obraje. También aparece, a veces, la apertura de alguna carretera larga. El camino tiene altos y bajos y el tren sube o se precipita por los rieles entre dos hileras de pinos o de abetos. La vegetación crece con exuberancia. El tipo de vivienda más común es la isba, que, entre paréntesis, se parece mucho al rancho argentino, con la sola diferencia de que sus paredes son de madera. El techo es una cabria rellenada de paja.

El mismo paisaje, en su totalidad, no dista sensiblemente, del paisaje nuestro. La colectivización no marcha por aquí al ciento por ciento como en el Volga o en Siberia. Es, sin disputa, la parte más descuidada del territorio. Se trabaja demasiado *individualmente.*

El abandono de la zona, se debe, según se me explicó, a una razón de táctica. Conviene saber que una tercera parte de la industria soviética se encuentra concentrada en Leningrado. Una invasión por Ostrov a pie, del ejército imperialista, invasión que se puede producir en cualquier momento, llegaría a la ciudad en menos de sesenta horas, cosa que ya ha ocurrido durante la revolución y durante la guerra.

Es así que la Unión, a fin de evitar la ruina y el contraste que implicaría semejante invasión, se ha visto compelida a desplazar el grueso de la industria y de la agricultura hacia el Ural y

Siberia. Allí es, propiamente, donde se halla el foco de la edificación socialista.

—Si plantamos aquí con la misma furia que plantamos en otras partes —me decía un bolchevique—, mañana vendrán los bárbaros y arrasarán con todo. Les queremos preparar una trinchera económica. ¿Comprende usted? ¡Los vamos a matar de hambre!

Abolición de la servidumbre

El tren comienza a recargarse de pasajeros.

Cada persona que sube trae consigo un equipo completo, como para trasladarse, no a Moscú o a Leningrado, sino a Byro Bidyan o al Polo. Dado que fue abolida la servidumbre, cada cual tiene que cargar con su equipaje, sea él un obrero o un capitán.

El ruso jamás viaja solo. Si tiene un perro o un gato, naturalmente, se lleva al gato y al perro consigo. Si tiene un pajarito o un lechucín, allá va muy orondo, con su jaula y sus dos animales. Con la misma naturalidad que embarca en el campo, luego, desembarca en la ciudad. Después del perro o del gato o del lechucín, viene el maletaje. Es de rigor, en primer término, llevarse uno que otro cofre de lata. A continuación, uno que otro baúl de madera. Enseguida, un colchoncito y una almohada. Finalmente, un fardo de ropa. El hábito de cargar con el colchoncito o con la camita al hombro está, por lo visto, muy generalizado. Lo veremos más tarde en la metrópoli y entre la gente más calificada: profesores, comisarios, comandantes, literatos, etcétera.

De manera que el camarote del tren que tiene capacidad para cuatro personas se llena totalmente cuando penetra en él un ruso, suponiendo que el que esté primero sea un extranjero. Es de imaginar lo que sucede cuando atrás de uno entra otro, hasta completar el cuarto. Lo más frecuente es que la gente viaje en los pasillos, mientras el equipaje marcha, un bulto encima del otro, cómodamente sobre los asientos.

A la cuarta estación, el vagón, más que vagón, parece un carro de mudanzas.

Los pasajeros, como digo, toman asiento en cualquier parte. Unos, en el marco de la ventanilla. Otros, sobre el estribo del pescante. Otros, en el piso del coche. La comunicación entre ellos es continua. Si el coche no fuese trepidando se supondría estar en una reunión de campesinos.

Imaginemos por un instante a un cajetilla, a un *doctor*, a un literato empacado de genio, ahíto de cuello y de individualidad, o a cualquier personaje pingorotudo, caído repentinamente entre semejante familia, tan confianzuda, tan despreocupada, que trata a éste igual que a aquél, aunque aquél se llame Stalin y éste Barbagelata, y deduzcamos la impresión...

Se ha suprimido el coche comedor. Para comer, hay que bajar a tierra y hacerlo en un restaurante del Estado, donde es indispensable presentar el boleto; o llevarse la comida consigo. La gente opta, ordinariamente, por lo último. Cada cual, conduce, entonces, a más de lo que dejo consignado, una canastita...

Si la gente de abajo come como la gente de arriba, hay que declarar que el pueblo ruso come demasiado.

Una mujer saca una sardina de un bolso y me convida. Me disculpo alegando una enfermedad del estómago, que, en efecto, padecía, pero que a fuerza de comer salchicha y mostaza en Alemania, una salchicha singularmente explosiva, se me ha pasado.

Otra mujer extrae un arenque ahumado y me convida también. Le digo que *no* y ella entiende que *sí*, y encima del arenque me tengo que devorar luego una torta de coles y una albóndiga de pejerrey o de mejillones peor que la mostaza de Prusia. El ruso que yo hablo o que champurreo me va resultando de lo más contraproducente. O, por lo menos, produce en Rusia los más raros efectos. El idioma posee unos matices tan complejos que a menudo *sí* significa *no* y viceversa. Existen, por ejemplo, dos maneras de dar las gracias. Y es a saber: *gracias, sí* y *gracias, no.* En su defecto, las gracias carecen de significado.

Salgo al corredor y comienzo a conversar con la gente. Vale decir: me decido a tomar parte en la susodicha asamblea general. No lo hice antes por temor a que en vez de hablar ruso, el ruso que aprendí gramaticalmente en la Argentina, sin el auxilio de nadie, me saliera chichimeco o mataco o un idioma cocoliche que no lo comprendiese nadie.

Entender, lo entiendo relativamente bien. Pero se ve que al hablarlo lo asesino magistralmente, pues con cada uno que entablo conversación, me pregunta indefectiblemente si yo vengo de Oceanía.

Me limito, entonces, a indagar y a escuchar.

—Ahora, sí que estamos bien –me confiesa la mujer de la sardina, sonriendo y masticando–. Hemos pasado muchas privaciones. En la época de la guerra civil, no comíamos más que pan hecho con yuyos y bichos. A cada rato invadían el territorio y nos robaban toda la comida.

La troica

Con la maleta al hombro

Yo conocía, por carta, a tres muchachos de Leningrado.

Me había relacionado con ellos desde aquí. Dos, eran escritores. El restante, pintor. Los tres me escribían en castellano, y se habían comprometido formalmente, el día que yo llegase, a ir a buscarme a la estación, con el fin de introducirme en la vida soviética. Desde Berlín les comuniqué telegráficamente el día y la hora exacta en que arribaría el tren internacional. Gracias a ellos, asimismo, que se hicieron responsables de mi visita, pude penetrar libremente en la república.

Yo llevaba conmigo, a manera de salvoconducto, una recomendación de Buenos Aires, y la presenté al consulado ruso en Alemania.

El cónsul, después de leer la carta, muy suelto de cuerpo, me la devolvió.

—Esto no sirve –me dijo–. Es de una empresa comercial que no mantiene con nosotros más que relaciones financieras. La recomendación de un *comerciante*, además –añadió–, es contraproducente para el soviet. Aquí se tiene en cuenta, tan sólo, la recomendación de un comunista o de una persona honrada.

—¿Qué puedo hacer, entonces?

—¿Está usted afiliado al Partido Comunista de su país? Esto es suficiente.

—No. No estoy.

—Entonces busque el testimonio de una persona responsable que pruebe que usted no es un contrarrevolucionario.

Empecé a correr por Berlín en procura de un hombre que acreditara que yo no era un agente de ninguno de los imperialismos, ni llevaba el propósito de sabotear ninguna industria allá.

Me fui a la redacción de *Rothe Fane*.

Mala fariña… ¡El diario rojo estaba clausurado!

Traté de verme con el secretario del Partido Comunista Alemán.

Bueno… ¡Andaba por las cuencas del Rhur dando conferencias!

Me entrevisté, en el Hotel Imperial ruso, con un delegado de la VOKS, que había llegado circunstancialmente a la capital alemana.

Bueno… ¡El hombre tenía que regresar a Moscú y luego, un mes después, me contestaría!

Visité al presidente de la Liga de los Derechos del Hombre que tenía fama de ser un gran amigo de Rusia.

Malo… ¡Se había peleado con el soviet!

Por último, desesperado, viendo que se me aguaba el viaje, les escribí a mis camaradas de Leningrado, narrándoles las penurias que por culpa de ellos estaba pasando. La contestación no se hizo esperar. Mediante su influencia, en una semana, me fue visado el pasaporte, y así logré entrar en la tierra del proletariado más pronto de lo que suponía.

El catarro sentimental

Pues, bien. Llego a la estación, cargado como un burro, empiezo a mirar aquí y allí, en busca de alguna cara conocida, aunque yo no le conocía a ninguno de los tres la cara, y no veo a nadie.

Eso me produce una gran desazón.

El miedo que experimenté en la frontera volvió a renacer en mi corazón. Me recosté contra una pilastra y esperé.

La gente iba y venía por los andenes. Aunque el público que aguardaba el arribo del tren era numeroso, no se registró ninguna escena patética, no hubo besos, ni abrazos, ni apretones de mano. Todo esto parece haberse suprimido. También se ha suprimido el pañuelito blanco de la ventanilla. En el comercio sentimental, parece ser que el producto va directamente de la fábrica al consumidor. La cortesía hipócrita y forzada fue definitivamente desterrada de las relaciones sociales. Nadie se ríe por centímetros.

Le gente se encuentra y se engancha.

El traje de los que vienen del campo no difiere sensiblemente del traje de los que se hallan en la ciudad. Tampoco difiere la barba abrupta y rabiosa, el pelo montañoso, los borceguíes, la blusa azul o las alpargatas. Más que entrar en una ciudad, se tiene la impresión de entrar en una fábrica, en un astillero, en una usina o en cualquier otra concentración obrera. Semejante impresión se repite, más tarde, indefinidamente, a través de todo el territorio.

La estación del ferrocarril, paulatinamente, se descongestionó.

El peso de la valija me hacía doblar el espinazo.

En vista de que no aparecía nadie, resolví salir y tomar un vehículo que me condujese a una de las tres direcciones que llevaba conmigo. Alrededor del edificio había una rueda de coches de punto. Ninguno, sin embargo, hacía uso de sus servicios. El que no tomaba un tranvía, marchaba a pie. Luego, me informé de que los coches formaban parte de lo que se denomina *comercio privado*, y que el público consciente los boicotea.

Tomar un coche significa, en el léxico de la nueva república, ser un *carnero*. Como yo ignoro las costumbres del país, tomo uno y coloco sobre él la carga de mi equipaje. Me siento en el banco y decido esperar un poco más.

La torre y las bodegas

Yo no quiero, ahora, encontrarle un sentido religioso a la roña del *izboschik*. Mas, no creo que este detalle insignificante interese al nervio mismo del sistema. En Rusia se atendió ya, debidamente, en su aspecto práctico, a las líneas generales del socialismo. Todo lo llamado grueso y pesado de la industria, de la agricultura, de la locomoción, del abastecimiento, no sólo está atendido y resuelto, sino que marcha victorioso y pujante, cada día con mayor celeridad y multiplicándose cada día más prodigiosamente. Empero, la parte liviana, el detalle, lo accesorio, se encuentra todavía un poco descuidado. No se ha pulido aún el *estilo* de la revolución. Y de aquí (del cochero mugriento, del antiguo aristócrata que anda pidiendo limosna por la calle, porque no quiere trabajar, o del viejo rabino a quien se le hace cuidar chanchos), de aquí, repito, especialmente, es de donde se agarra el viajero superficial para fundamentar su crítica negativa e imbécil.

No se ha podido crear aún, por ejemplo, un servicio regular de automóviles en ninguna de las tres grandes ciudades: Moscú, Leningrado y Odessa. En la ciudad de Lenin circulan tan sólo doce taxímetros del Estado. El resto de la locomoción metropolitana queda librada, en consecuencia, a los tranvías y a las piernas. Recién, con la inauguración de la primera fábrica de automóviles (Autostroy) que se llevó a cabo el primero de enero, la cual está equipada como para producir 466 coches por día, se podrá rellenar el hueco. Hasta entonces, el *izboschik* podrá prolongar su independencia y servir de tema para todo aquel cuyo ideal culmina en poder mear sobre una chapa de mármol.

El método y la aritmética

La nueva vida ha creado en el pueblo ruso una nueva mentalidad. La sentimentalería parpadeante y babosa ha sido proscripta del corazón y del razonamiento. Hablo en términos generales. En todas las escuelas elementales se les obliga a hacer ejercicios de dialéctica marxista a los muchachos, como entre nosotros se les obliga a hacer ejercicios de tiro a los conscriptos. No se razona más subjetivamente, por adivinación o por encantamiento. Se razona de una manera concreta y objetiva. De acuerdo a lo que se comprende por materialismo histórico. Las ideas de Lenin o de Carlos Marx se encuentran tan difundidas que no es dado entablar una conversación con nadie sin recurrir a ellas. En lugar de emplearse la palabra retumbante y bonita, en la discusión, mejor se emplea el número o la estadística. No se estila navegar a la deriva por los campos de la imaginación, sino que se camina metódicamente por el terreno de los hechos. A pesar de que semejante lógica emana de una teoría, lo primero que se tiene en cuenta es la realidad. Si bien en la campaña, intelectualmente, se está en plena digestión del comunismo, en la ciudad, en cambio, se registra ya su conformación y su florecimiento. Esta lógica clara, recientemente conquistada, simple, aritmética, acogotadora, como adquisición general, es sin disputa un nuevo tipo de razonamiento, que desconcierta extraordinariamente a cualquier aprendiz de filósofo nacido y criado bajo el calor de los trópicos o la ceniza volcánica de las cordilleras...

Yo, que me preciaba de ser algo así como un *doctor* en *revolución social*, no bien entré en contacto con la juventud obrera de la urbe, advertí que era solamente un *doctor en nubes*. Cualquier mocoso de veinte años me basureaba en la discusión, y cualquier *comsomolca* me pegaba unas corridas espantosas.

Vuelta a vuelta quería corregir algo del soviet. Después de haber balconeado la revolución desde acá, pretendía enmendarles la plana a los que se habían quemado y requemado las cejas allá, en el centro de la hoguera. Bien. Se me hacía una ecuación, más o menos algebraica, y se me dejaba materialmente chato.

—El coche *antediluviano* –se me decía–, al cual le da usted tanta importancia, tiene los días contados. En 1932 estará ya lista la fábrica gigante de automóviles de Nijni Novgorod. En cuanto entre en funciones Autostroy podrá producir cuarenta mil coches por año. Éste es el primer arreglo que hemos hecho con Ford. El segundo es más importante aún. Se eleva a ocho millones de vehículos por año. Ahora bien. Deje que comience Autostroy a parir máquinas y en una semana muere la *troica*. Desaparecido el coche, automáticamente, desaparecerá el que lo maneja.

Dada la enorme cantidad de público que acude al cine, a los museos, a los teatros, a los almacenes del Estado, a las cooperativas, etc., es menester, ordinariamente, formar cola.

Yo también quería corregir la cola.

—¿Cómo es que no se suprime esto? –indiqué.

—Esto quedará liquidado para 1933 –fue la respuesta–. La historia de la cola –añadió mi informante– es muy larga. Empezó durante la guerra europea. Entonces, 1916, alcanzaba a tener hasta diez o veinte cuadras. Vino la revolución, y de golpe la redujo a cinco. La guerra civil la volvió a estirar. En 1926, sin embargo, se la acortó de nuevo. Tenía tres cuadras. En 1928, dos. En 1930, una. Ahora, como usted ve, no pasa nunca de media. Luego, en 1933, perderemos para siempre la cola que tanto les da que hacer a los turistas.

Un crumiro inconsciente

Aún no me he movido de mi asiento. Continúo tranquilamente, *carnereando*, haciéndole el tren a un *nepman* y esperando que de un momento a otro se presente alguien a buscarme.

De pronto, oigo que dos personas andan voceando mi nombre por los andenes. Yo me pongo de pie sobre el coche y las voces se aproximan con los brazos abiertos. Son mis dos futuros amigos. Falta el tercero. Aunque no me había dado aún por perdido, me siento, en ese instante, *salvado*.

Uno tiene la cabeza afeitada, usa gorra rusa y calza zapatillas. El otro, sin sombrero, lleva una rubaja sobre el tronco y trae, a modo de bastón, un garrote en la mano. Si se hubiera puesto un pañuelo en la cabeza, lo hubiera confundido con Marat...

La primera medida que toma el de la cabeza afeitada es hacerme *desalojar* el coche. Él mismo baja el equipaje y le hace conocer *sus puntos de vista* al cochero.

—¿Cómo? –me dice a mí–. ¿Usted va a favorecer a un *nepman*? No, no, no... Vamos en tranvía.

Uno me tomó en seguida la valija y se la echó al hombro. El otro hizo lo propio con la máquina de escribir y con la botella de leche. Empezamos a caminar así: uno, cargado de un lado, y otro cargado de otro, y, en el centro, yo, sin carga, representando la triste figura de un parásito. Después supe que el de la cabeza afeitada, que me llevó el bulto más pesado, era, además de escritor, relator de lenguas grecolatinas y comandante del ejército. Y el del garrote y la rubaja, a más de escritor, profesor de lenguas y de literatura. No sólo sabían los dos el castellano, sino que sabían, asimismo, entre otras, las siete lenguas que componen nuestra familia idiomática.

Se habla mucho, en el exterior, de *la nueva burguesía* que integra el Estado soviético. El encuentro con estos dos muchachos fue el primer ejemplo que pude comprobar sobre cómo era la llamada *nueva burguesía* rusa.

La calle

La línea recta es la más corta

Debemos ir acostumbrándonos a la crudeza del lenguaje soviético.

Hay que comprender que no hemos entrado en un país de mariquitas, según vamos viendo, sino, por el contrario, en un país de machos. El naturalismo ruso es un naturalismo primitivo y drástico. De primera agua. Sin biombo y sin puntilla. No es, por supuesto, un naturalismo con condón como el nuestro.

Bien está que a la acción directa corresponde, lógicamente, un lenguaje directo. Se suprimió, entonces, el circunloquio en la conversación y en la práctica y se implantó en todo la línea recta, que, como se sabe, es la más accesible y la más corta.

La simplificación del aparato estatal simplificó las costumbres y redujo la moral a sus términos más simples. No ha sido un salto hacia adelante, sino, más bien, un retorno hacia la naturaleza, de la cual el hombre se halla bastante desligado. Se le pasó una maquinita número cero a todo lo superfluo de la existencia, de donde resulta ahora que a todo aquel que estaba acostumbrado a vivir con *melena*, trasplantado allí, la nueva vida le parece luego *demasiado calva*.

Para ver a un juez en la Argentina, pongamos por ejemplo, hay que dar más vueltas que una calesita. Para ver a un juez en Rusia (un juez no puede desempeñar su cargo si no ha estado previamente dos años en una fábrica), en cambio, basta con llegarse al que llamaremos *Palacio de Justicia*, librar la puerta central, levantar la cabeza y leer un letrero con una flecha que dice: "POR AQUÍ SE VA DIRECTAMENTE A LA SALA DEL JUEZ". El campesino o el obrero, en consecuencia, penetra en el recinto y sigue el itinerario que le demarca la flecha. Si alguien lo detiene se hace acreedor a una multa. Cuando tropieza con la puerta de la sala, a manera de chapa, hay otro letrero que dice: "NO LLAME. EMPUJE Y ENTRE". Y, cuando, finalmente, abre, no lo recibe ningún lacayo, sino el juez en persona. Otro obrero u otro campesino como él.

Éste es, más o menos, el camino que se sigue en casi todas las cosas.

El más rápido y el más lógico.

Palpando el terreno

Cada vez que aparece en la conversación el plan quinquenal, no el que fenece ahora, no, el que va a empezar después, mis compañeros redoblan su entusiasmo. Insensiblemente, concluyen por entusiasmarme a mí también. Tengo la impresión de que ambos quieren convertirme, en un día, al comunismo, impresión que luego debo corregir, porque todos hablan con el mismo calor.

—Yo no he venido a Rusia a hacerme bolchevique –le digo al profesor–. He venido a ver, nada más.

—¿Usted es *neutral* o *pacifista*? –indaga para obligarme a definir mi posición.

—Ni lo uno ni lo otro –declaro–. Tampoco he venido a controvertir el régimen. Ni he venido a sojuzgar. Porque el que no viene de juez, aquí, viene de chicaneador.

Los dos se ríen y yo también.

—Aunque me estoy riendo –concluyo– le diré que he venido seriamente... Veremos lo que veré. Yo ya sé bien cómo es la realidad del otro mundo. Me interesa, ahora, conocer la realidad de éste. No lo que se escribe o lo que se dice por allí, sino lo que puede verse. Lo que se ve, se ve, y es innegable, porque es un hecho.

—¿Usted quiere *tocar*, por lo visto?

—Eso es: tocar con la mano la realidad.

—Tocará, palpará y verá todo, todo... ¿Cuál es el edificio más alto de Buenos Aires?

—El Pasaje Barolo –contesto si titubear.

—Bien. Usted verá, tocará y palpará hechos mas grandes que el Pasaje Barolo. ¡Ya le haremos programas!

Y, en efecto, después, fui, vi y... me convencí.

Llegamos al sitio donde en lo sucesivo quedaré instalado: *La Casa de los Obreros de la Inteligencia*, un palacio de tres pisos, que pertenecía a un conde, cuyo apellido no recuerdo, conceptuado una obra de arte, el cual da por un lado a la Ulitza Millonaria, y por el otro, al Neva. Se me coloca en una sala del segundo piso en compañía de cuatro. Hay dos ventanales que se vuelcan sobre la avenida costanera, frente por frente a la torre de la célebre fortaleza, donde estuvo encerrado Pisarev, Bakunin, Dostoievsky, Kropotkin y la mayoría de la inteligencia subversiva rusa, desde los decabristas hasta los *octubristas*.

La boca de lobo del puente por donde el zarismo arrojaba los cadáveres de los presos al agua se abre todavía como una maldición negra.

Tengo unas ganas bárbaras de tirarme sobre un lecho y ponerme a reposar para recuperar un poco las energías que perdí durante tres días de ajetreo. Sin embargo, el comandante extrae un memorándum de su casaca, y me corta el chorro.

—Son las seis de la tarde –dice–. El programa para hoy es el siguiente: a las siete tenemos que estar en la VOKS; a las ocho, en la Sociedad de Hispanistas, y a las nueve, en el Comedor de los Escritores, donde le hemos preparado una comida.

Y sin lavarme, sin afeitarme, sin refrigerarme, sin tomar mate, vuelvo a salir a la calle y comienzo de nuevo a trotar.

La mujer

El eterno femenino

La pintora que me acompañó con su marido al circo *Lauchita*, por su edad y por su cultura, representaba bien, a mi parecer, al tipo nuevo de la nueva mujer rusa. La tomé, consecuentemente, como punto de referencia, para realizar el correspondiente examen de la geografía femenina. Ella vivía, temporalmente, conmigo, en la misma casa, y andaba como yo disfrutando de la *canícula* mensual que anualmente goza allí cualquier persona que trabaje. Ocupaba, sin embargo, una habitación pequeña que, en lugar de volcarse sobre la rambla como la mía, se volcaba sobre un patio del edificio, la cual convirtió, paulatinamente, a fuerza de pegar óleos, en un atelier o en un museo. A pesar de que se había tomado un descanso y venía de Moscú a *veranear* a Leningrado, pintaba, lo mismo, diariamente, merced a que se le *atravesó* la idea de componer un cuadro internacional con los personajes que desfilaban por el establecimiento, procedentes de todas las latitudes, quienes, como lo especifiqué ya, me resultaban, en la mayoría de los casos, los bicharracos más extraños que había producido la especie. En poco tiempo, las paredes de su cuarto se abarrotaron de cabezas que fue tomando a través del desfile hasta componer una verdadera galería universal de ejemplares étnicos. La acción de su cuadro se desarrollaría en el comedor de la casa e intervendría en ella toda la raza humana. Llevaría por título: *La*

Última Cena de los Apóstoles, y tendría por tema: *La Revolución Mundial*. Para esto, necesitaba, por lo menos, un personaje de cada continente, aunque no colocaría más que doce figuras, excluida la sombra de Lenin que presidiría el banquete desde el fondo de la tela. Cuando yo me enteré de su proyecto había ya acumulado casi todo el material. Tenía esbozada la cabeza del negro de Sumatra y concluida la del chino de Kuangsí. Poseía, asimismo, la imagen de un alemán y de un inglés, de un francés y de un italiano, de un australiano y de un turco. Hasta figuraba un muchacho de la América del Norte. Sólo faltaba un habitante de la América del Sur, a la cual se estima allí extraordinariamente a razón de sus posibilidades revolucionarias. Es de suponer, entonces, que al aparecer yo en el establecimiento, la mujer no me iba a dejar escapar sin darme un cubierto en el banquete de *los malditos*. De nada me valió excusarme reiteradamente pretextando *falta de espacio*. La mujer insistió tanto y tanto, que no me fue posible rechazar la oferta.

—Después de comer, ¿usted qué hace? –inquiría con el propósito de convencerme–. ¿Eh?

Y, adelantándose a mi respuesta, ella misma respondía:

—Hace la digestión… Esto es: no hace nada… Bueno: mientras usted *digiere*, yo lo pinto… *¿Ponimaiete?…*

Durante una semana, después de que obtuvo mi consentimiento, del comedor pasábamos a su pieza, donde le serví de modelo para completar la docena de los invitados. Antes de comenzar, pasé revista a la *primera* cena que le había sugerido la idea de la *última* a mi pintora y me acordé que en aquella, junto a Jesús, llamado El Cristo, tomó asiento, también, Judas, apellidado El Iscariote.

—¿Quién desempeñará el papel del traidor? –le pregunté–. Supongo que no me lo enjaretará a mí.

La mujer, que, posiblemente, no pensó colocar ningún traidor en la obra, hizo memoria, no obstante, y me contestó:

—El papel de traidor lo desempeñará León Trotsky.

En seguida, corrigió su juicio y añadió, sonriendo:

—No, no: lo desempeñará la socialdemocracia. Vea —concluyó—: en mi cuadro, el lugar de Cristo lo ocupará Lenin y el lugar de Judas quedará vacío…

En la primera sesión estuvieron presentes los dos. El marido y la mujer. Fui sometido previamente a un análisis espectral por parte de ambos y luego condenado a soportar una discusión estética que se entabló a raíz de la particular anatomía de mi cráneo (uno sostenía que era *esculturable*, en tanto que el otro sostenía que era *pinturable*). Por último, triunfó la mujer y dio principio a un relampagueo vertiginoso de carbonilla, seguido del empastamiento inmediato de mi cabeza. Recuerdo que en la discusión entró a tallar, también, la cabeza de mi chico, cuyo retrato se hallaba en su poder, mezclado en la galería, gracias a que yo le había solicitado un apunte para remitírselo a mi señora que se encontraba en Buenos Aires.

Fue así que la tarde aquella en que inició su trabajo, la mujer se concretó a pintarme a mí y a hacer el elogio de mi hijo, de quien decía *estar enamorada sinceramente*. El hombre, entretanto, escuchaba y tomaba notas en silencio.

—¡Oh, qué hermoso hijo tiene usted! —repetía, mitad en italiano, mitad en francés, mitad en ruso, quizás para animarme al verme hundido en una silla, o porque realmente lo reputase así, o porque se propusiera halagarme indirectamente elogiando un producto mío—. ¡Hermoso, hermoso! Su mujer debe ser muy linda, *¿non e vero?*

—*Cosí, cosí* –le decía yo, evitando abrir un juicio rotundo, para no herir su susceptibilidad femenina.

—¿Y cómo salió esta maravilla de chico, si no?

—¿Sabe usted? –argüí–. A mi entender, salió no tanto por el molde, sino por el yeso.

La mujer mordió el cabo del pincel y me miró agudamente. A fin de no dejar lugar a un malentendido, agregué, a continuación:

—El yeso lo puse yo…

Mi pintora, que no era nada lerda, embarajó la metáfora al vuelo y sonrió con una picardía que hubiese desconcertado, no diré a Krisnamurthi que es un santurrón metafísico, sino a Segismundo Freud…

A la segunda sesión, el marido no compareció. Para no despertar la menor sospecha me conduje tan seriamente que ella llegó a suponer que me había enfermado repentinamente del estómago.

—¿Qué le duele? –investigaba a cada rato–. ¿Le hizo mal la comida? ¿Siente acidez? ¿Qué le pasa?

—*Por lo visto* –pensé yo para mí– *nuestra moral, aquí, adquiere el aspecto de una enfermedad. Se confunde el pundonor con el dolor de barriga. Está bien.*

Cambié de táctica y me *normalicé*.

La prostitución

—Mientras usted pinta y yo *digiero* –le dije más tarde, renovando mi actitud– podríamos matizar la operación discurriendo sobre la nueva mujer rusa. Se dicen tantas cosas en el extranjero, respecto a su situación, que ya nadie duda que la mujer, aquí, ha sido oficialmente socializada.

—*Da, da…* –sonrió ella–. Esto pasa porque a la burguesía no le interesa de la mujer otra cosa que el sexo. Aparte de que en materia de *socialización* me parece que la burguesía se anticipó al comunismo. Ella fue la primera en socializar a la mujer.

Maquinalmente, recordé un pasaje de Carlos Marx. Lo recordé en forma deshilvanada. Mas, luego, lo confronté con el original. Este pasaje decía así: *Los comunistas no tienen necesidad de introducir la comunidad de las mujeres: casi siempre ha existido. Pues, nuestros burgueses, no satisfechos con tener a su disposición las mujeres y las hijas de los proletarios, sin hablar de la prostitución oficial, encuentran un placer singular en encornudarse recíprocamente.*

—Lo creo –afirmé.

—¿Qué es si no la prostitución creada por la burguesía? –exclamó ella.

—La prostitución –argumenté– no es propiamente la socialización de la mujer, sino del útero. Mejor: la socialización del desagüe…

Dije esto y observé su rostro. Supuse que mi lenguaje la pondría colorada como un tomate. Pero, ella ni siquiera se inmutó.

—*Mi piace que lei parle cosí* –declaró–. Se nota que va perdiendo sus prejuicios de monaguillo. *Posmotrite*: la burguesía está llena de contradicciones.

—Comprendo: por un lado exalta a la mujer y al amor, y, por el otro, la toma de caño maestro.

—*Mi piace molto…* –insistió con mayor entusiasmo–. No tenga reparos… Aquí, se puede hablar de todo.

—La prostitución, en Rusia, ahora –indagué– ¿cómo está?

—Con el cambio de las relaciones en la producción cambiaron las relaciones del hombre y la prostitución se hizo innecesaria. Caducó –dijo.

—¿Es cierto que fue abolida?

—Sí. La mujer ha sido primero manumitida económicamente. Tiene, ahora, su trabajo y su jornal igual que el varón, y, por consiguiente, no necesita prostituirse para ganarse el sustento. *¿Ponimaiete?* Abolir, tal vez, no es la palabra que comprenda exactamente lo que aquí se hizo.

Para abolir la prostitución, desde luego, no basta con lanzar un decreto. Es necesario crear las condiciones que impidan su desarrollo. Para que la mujer no se prostituya, lógicamente, necesita disponer de un salario y para disponer de un salario necesita trabajar y para trabajar necesita aprender o estudiar un oficio o una carrera, de todo lo cual se ocupa, ahora, el soviet, con un resultado sorprendente.

Yo había visto ya uno que otro borracho, pero ninguna prostituta. De suerte que no puse en duda la afirmación de la mujer. La prostitución, en Rusia, puede decirse que ha desaparecido casi por completo. Se calcula que podrá quedar aún (enquistadas en la oscuridad, ejerciendo su ministerio clandestinamente, bombeadas y perseguidas por el ejército de la *inspección higiénica*), se calcula, repito, que podrá quedar todavía un dos por ciento del total de las prostitutas con que contaba el país en la época del zarismo. El método de reducción que se emplea para combatir los restos del vicio no es la cárcel, por supuesto, ni el reformatorio, sino la fábrica, la escuela, el taller o la granja. Se le enseña un oficio o una carrera a la mujer, y luego se le suministra un empleo o una ocupación, siempre inmejorable, para estimular más su regeneración.

Pero, para cerrar los prostíbulos, fue menester, también, abrir los dormitorios…

El lujo

—A su juicio, –pregunté– ¿cuáles son las conquistas más salientes de la mujer?

—Las conquistas de la mujer son idénticas a las del varón
–replicó ella–. El socialismo luchó y lucha simultáneamente por
la emancipación de los dos. Nuestro sistema es un sistema de conjunto. Indivisible, inseparable. En la unidad de nuestra organización radica nuestra fuerza. La mujer, aquí, como usted habrá
podido verlo, es igual al hombre. Tiene los mismos derechos y
los mismos deberes. Nadie discute ya si la mujer debe o no debe
trabajar a la par del varón. Como nadie discute si el hombre
debe o no debe trabajar. Y la experiencia nos va demostrando
que ella puede hacer todo lo que hace él. Desempeña ya con el
mismo éxito las funciones más delicadas, como es la diplomacia,
y las tareas más rudas, como el manejo de un tractor o la descarga de un buque.

La pintora entrecerró los párpados para aislar algún detalle
del retrato y prosiguió:

—La esclavitud de la mujer provenía, en parte, de su sujeción
económica. Se hallaba atada al marido y al régimen. El varón la
alimentaba y el varón la gobernaba y la oprimía. Mientras existía
semejante dependencia, ella no podía ser libre, porque era un
apéndice de la *propiedad privada*. El sistema soviético, ahora,
mediante el trabajo obligatorio, coloca en un plano de igualdad
al hombre y a la mujer.

Volvió a retocar otro detalle y continuó:

—Con las cadenas del capitalismo, el pueblo rompió el balde
y las argollas. El macho perdió su dominio despótico sobre la hembra. ¿Quién se atreve ahora en Rusia a castigar a una mujer? ¡Se
acabó el reinado de los pantalones!...

Replegó la frente y se concentró, ignoro si por lo que hacía o
por lo que venía diciendo.

—La modificación de la economía –prosiguió– modificó el
curso de su moral. Modificó toda su vida. Como usted no ha

presenciado la transformación le costará posiblemente mucho llegar a penetrar el espíritu y las costumbres de la nueva mujer rusa.

He dicho que el lujo ha sido suprimido. Esto, tan solo, altera radicalmente la fisonomía de un pueblo. Con la misma modestia que viste el varón, viste la mujer. Una blusa azul o caqui, una pollera negra o gris, un pañuelo rojo en la cabeza y un par de botas o de alpargatas preside, en líneas generales, el panorama de la indumentaria femenina. En las usinas o en las chacras o en los vapores, la mujer se coloca un mameluco o se encaja lisa y llanamente un pantalón masculino. Huelga decir que si monta sobre una motocicleta o acude a hacer ejercicios de remo en los botes de la armada, el pantalón de trabajo sufre un corte sensible, hasta transformarse en un pantalón de *football*. Luego, se deja la melena o se corta el cabello a máquina. No usa tinturas para el pelo ni colorinches para la cara. El Estado es quien fabrica y suministra todo. Y todo aquello que el Estado no fabrica, de hecho, no existe. Ahora, bien. En materia de tocador, el soviet, ni siquiera elabora polvos. De manera que la mujer, de grado o por fuerza, va siempre *horriblemente* despintada. Toda su antigua *mise* en escena se evaporó. Le toca presentarse en público desprovista de afeites, exenta de collares, de anillos, de pulseras y chirimbolos, con su propio cuerpo y su propia imagen, así, *mismito* tal cual la madre la parió.

Ha perdido incuestionablemente la belleza que le prestaba el peluquero, la modista, el sastre, la manicura, el zapatero, el tintorero y el farmacista. Quedó relegada, en este aspecto, a sus recursos y encantos naturales y compelida a desarrollar y exhibir tan sólo las prendas originales de su musculatura y de su espíritu.

Después de semejante convulsión, la mujer cambió lógicamente el derrotero de sus aspiraciones. Se hizo más seria. Bajó, digamos, de los hombros del varón, y comenzó a caminar a su lado. De parásito que era o de jinete se transformó en su compañera. Acudió a la universidad y a la fábrica. Intervino en la política. Formó parte del gobierno y cogió un fusil toda vez que estuvo en peligro la dictadura del proletariado. Asumió el mando en los buques en calidad de capitán o se embarcó como cocinera o marinero. No hay nada, creo yo, de todo aquello que antes realizaba exclusivamente el hombre que ahora no lo realice también la mujer. Dondequiera que uno vaya –un hospital, un comisariado, un cuartel, un astillero, un barco de guerra o una flota de aviación– allí se encuentra con ella vestida de mecánico, de marinera o de militar. El servicio de locomoción –tranvías, ómnibus, ferrocarriles– en su totalidad casi está atendido por guardas y conductores con polleras. También forma parte de los tribunales del pueblo en calidad de juez o de jurado. Un tercio del total de los trabajadores de la inmensa república pertenece ya al sexo femenino. En la sección *propaganda marxista* hay un 56 por 100 y en la superinspección de los hogares, que consiste en ir de casa en casa para enterarse de las necesidades higiénicas, económicas y culturales de cada familia con el propósito de elevar el índice de su vida, el 100 por 100. (Solamente en Moscú hay cincuenta mil mujeres dedicadas a esta rama especial de la profilaxis pública.) La medida de incorporar a la mujer a las industrias y a las tareas del campo responde al plan de equiparar su actividad a la actividad del varón y consagrar su independencia. Esta medida aumenta, año tras año, con una rapidez pasmosa. Según las estadísticas la cifra de empleadas en las industrias ascendió de 2.055.000 en octubre de 1929, a 3.506.000 en el mismo mes del siguiente año, alcanzando en 1931 la suma de 5.106.000. Considerando el ritmo que sigue allí la evolución del trabajo y de la electrificación, se anticipa que para fines de este año el porcentaje de la participación se elevará al 42,5 por 100, lo cual implica casi un apareamiento.

En las artes y en las ciencias se registra el mismo fenómeno de infiltración. Tanto en la pintura como en la literatura, en la medicina como en la mecánica o en la propaganda, la mujer ocupa ya un sitio destacado. Desde un país capitalista, donde las posibilidades de una clase o de la mujer son inhibidas o estranguladas por el dogal de la economía burguesa, no se puede apreciar debidamente el revuelo insospechado que emprende la misma clase o el mismo ser una vez que se le quita la cuerda del cuello. El problema de asegurarle a la humanidad el pan y la sal, la casa y el vestido, el trabajo y la remuneración, que a primera vista parece una cuestión puramente material que materializa y limita la esencia de la vida, es, por el contrario, una cuestión espiritual de las más elevadas porque de ese modo desaparece justamente todo aquello que embrutece y degrada al ser humano y su alma se enaltece automáticamente. El verdadero espiritualismo, consiguientemente, no descansa sobre el espiritualismo, sino sobre el materialismo. La mujer, desencadenada, se ha engrandecido y magnificado, al extremo de constituir el puntal más fuerte del edificio soviético.

El matrimonio

Antes de hablar sobre el matrimonio conviene echarle una ojeada al código civil en vigencia, no tanto por la importancia que se le concede en Rusia a la legislación que es casi nula, sino por las *monstruosidades jurídicas* de su contexto. Si bien existe el matrimonio legal, la gente se ha olvidado ya de llenar semejante requisito y se casa o se descasa espontáneamente. La misma ley, por otro lado, no le asigna ningún valor al matrimonio siempre que no engendre relaciones jurídicas. Vale decir: hasta que no aparezca el hijo. Las mismas relaciones que emanan del matrimonio, luego, emanan de la unión simple o de cualquier otro género de contacto. El hijo ilegítimo goza de los mismos derechos ante la ley que el hijo legítimo, como así, también, el hijo adulterino. Se nos dirá que esto equivale a legalizar la cornudez. Pero, la cornudez existe tan sólo allí donde el código le otorga al marido el control absoluto o el monopolio de todas las crisis sexuales de su mujer. Allí, donde la hembra dejó de ser una *propiedad privada*, donde todo puede ser de todos por consentimiento mutuo, ¿quién cornifica a quién?

La mujer no viene obligada cuando se casa a vivir bajo el mismo techo del varón. Ni a seguir tras él si a él se le ocurre mudar de lugar o de domicilio. Tampoco tiene la obligación de adoptar su apellido. Puede el matrimonio labrarse un apellido común con la fusión de ambos o usar el de uno o el de otro, indistintamente. La formalidad del acto conyugal se verifica sin juramentos y sin testigos. No hace falta siquiera su presencia en el juzgado. Con una carta, a menudo, basta. Y con la misma sencillez con que se hace un matrimonio, se deshace. Es suficiente que una de las dos partes se presente o escriba al juez solicitando su divorcio para que el divorcio quede consagrado. Hay algo más todavía: el marido no está obligado a mantener a la mujer, salvo que ella se halle en la imposibilidad de ganarse la vida, cosa que debe hacer, también, ella con él en caso idéntico.

Y algo más aún: quien le *roba* la mujer a otro no tiene ninguna pena. En cambio, quien mata, ya sea al amante, ya sea a la *infiel*, es juzgado directamente como un criminal cualquiera.

—¿Y los celos amorosos? –le pregunto a la pintora–. ¿Los dramas pasionales? ¿Cómo andan? ¿Se estila aquí lavar *las manchas del honor* con un cuchillo o con una pistola como se estila por allá?

—Excepción hecha del poeta Maiakovski –arguyó la mujer– en Rusia nadie se suicida ya por nadie. La mujer es dueña de su cuerpo y de su alma. Puede practicar el amor libremente y lo practica con entera libertad. La *conquista* perdió su unilateralidad. Ahora, tanto *conquista* el varón a la mujer como la mujer al varón. *¿Ponimaiete?* El suicido amoroso era, en definitiva, la tragedia del hambre sexual.

Le dio un pincelazo a una mejilla y se detuvo.

—*Posmotritie* –exclamó–: ¿cómo cree usted que se calma el hambre?

—Comiendo.

—¡Ah, ah! ¡Por fin sabe algo bien sabido! Créame que en Rusia ningún ruso padece ya hambre sexual. Quien más, quien menos, tiene su ración asegurada. A los catorce años, un varón, como una mujer, sabe un oficio y es independiente. Ella o él mismo con su salario se paga sus gastos. Nadie interviene desde entonces en su moral o en su economía. *Y hace todo cuanto le place.* Además, a esa edad, sabe, también científicamente, todo aquello que se refiere al sexo. En la escuela recibe una instrucción especial. Aprende en primer lugar que de la unión resulta un hijo. En segundo lugar, aprende los medios para gestarlo o para evitarlo en caso de que no pueda hacer frente a su manutención o a su enseñanza o no esté en condiciones de engendrar por su salud. En tercer lugar, como el aborto ha sido legalizado, aprende a abortar, conscientemente.

—¿Así que a los catorce años ya se le habla de todo *eso* en la escuela?

—Mucho antes. A los catorce años terminó su información. En los gimnasios se plantean encuestas, entre los dos sexos, en forma concreta. *¿Cómo piensa resolver usted el problema sexual o cómo lo está resolviendo?* –se le pregunta al muchacho o a la muchacha. Y según sea la contestación, así es el consejo. Después, se pone en relación a los interesados para que de común acuerdo solucionen *directamente* la cuestión. Con este temperamento, que el mundo burgués califica de *porquería*, se evita, precisamente, eso: la porquería.

Hizo una pausa y concluyó:

—La moral de nuestra juventud es muy alta. Y la salud, espléndida. Se ha comprobado que el ejercicio normal de los órganos genésicos regulariza grandemente las funciones físicas y psíquicas, impidiendo los trastornos nerviosos que ocasionan generalmente suicidios y dramas pasionales. Para elevar el espíritu, antes hay que elevar el cuerpo. La tragedia del amor no estaba en la superficie, sino en el fondo del pozo. Lo mismo ocurría con la tragedia de la vida.

—¿Quiere decir, entonces, que nadie mata ni se mata ya? Vamos...

—Por amor, pocos o ninguno. Por otras causas, queda todavía alguno. El crimen, sin embargo, ha mermado mucho. No abarca, siquiera, en cifras, la mitad de lo que abarcaba antes. Consulte las estadísticas.

—¿Y los hijos? –indagué siguiendo el curso de mi inspección–. ¿Qué hacen de los hijos?

—La cuestión de los hijos se soluciona de diferentes modos –contestó–. Lo más práctico, no obstante, es colocarlos en las colonias tipo escuela taller o escuela granja o en las repúblicas infantiles, voluntariamente, se comprende, y siempre bajo la responsabilidad y la supervisión de los padres. También pueden permanecer en sus respectivos hogares.

—¿Existen aún *hogares constituidos*? ¿O se disolvió la familia?

—La familia se encuentra disgregada, en vías de su más completa destrucción. No le digo que haya desaparecido. Pero le digo, eso sí, que seguirá la misma curva del Estado: morirá de muerte natural. Nosotros suplimos la vida del hogar por la vida colectiva.

La familia burguesa por la familia socialista. Por otro tipo de existencia y de organización. *¿Ponimaiete?*

—Yo no comprendo bien eso.

—Si usted permaneciera un tiempo aquí lo comprendería perfectamente y me ahorraría a mí darle tantas y tantas explicaciones. *Posmotritie:* se está más en la calle, ahora, en el sindicato, en las reuniones, en las bibliotecas, en los clubes, en las conferencias, en las fábricas, en los teatros, en las fiestas, en los comedores públicos, que en la casa. ¿Cómo no comprende esto?

Yo he podido comprobar, más luego, que la casa, ahora, sólo importa cuando se trabaja en ella. De lo contrario, desempeña un papel minúsculo. Es una simple recova. Anotemos que la cocina privada ha sido substituida por la cocina pública, y la pileta, por el lavadero. Cada establecimiento, cada usina, cada agrupación dispone de un comedor común o de un edificio común donde comen y duermen todos. La mujer, por consiguiente, se ha libertado en parte de su antigua esclavitud doméstica, y la casa, sin la casera, sin el fogón, sin la tina de fregar ropa, sin la cuna del nene, en una palabra, sin la mayoría de sus viejos atributos, dejó de ser el refugio único y absoluto del hombre y se transformó en un lugar transitorio. El hecho de que la mujer viva *más en la calle que en la casa* se debe, quizás, a que durante muchos siglos se la tuvo enclaustrada, o, tal vez, a la circunstancia de que en Rusia cada cinco días, sin incluir las efemérides, hay un día de asueto, de suerte que una quinta parte de la población se halla continuamente holgando, lo que le da a cualquier ciudad un carácter permanente de vacación o de fiesta. También se debe a que ya tiene muy poco que hacer allí supuesto que se agrandó prodigiosamente el horizonte de su existencia.

—La familia muere o ha muerto –declaré–. Pero, lo que antes se hacía, ¿cómo se hace ahora?

—Los jóvenes establecen otros vínculos –respondió la mujer–. Ordinariamente proceden así después del casamiento legal o ilegal: él vive en su pieza y ella en la suya. Él trabaja aquí y ella trabaja allá. Cada cual tiene su economía y se prestan ayuda cuando la ayuda es necesaria. Ni él la mantiene a ella ni ella lo mantiene a él. Algunas parejas se ven de tarde en tarde como los novios. El hombre, antes, falto de mujer, vivía apegado, más que a la mujer, a la idea de su ausencia. En cuanto la consiguió ampliamente, se despegó bastante. A menudo, le confieso, hay que irlo a buscar... Está tan ocupado con el plan quinquenal que, por cumplir con Lenin, llega a olvidarse de cumplir con la naturaleza...

La moral

Cuando terminó el retrato que, entre paréntesis, le había salido muy bien, la mujer quiso celebrar el acontecimiento con una fiestita, a la cual fue invitado, también, el marido. Compró dulces y empanadas, arenques y frutas secas, galletitas y una botella de vino añejo en el Torsing, y, por primera vez en Rusia, pude tomar yo una bebida espirituosa, pues debido a la campaña contra el alcohol es sumamente difícil allí empinar el codo.

Merced a que la mujer no era muy amante del vino, ni yo tampoco, el contenido de la botella, a poco de principiar la comilona, gradualmente, pasó de la botella al estómago del pintor.

Pronto, el hombre, comúnmente taciturno, comenzó a reír sin la menor templanza. La mujer, contenta, tal vez, de verlo tan alegre, reía, también, a todo trapo, como si el vino que se había atracado él, por afinidad o telepatía, le hubiera hecho efecto a ella. De paso, ambos se miraban y me miraban misteriosamente como si hubiesen concertado algún complot en contra de mi persona.

—Usted ha visto cómo pinta mi mujer –me dijo en italiano el varón que había visitado Nápoles y Florencia– pero, no la ha oído cantar… *¡Oh, qué bela voche ha la mía molie!* Serafima, –le pidió a ella– canta aquella canción de Nápoles…

Ella no se hizo rogar.

—Bueno –consintió dirigiéndose a él–: yo canto y vos tocá el violín.

Yo ignoraba hasta allí que el pintor tocase algún instrumento. Mas, en cuanto ella dio principio a la canción, una canzoneta napolitana, me di cuenta de que había interpretado erróneamente la orden de acompañarla, porque el acompañamiento que el hombre le hizo no fue el acompañamiento con un instrumento, sino con la boca, imitando el sonido de un violín.

Es raro, por lo demás, encontrar un ruso que no sepa tocar un instrumento musical… con la boca.

Finalmente, se produjo una escena que yo no fui capaz de interpretar con exactitud.

Concluido el canto y los arenques, el vino y la fruta seca, ella tomó asiento en medio de ambos, sobre el mismo canapé donde nos hallábamos los dos. De repente, el varón me dijo, a boca de jarro:

—¿Te gusta mi mujer?

(En verdad, me dijo así: *¿Te piache la mía dona?*)

Fue tan intempestiva la pregunta que me quedé cortado.

—Sí –exclamé–. Es una gran artista. Canta y pinta maravillosamente bien.

—No –corrigió él–. Yo digo… como mujer.

—También, también –afirmé para salir del atolladero–. Es muy femenina… Es muy…

Y me volví a cortar de nuevo.

—Perfectamente… –concluyó él mirándola a ella–. Entonces… ¡asunto arreglado!…

Por la noche, le conté al comandante lo que me había sucedido, a fin de que me auxiliase con una explicación.

—Vea —me aclaró él—: cuando un ruso de ahora, casado o no casado, le dice a usted *si le gusta su mujer*, es que ya antes su mujer le dijo a él que usted le gustaba.

—¿Y de ahí?

—Y de ahí que: ella habla con él y él con ella y... ya se lo dijo al pintor... ¡asunto arreglado!... Comprenda esto: para una rusa verdaderamente soviética, un japonés o un chino, o un sudamericano, es un *plato* internacional.

Yo hice:

—¡Ajá!...

El comandante, ante mi exclamación, abrió tamaños ojos, como diciendo:

—Pero, ¿adónde te criaste vos? ¿Arriba de una palmera? ¿Cómo no te das cuenta de que esto también ha cambiado por completo? ¿O es que querés aplicar el socialismo a la producción y al amor... una sopapa?

—Usted sabe —me explicó— que en nuestro código no se considera delito ningún delito de carácter sexual.

Para no quedarme con la boca cerrada, en un mal momento le pregunté:

—Y si un hombre viola a una mujer, ¿cómo procede la ley en Rusia?

—La ley no procede —declaró—. Por muchas razones. En primer término, porque ese caso no se puede producir acá. Puede producirse, en cambio (y mucho ojo, ¿eh?), el caso contrario. Vale decir: que la mujer viole al hombre.

Dos días después, el comandante no pudo acompañarme y me envió a su compañera, una muchacha joven y apuesta que hablaba varios idiomas y trabajaba de maestra de escuela. Anduvimos de aquí para allí, en buque y en ferrocarril, visitando Peterjov, desde las nueve de la mañana hasta las ocho de la noche. Al final, nos separamos encantados de la visita y de la amistad que habíamos trabado accidentalmente.

Al otro día, sin embargo, muy temprano, apareció el comandante, serio y refruncido. Se le había formado un muñón en la frente que le sobresalía amenazante. Parecía que venía resueltamente a proponerme un duelo a espada. Yo olí mal en seguida. Pensé: *a lo mejor la mujer le metió algún chisme en la cabeza. ¡Quién sabe qué clase de explicaciones me va a pedir!*

Entró en mi pieza sin saludarme. Se acercó con lentitud. Agachó la cabeza como un toro, y, sin darme tiempo a preparar la guardia, me dijo:

—¿Le gusta mi mujer?

Yo largué una carcajada.

—Se lo digo en serio –recalcó–. ¡No se ría!

A objeto de orillar el asunto, dije, por decir algo, sin prestarle ningún crédito a mi proposición:

—Déjemelo pensar. Mañana le daré la respuesta.

—¡No puede ser! –gritó, entonces, el hombre–. ¡Mañana no puede ser!

—¿Por qué?

—¡Porque mañana mi mujer trabaja!

Aníbal Ponce
Visita al hombre futuro[*]

Al viajero que llega a Rusia después de haber atravesado la España jesuítica de Gil Robles, la Francia de los decretos-leyes, el vasto campo de concentración de la Alemania, la Polonia torturada y mártir, le invade de pronto –como si bruscamente le cambiaran el paisaje– la impresión de vivir en otro mundo, de respirar en otro ambiente, de pisar sobre otra tierra. Dijérase, en efecto, que se hubiera escapado de su tiempo y que, por virtud de una de esas fantasías tan gratas al capricho de Wells, le fuera dado adelantarse a su hora, aproximarse al futuro, empinarse sobre los siglos que vendrán.

Ha dejado a sus espaldas una sociedad que se desangra en la miseria y el oprobio, una sociedad en que los desocupados se cuentan por millones,[1] en que la inteligencia enmudece y la cultura se humilla, en que se detienen las ciencias como no sean las que sirven a la guerra, en que se niegan y escarnecen aquellos mismos "derechos del hombre" que hace poco más de un siglo la burguesía prometió para todos, y en que ha llegado a tal punto la conciencia de su propia ignominia que no ha vacilado en confesar por

---

[*] Extraído de *Obras Completas*, t. III, Buenos Aires, Cartago, 1974. Revisadas y anotadas por Héctor P. Agosti (H. P. A.).
[1] 22 millones a principios de 1935.

boca de un ex presidente del Consejo de Ministros de Francia que en el momento actual es imprescindible "encadenar de nuevo a Prometeo".[2]

Tiene, en cambio, a su frente, y tan pronto atraviesa el arco de Negoroloiev –sobrio arco de triunfo que lleva en letras de hierro las palabras memorables que invitan a la unión de los obreros del mundo–, una sociedad que no sólo ha resuelto todos los problemas de la desocupación y de la crisis, sino que al poner al servicio de cada uno los tesoros de la cultura y de la técnica reservados hasta ahora a una exigua minoría, ha abierto para el progreso humano horizontes tan vastos como hasta hoy no era dado sospechar. La utopía enorme, que parecía destinada a flotar entre las nubes, tiene ya en los hechos su confirmación terminante: con excepción de un cuatro por ciento que aún persiste bajo forma de islotes sin importancia, *ya no hay en Rusia propiedad privada sobre los instrumentos de producción.*[3] El mismo día en que llegué a Moscú me fue dado comprobarlo de manera por completo inesperada. Se representaba en el Palacio de la Cultura las *Almas muertas* de Gogol. En el hall, un museo de trajes, instrumentos y muebles trataba de reconstruir de manera adecuada la atmósfera

---

[2] Al inaugurar la escuela de Bornmouth, el arzobispo de York se declaró también enemigo resuelto de las invenciones. "Si estuviera en mis manos –dijo– destruir el motor de explosión, de buenas ganas lo haría." Véase Gorki, "À propos de la culture", en *La Littérature Internationale*, Moscú, núm. 8, 1935.

[3] En 1925, la economía socialista representaba el 48,8% de la producción; el sector capitalista, el 6,5%; la pequeña economía privada, el 44,7%. En 1934, los mismos sectores estaban representados por el 95,81%; 0,08%; 4,10%. Es decir que en el momento actual el 96% de los fondos de producción pertenecen al Estado, a los koljoses y a la cooperación. Véase Molotov, *La sociedad socialista y la democracia soviética*, Barcelona, Ediciones Europa-América, 1935, pp. 107 y 108, sin nombre de traductor.

de la comedia. Con ayuda de fotografías y estadísticas, un hombre joven explicaba en los entreactos –como es costumbre en todos los teatros de la Rusia Nueva– el carácter de la pieza, el significado de los personajes, el valor estético de la realización. Muchachos y muchachas formaban la totalidad de su auditorio: es decir, las generaciones más nuevas, las más limpias, las que nada o casi nada conservan del pasado. Cuando yo me acerqué, el orador les explicaba que "en otro tiempo", un puñado de hombres se repartían la tierra de todos e imponían a los paisanos la misma vida de las bestias. Con un nudo en la garganta le escuchaba yo. ¡"En otro tiempo", venturosos muchachos! ¿De qué tiempo sería yo; yo que venía de un país en que unas cuantas familias disfrutan de extensiones tan enormes que podrían sustentar a un pueblo entero?[4] ¿De qué tiempo sería yo, sino de un pasado remotísimo, muerto ya para siempre desde 1917, aunque se empecine todavía en conducir al mundo con su mano descarnada de cadáver?

De tiempos muy distintos son, sin duda, estos hombres y mujeres, que en las fábricas y en las granjas, en los laboratorios y en las escuelas, sólo piensan en construir, en crear, en superar lo existente. Construir: he ahí en efecto el verbo de la Rusia Nueva; construir en las técnicas, construir en la cultura, construir en el alma.

Para esta sociedad en que el trabajo ha dejado de ser un tormento,[5] han retrocedido los límites de lo imposible. En las estepas, en las montañas, en los desiertos, en los pantanos, en los torrentes, surgen como por ensalmo las maravillas del hombre. Aldehuelas perdidas, villorrios hasta ayer desconocidos, adquie-

---

[4] En la provincia de Buenos Aires (Argentina), cincuenta familias poseen en conjunto 4.663.575 hectáreas.

[5] La palabra "trabajo" deriva de "tripalium", instrumento de tortura formado de tres piezas. En un principio, trabajar significaba atormentar.

ren de pronto repercusión universal. Pocos, muy pocos, ni en el mismo Ural, sabían dónde estaba la montaña Magnitaya. ¿Quién no conoce hoy Magnitogorsk, una de las más grandes empresas siderúrgicas del mundo?

Escasos ancianos de Moscú se acuerdan todavía del pantano de Sukin, una de las ofensas del zarismo. ¿Quién no sabe hoy que sobre el viejo pantano la revolución ha instalado orgullosa una de las más formidables empresas del viejo y del nuevo continente?

Hace trece años, la estación Hidrocentral de Voljov parecía la realización del más desmesurado de los sueños. ¡Qué poca cosa resulta hoy junto a las maravillas de la estación del Dnieper! ¡Pero qué poca cosa parecerán muy pronto las maravillas del Dnieper frente a la estación de Kamichin que se está construyendo!*

Con semejante entusiasmo, ¿qué problema no podrá ser resuelto? "No podemos", "no sabemos", "son expresiones que nosotros ignoramos", ha dicho Bujarin no hace mucho.[6] Y toda la vida actual ahí está para probarlo. A comienzos del año pasado el consumo de agua por habitante no podía ser en Moscú mucho más de ciento cincuenta litros diarios; cantidad insuficiente a todas luces si se piensa que en París, por ejemplo, el consumo es tres veces mayor. Pero lo duro, lo difícil era que del río Moscova y sus afluentes ya no se podía obtener más. Sólo un camino quedaba: obligar al Volga a remontar su curso, desviando hacia Moscú una parte de sus aguas. Y ese proyecto, que pertenece a una nueva variedad de lo maravilloso –proyecto absurdo según se decía, porque no se ha visto jamás que un río remonte el curso de sus aguas–

---

* ¡Y qué poca cosa parecerá esto último frente a las realizaciones de 1973! ¡Qué poca cosa, aunque sigan creyéndonos "utopistas"! (H. P. A.)

[6] Boukharine, "La crise de la culture capitaliste et les problèmes de la culture en URSS", en *La Littérature Internationale*, Moscú, núm. 4, 1935, p. 84.

no sólo está ya casi concluido,[7] no sólo asegurará en breve seiscientos litros diarios a cada habitante de Moscú, sino que convertirá a la ciudad hasta ayer mediterránea en un puerto poderoso adonde podrán llegar vapores de veinte mil toneladas…[8]

El nuevo ritmo de la vida ha incorporado a su marcha tribus que hasta ayer no tenían alfabeto; poblaciones que hasta ayer no sabían qué era el rayo: Sajalin era antes de la revolución la más terrible de las colonias penales del zarismo. Isla del Lejano Oriente, poblada por miserables nacionalidades de pescadores –los orochi y los nentsi que el despotismo casi había exterminado–. Sajalin no sólo no conserva el más mínimo rastro del viejo presidio y de la indigna miseria, sino que se ha convertido ahora, por obra y gracia del poder obrero, en una comarca poderosa que contribuye a construir el socialismo con su carbón, su petróleo y sus bosques. En vez del Sajalin de los condenados, el Sajalin de los constructores: ¿no es acaso el indicio y el símbolo de la nueva vida?

El hombre, como factor consciente de la evolución; el hombre, transformando a la naturaleza y a la sociedad de acuerdo a un plan minuciosamente elaborado; el hombre que ha dejado de ser el esclavo sumiso o desesperanzado para convertirse en el dueño completo de sus fuerzas: ése es el hombre soviético que introduce su voluntad en lo que parecía inaccesible, el hombre soviético que invierte el curso de los ríos, renueva el alma de las viejas tribus, transforma a su antojo la flora y la fauna. Por medio de su sistema de hibridación, el botánico Mitchurin ¿no ha creado centenares de especies nuevas? Zavadovski y sus colaboradores ¿no dirigen

---

[7] Kogan y Saslavski, "Le canal Moskova-Volga", en *Le Journal de Moscou*, 18 de octubre de 1935.

[8] Para tener una idea aproximada de lo que será Moscú en breve plazo, véase "Le plus grand Moscou", en *Le Journal de Moscou*, 20 de julio de 1935.

ya el ciclo sexual de los ganados? Sometiendo las semillas a temperaturas adecuadas, el académico Lysenko ¿no ha transformado el "trigo de invierno" en "trigo de verano"? ¿Qué valor pueden conservar las viejas nociones de biología, etnografía o geografía física frente a estos hombres que se saben capaces de cultivar en las zonas casi polares de la Siberia las mismas especies vegetales que sólo creíamos posibles en las tibias regiones del Mediodía?

***

¿Qué es lo que explica semejante ardor, tan extraordinaria capacidad de trabajo, tan increíble desborde de poderío humano? Frente a cualquiera de las grandes obras rusas, los técnicos extranjeros que todavía trabajan bajo los soviets han dicho alguna vez: antes de que esta fábrica comience a producir se necesitarán largos años. Pero Moscú ha contestado al mismo tiempo: "nosotros no podemos esperar largos años; la fábrica debe empezar a trabajar en cortos meses". Los técnicos extranjeros sonreían; pero cada mañana no podían creer lo que miraban: la fábrica crecía a estirones como los adolescentes. ¡Qué iban a comprender los extranjeros! Ellos venían de países en que el trabajo del obrero es la esclavitud que sólo sirve para asegurar el ocio de unos pocos. Esquilmado por una sociedad que llama "interés público" al interés de los enemigos de su clase, ¿cómo ese obrero va a mirar con buenos ojos a los instrumentos y al ambiente de su propia explotación? Pensando en el obrero del capitalismo calculaban los técnicos de la burguesía, y por eso cada día fracasaban sus cálculos frente al obrero socialista que se los desbarataba.[9]

---

[9] "De una maldición que era bajo el capitalismo, el trabajo se ha convertido en el país socialista en una causa de honor, de valentía y de heroísmo."

¿Qué técnico burgués pudo prever, por ejemplo, el final inesperado de la construcción del subterráneo de Moscú, espectáculo magnífico que guardo en mi recuerdo como a una de las cosas más emocionantes que yo he visto? El subterráneo de Moscú ha sido construido en un tiempo extraordinariamente inferior al calculado porque siete mil muchachos y muchachas de las juventudes leninistas dejaron por un tiempo los libros y las aulas; formaron sus brigadas de trabajo y bajaron a ayudar a los obreros. Desde las tareas de la excavación hasta el adorno de los mármoles, en todo pusieron mano los muchachos, y cuando las obras terminaron, volvieron otra vez a las aulas y los cursos, orgullosos de haber contribuido en su medida a construir la patria que es de todos. Y ese es el secreto del desarrollo prodigioso: la Nueva Rusia es una enorme usina en la que todos colaboran porque acrecientan así una riqueza que es común. *Y porque es común, los hombres trabajan más y más ligero de lo que pueden trabajar los hombres.*[10] En las granjas y en las fábricas, en las escuelas y en los clubes, en los laboratorios y en los archivos, cualquiera conoce a maravilla cómo va avanzando el Plan en los diversos frentes; y hasta en la colonia Bolchevo, reformatorio de muchachos delincuentes, me encontré una tarde sobre los bancos de trabajo, y según los méritos de

Manuilski, *Engels en la lucha por el marxismo revolucionario*, Barcelona, Ediciones Sociales Internacionales, 1935, p. 10.

[10] El minero Alexis Stajanov, uno de los hombres más populares de la URSS, ha dado nombre a un movimiento espontáneo de organización del trabajo. Gracias a su entusiasmo y a su iniciativa consiguió en una ocasión extraer 102 toneladas de carbón en las seis horas que dura la jornada de trabajo, superando más de diez veces el rendimiento medio de los obreros de la mina. Desde entonces se llama "stajanovista" a todo obrero manual o intelectual que trabaje con la eficiencia de Stajanov.

cada cual, la banderita roja del Plan que se cumple o la banderita negra del Plan en retraso.

En manos de la burguesía, la cultura y la técnica prometieron convertirse en instrumentos poderosos de liberación del hombre. Pero el terror al poderío creciente de las masas llevó a la burguesía a renegar de esa ciencia y a arrojarse en el seno de las supersticiones religiosas. En manos del proletariado, en cambio, la cultura no tiene secretos que esconder ni conquistas que renegar. Ha abierto para todos las puertas de sus institutos y ha demostrado con el prodigioso empuje de su joven cultura que sólo las masas son capaces de dar al hombre la totalidad de sus dimensiones. El mismo obrero que trabaja por la mañana en la granja o las usinas asiste por la tarde al club o a los museos, frecuenta por la noche el teatro o los conciertos. Ediciones fabulosas de los mejores libros publicados dentro y fuera del país se agotan en pocos días, y mientras en el resto del mundo se acumulan los obstáculos para impedir a las masas el ingreso a las escuelas, la Nueva Rusia desparrama a manos llenas el tesoro de la cultura, alienta la más mínima inquietud renovadora. Jamás un trabajador científico ha encontrado en parte alguna un ambiente más adecuado, condiciones más propicias. Jamás un escritor o un artista, en ningún país de la tierra, ha tenido a su lado un público más alerta y comprensivo. Al arrancar a la cultura de su soledad desdeñosa, el arte y la ciencia se han transformado de inmediato en funciones sociales de una importancia primordial: la ciencia porque transforma al hombre al transformar el mundo; el arte porque le enseña a comprenderse a sí mismo.[11] La economía capitalista desgarra al individuo, y lo

---

[11] "Rechazamos un arte y una literatura que se proponen distraer a los hombres de las preocupaciones de la vida. Nuestra literatura y nuestro arte son una potente fuerza de organización. Los artistas soviéticos que nos dan imá-

mutila y lo fragmenta en especialidades unilaterales. La victoria del proletariado, al arrancar al hombre de la especialidad que lo convierte en un muñón, lo integra en la vida de la comunidad, le asigna junto a su tarea concreta una orientación universal. Los trabajadores científicos han reconocido que, lejos de morirse, la llamada "ciencia pura" en el ambiente febril del socialismo adquiere por el contrario un desenvolvimiento incalculable tan pronto se coloca una correa de transmisión entre las exigencias vitales de la obra colectiva y la investigación hasta ayer solitaria de los laboratorios. Los problemas urgentes de la hora vienen de tal modo a golpear sus puertas, y por encontrar solución a esas preguntas trabajan los institutos con una rapidez que nunca habían tenido; en medio de una solicitud que nunca habían sospechado. Así también, el díscolo impertinente que hay en el fondo de todos los artistas educados en ambientes de la burguesía ha debido reconocer que si la victoria del proletariado representa el final del individualismo como principio que divide a los hombres y se opone a su mutua comprensión, es asimismo el comienzo de las personalidades amplias, de las individualidades que se diferencian pero no se oponen. Entre las masas rebañegas de los mujiks antiguos y los actuales trabajadores de choque de un koljós;[12] entre el pobre fanático de los antiguos regimientos y el combatiente magnífico

---

genes vigorosas en los libros y en los lienzos, en la escena y la pantalla, refuerzan la moral de millones de ciudadanos soviéticos sobre el plano emocional. Con ejemplos vivientes enseñan a vencer las supervivencias burguesas; comunican a los hombres el amor del trabajo y del heroísmo, los impulsan a nuevas conquistas en la ciencia, el arte y la cultura socialista." Alexandre Deustch, "Les artistes et les écrivains au pays des soviets", en *Le Journal de Moscou*, 1º de octubre de 1935.

[12] Véase Léon Moussinac, *Je reviens d'Ukraine*, París, Éditions Sociales Internationales, 1933.

del Ejército Rojo;[13] entre el obrero gris de las fábricas de antes, y el técnico de hoy que trepa a saltos los cursos de las facultades;[14] entre la desdichada mujer que el zarismo envilecía, hija de esclava y madre de esclavas, y la consciente constructora de hoy, para quien están abiertas de par en par las mismas puertas hasta ayer sólo franqueables para el hombre,[15] ¿no abundan a millares los testimonios que nos permiten concluir que *nunca* se han dado condiciones tan favorables para la "vegetación humana", circunstancias tan completas para el desarrollo armonioso de la vida?

Como algunos hombres de ciencia en los primeros tiempos de la revolución, muchos fueron los artistas que creyeron también que el arte se moriría entre el estruendo de los motores y los martillos, entre las luces violentas y el aire agitado de la Revolución Roja. Pocos días después de escuchar en París a Paul Valéry pronosticar la muerte de la poesía, y a Lenormand, el crepúsculo del teatro, me fue dado comprobar en la URSS que no hay una fábrica sin su círculo de arte; círculo en el que no sólo se comentan y discuten las mejores producciones, sino en el que se crean también las condiciones más propicias para que el proletariado extraiga de sus filas a sus propios escritores.[16] Jamás comprendí como entonces la falsedad del verso del poeta alemán: "debe primero morir en la vida lo que habrá más

---

[13] Lipman, *Diario de un soldado rojo*, Barcelona, Europa-América, 1935, sin nombre de traductor.

[14] *Los hombres de Stalingrado*, Barcelona, Europa-América, 1935.

[15] Niourina, *Femmes Soviétiques*, París, Bureau d'Éditions, 1931. En igual sentido: Conus, *La mujer y el niño en la Unión Soviética*, Madrid, Cenit, 1934, sin nombre de traductor.

[16] La resolución del XIII Congreso del Partido Comunista de la URSS decía en su artículo primero: "La labor fundamental del partido en la esfera de la literatura artística debe orientarse en el sentido de la obra creadora de los obreros y campesinos, convertidos en escritores en el proceso de avance cultural de las masas

tarde de florecer en cantos". Bien sé que hay un arte tan frágil y encogido que se desmaya en cuanto entra en contacto con la vida. Es el arte de las clases sociales que agonizan; el arte oscuro y hermético, rebuscado y exangüe. Pero hay otro arte que florece con la vida que canta: el arte del proletariado victorioso que ya está expresando al hombre nuevo. No sin sorpresa lo pudieron comprobar los corresponsales de los diarios extranjeros cuando acompañaron en su gira al poeta Besymenski. Poeta de las grandes masas, sus poemas y sus epigramas han llegado tan adentro en el corazón de los obreros, que cuando realiza su viaje habitual por las usinas, los trabajadores de los pueblos más lejanos ponen a su paso por las calles, en grandes carteles que ellos mismos decoran, las estrofas más significativas del poeta. Y si a los técnicos extranjeros les parecía inexplicable por qué trabajan febrilmente los obreros de Rusia, tampoco pudieron comprender los periodistas extranjeros este espectáculo para ellos increíble: la Rusia de las usinas y de los altos hornos, la Rusia de las hidrocentrales y de los tractores, reverencia de tal modo a sus poetas que los tranvías y los automóviles desfilaban en las calles bajo banderolas recubiertas de versos.

***

En una página hermosa de su *Anti-Dühring* vaticinaba Engels que el proletariado pondría fin a la prehistoria humana e inauguraría la verdadera historia.[17] Para él, el descubrimiento del fuego mediante el frotamiento había emancipado al hombre de sus antepasados ani-

---

populares y de la Unión Soviética. Los 'corresponsales' obreros y campesinos deben ser considerados como las reservas, de las cuales saldrán los nuevos escritores". Véase Polonski, *La literatura rusa en la época revolucionaria*, trad. de Nin, Madrid, España, 1932, p. 267.

[17] Engels, *Anti-Düring*, trad. de W. Roces, Madrid, Cenit, 1932, pp. 114 y ss.

males, como la transformación del calor en movimiento le había dado con la máquina la posibilidad de una nueva emancipación. Entre esos dos descubrimientos prodigiosos –el que le apartó del simio, el que le dio después la premisa necesaria para dejar de ser esclavo– habrían transcurrido, según Engels, todos los siglos de nuestra prehistoria: prehistoria sí, porque a pesar de sus momentos de extraordinario esplendor, el hombre no era todavía el dueño consciente de las fuerzas sociales. La producción social, en efecto, seguía obedeciendo a leyes que él no comprendía, y que lo dominaban por lo tanto como poderes extraños. Al socializar, en cambio, los instrumentos de producción, y al derribar para siempre las barreras que se oponían al libre desarrollo de las fuerzas sociales, el proletariado por vez primera en el mundo comienza a trazar la historia del hombre con plena conciencia de lo que quiere y lo que hace. *El desorden fantástico de la sociedad burguesa deja el puesto a la organización proletaria sometida a un plan.* Ajusta el hombre, desde entonces, su propia vida, y entra triunfante como señor auténtico de la naturaleza y de la economía. Todo lo que hasta ahora le dominaba y oprimía pasa a ponerse a su servicio, *y por vez primera, también, adquieren validez universal los grandes valores que hasta entonces sólo enmascaraban los intereses de las clases dominantes.*

En una sociedad dividida en clases, el "interés común", las "exigencias colectivas", la "moral social" o la "justicia humana" son mentiras inicuas, ideales mentidos que no han coincidido jamás con los intereses verdaderos de *todos* los hombres. Expresión del dominio de una clase, la "cultura", la "moral", la "sabiduría" nunca han sido hasta hoy valores absolutos, con alcance general. Los pretendidos valores "atemporales", "visibles tan sólo para los ojos iluminados del Espíritu"; las pretendidas "instancias incondicionadas y absolutas" –sobre las que tanto gustan de ahuecar la voz los pintorescos petimetres de nuestra filosofía oficial– no han tenido nunca, desde Platón hasta Max Scheler, *otra estabilidad que la del poder de la clase dominante.* Ésa es la verdad concreta, la verdad histórica: la que se ha ido gestando en las luchas de la vida social, y la que esas mismas luchas de la vida social modifican y reforman. *Todos los llamados "valores absolutos" se han resuelto siempre en el más descarriado relativismo de clase.* Se han resuelto, he dicho; pero no se resolverán. El mismo proceso histórico que nos impuso la sociedad dividida en clases como un hecho necesario la está barriendo ahora al poner en los puños del proletariado el control de las fuerzas productivas. La existencia de una clase dominante, ineludible en los tiempos en que la división del trabajo se realizaba sobre la base de instrumentos de rendimiento reducido, resulta hoy no sólo un anacronismo, sino también un obstáculo que la misma marcha de la historia impone el deber de derribar. Salta hoy, en efecto, a los ojos del menos avisado, la incapacidad patente de la burguesía para conducir la historia. En vísperas de la revolución de 1848, el *Manifiesto Comunista* anunciaba ya su fracaso irremediable. "La sociedad no puede seguir viviendo —decía— bajo el imperio de esa clase; la vida de la burguesía se ha hecho incompatible con la vida de la sociedad".[18]

Pero en el mismo instante en que la tragedia de esa clase se anunciaba, otra clase surgía —abastecida de experiencia por la lucha de siglos— para tomar sobre sus hombros la pesada herencia. Sobre la sexta parte del mundo sabemos ya lo que ha hecho; sobre el resto del mundo no tardaremos en ver lo que hará.*

[18] Marx y Engels, *Manifiesto Comunista*, trad. de W. Roces, Madrid, Cenit, 1932, p. 72.

* "Lo que hará" es ahora el sistema socialista mundial, que con Cuba ha llegado hasta nuestra América, confirmando así las seguras esperanzas de Ponce. (H. P. A.)

Para su gloria le ha tocado la misión heroica de liberar al hombre, y de inaugurar de verdad el humanismo pleno. *En extensión y en profundidad, ella es la única que puede invocar sin mentira a los "valores absolutos", porque ella es la única que tiene derecho a hablar "sub specie generis humani".* Cuanto ella dice del hombre, es del Hombre en su totalidad a lo que alude;[19] del Hombre que no necesita para vivir el sufrimiento de un "monstruo con muchos pies y sin cabeza".

En el momento más impetuoso de la ascensión del capitalismo alemán, su filósofo representativo hizo descender a Zaratustra de la montaña para traer a la humanidad la buena nueva del "superhombre". Sabemos hoy, demasiado bien, la trágica realidad que anticipaban aquellos sueños en apariencia tan grandiosos. Su mismo profeta no tuvo que esperar a la reacción sanguinaria de su patria de hoy para anunciarnos que odiaba por encima de todo a esa canalla socialista –eran sus palabras– que, convertida en apóstol de la plebe, "destruyen la satisfacción del obrero en su pequeña existencia", y le enseñan la envidia y la venganza.[20] A través de los siglos, la "humanidad", según vemos, no ha variado gran cosa para la burguesía: cuando el Renacimiento nos hablaba del "hombre" o cuando en su etapa imperialista anunciaba el "superhombre", siempre necesitó como condición ineludible volverse iracunda contra las masas obreras.

---

[19] "*El cuarto estado*, cuyo corazón no contiene el menor germen de privilegio, se confunde por lo mismo con toda la humanidad; su causa es la causa de toda la humanidad, su libertad es la libertad humana, su reino es el reino de todos." F. Lasalle, *Discours et Pamphlets*, trad. de Dave y Remy, París, Giard, 1903, p. 138.

[20] Abrevio así el pensamiento de Nietzsche, *Obras completas*, t. VIII, trad. de Ovejero, Madrid, Aguilar, 1932, p. 48.

El proletariado, en cambio, no disimula con palabras enormes promesas absurdas que no puede cumplir. *Sabe que el superhombre es innecesario porque el hombre todavía no se ha realizado.* Ayudarlo a nacer es su destino,[21] y para ello no ha recurrido jamás al verbo apocalíptico de ningún Zaratustra con la serpiente y el águila: le ha bastado entrecruzar el martillo y la hoz para que el dedo de la historia señalara en ese símbolo la humilde grandeza del Hombre.

***

Señoras, señores: Al final de este curso, que ha encontrado una resonancia cordial que yo no preveía, permítanme ustedes despedirme con esta impresión de exultante optimismo. Bien triste cosa es el mundo de hoy para quien no sepa contemplarlo en una amplia perspectiva. Fascismo, terror, guerra inminente no son sin duda para alentar a nadie. Bajo su influencia inmediata, se desesperan unos en la angustia, buscan otros en el pasado la solución. Cuando se examina, sin embargo, el abigarrado espectáculo de hoy con los claros ojos del que ha aprendido a descubrir en las luchas de clases el motor de la historia, todo adquiere de pronto una ordenación precisa, todo asume de inmediato una significación que lo ilumina. Se impone entonces como una verdad de evidencia la certidumbre de que vivimos sobre el filo que separa dos edades: una, la prehistoria de que hablaba Engels; otra, la historia que para Rusia ha comenzado ya. Conmovedor instante de la vida del mundo en que sabemos por fin adónde vamos; dichoso instante que justifica en nosotros una exaltación jubilosa y que nos trae también casi sin quererlo, para confrontarlo y

[21] Nietzsche creía, además, que en una sociedad de tipo socialista "la vida sería negada y sus raíces cortadas"… *Ibid.*, p. 76.

superarlo, el recuerdo de otro instante parecido en que resonó sobre la tierra un grito nunca oído de alborozada confianza.

En las páginas modestas del libro de memorias de un oscuro comerciante de Florencia, Giovanni Rucellai, el Renacimiento nos ha dejado, con el orgullo de la burguesía naciente, toda la satisfacción de la nueva clase que se echaba a caminar. De la historia de ese mercader muy poco o casi nada ha llegado hasta nosotros. Pero quizá por lo mismo tiene su testimonio un alcance extraordinario, nos conmueve su voz con máxima elocuencia. Una mañana, tal vez, en que Rucellai se detuvo más allá de lo habitual a contemplar desde la altura de Vallombroso la silueta casi perdida de su ciudad nativa con sus puertas guerreras, sus flechas y sus domos; o una tarde quizás entre el pueblo de estatuas de la plaza de la Signoria, mientras el sol poniente pintaba de azafrán las murallas del Palazzo, el oscuro mercader sintió hasta tal punto la alegría de vivir que no pudo menos que volcar en su libro de memorias esta prodigiosa acción de gracias que nunca es posible leer sin emoción: "Gracias te sean dadas, Dios mío, por haberme hecho nacer en esta ciudad y en este tiempo".[22] El grito de júbilo no correspondía a un momento pasajero ni a una embriaguez individual: casi con idénticas palabras resuena en Mateo Palmieri,[23] su compatriota; y lo recoge en Alemania, casi un siglo después, Ulderico de Hutten: *O soeculum, o litterae! Juvat vivere!*[24]

Dicha de vivir acompañaba a la burguesía en los tiempos heroicos de su ascensión triunfal. Por boca de sus humanistas y sus mer-

---

[22] Woodward, *La pedagogia del Rinascimento*, trad. de Codiugnola y Lazzari, Firenze, Vallecchi, 1923, p. 78.

[23] Monnier, *Le Quattrocento*, t. II, editor Perrin, París, 1912, p. 52.

[24] S. Zweig, *Erasme*, trad. de Hella, editor Grasset, París, 1935, pp. 127 y 183.

caderes le hemos oído lanzar a todos los vientos su confianza en la vida, su promesa segura en la realización de los valores humanos. De sobra sabemos, sin embargo, que todo aquello pasó muy pronto, y que aun en el instante más alto de la curva sólo alcanzó a conmover las fibras de un puñado de hombres ricos que nunca pensó en compartir con el *popolo minuto* su alegría de vivir.

Más felices que el mercader oscuro de Florencia, somos nosotros los contemporáneos del Renacimiento verdadero; y si en aquel instante pudo Rucellai expresar su regocijo frente al esplendor perecedero que comunicó a su Florencia la liberación de una exigua minoría, ¿cómo no vamos a poder nosotros, ante el espectáculo prodigioso de millones de seres liberados, y de otros millones resueltos ya a liberarse, salir al encuentro de la Historia para decir tan alto como la voz lo permita que estamos viviendo con lucidez absoluta este momento, el más dramático de la vida del hombre, y que tan seguros nos sentimos del porvenir inevitable —cualquiera sea la suerte personal que el destino nos reserve— que ya podemos desatar al viento la infinita alegría de vivir ahora?

ALFREDO VARELA
UN PERIODISTA ARGENTINO
EN LA UNIÓN SOVIÉTICA*

Moscú baila

¿Podremos partir hoy de Sofía? Las valijas están listas desde la madrugada, pero la salida se posterga a causa de la niebla. Desde el hotel telefonean a cada momento al aeródromo. Por fin, a las 11 nos contestan:

—Los esperamos.

El coche alcanza velozmente las afueras de la capital búlgara. Un poderoso avión soviético, pintado de verde, rezonga largamente con sus motores anunciando la partida. He viajado en toda clase de aparatos: norteamericanos y franceses, argentinos y polacos, checos y brasileños. Pero el interior de éste es distinto. El pasillo es ancho y además de los asientos hay a los costados dos grandes mesas cubiertas con manteles y dos *chaise-longues* donde los pasajeros irán recostándose para abreviar el viaje. Supongo que serán muy útiles si el avión tiene que descender imprevistamente en descampado…

* Primera publicación en Buenos Aires, Viento, 1950.

También viaja un matrimonio suizo. Él es el ágil periodista Pierre Nicole. Su mujer, muy nerviosa, me pide:

—Apenas comencemos a volar, hábleme de cualquier cosa. Siento un miedo horrible y quiero distraerme.

Ocurre que Nicole sufrió no hace mucho un terrible accidente aéreo. Salió con varios huesos rotos, pero contento de figurar entre los pocos sobrevivientes. Pero yo todavía no he pasado por esa experiencia. Y madame Nicole se horroriza al verme devorar en pleno vuelo trozos de queso y de carne fría regados con un suave vino de los valles búlgaros.

Pero en Bucarest descienden mis amigos y ya no tengo con quién conversar: los otros pasajeros son búlgaros o soviéticos.

A 2.500 metros, la tierra nos muestra su rostro petrificado por el invierno. Ya son las tres de la tarde y el sol inunda el cielo alegremente azul. El aparato inicia el descenso:

—¡Odessa!

Las hélices van amortiguando su vertiginoso girar. Estamos en tierra soviética.

—¡*Zdranstwuite, towarishchi!*[1]

Son los guardias aduaneros. Cuando me toca el turno, me presentan unos formularios. Están redactados en ruso y no entiendo nada. Una pasajera rolliza, cuyos rizos rubios contornean un rostro despierto y agradable, acude caritativamente en mi socorro traduciéndome las preguntas al francés. Al bajar por la escalerilla, resbalo en la nieve endurecida. Uno de los guardias me sostiene. Acudiendo a mis rudimentarios conocimientos del ruso, le doy las gracias: ¡*Spasibo!* Sonríe. ¿Porque le hablo en su lengua o porque le causa gracia mi pronunciación? No lo sabré nunca. Un soldado, el fusil en bandolera, nos contempla distraídamente.

[1] ¡Salud, camaradas!

Lejos, en el extremo de la pista, descansan otros aviones también verdosos. Un camión petrolero se acerca ruidosamente. Del estribo cuelga una mujer. Las gruesas ropas invernales le dan un aspecto tosco, pesado. Pero ella se mueve con agilidad y subiendo al aparato comienza a hacer girar la tapa del depósito. La violenta luz solar torna más negro, por contraste, el barro seco del aeródromo donde sólo quedan esparcidos algunos puñados de nieve.

Un sueño de años...

Hemos dejado atrás Odessa y de nuevo se divisan desde la altura lagos y ríos helados, largos rectángulos de tierra labrada, usinas humeantes. Desde las aguas quietas, desde la nieve que se deshoja, el sol nos hace guiños. Por fin he encontrado con quién conversar a bordo. Es la mujer de los rizos rubios, que habla fluidamente el francés. En la solapa de su traje sastre veo una condecoración. Se la señalo en silencio.

—¡Ah, es por la defensa de Leningrado!...

Y en seguida se lanza a una calurosa evocación de su ciudad. Me habla de su arquitectura y de sus gentes y hasta de sus famosos *gateaux*. No se queda tranquila mientras no anoto, dificultosamente, las direcciones de los lugares donde puedo encontrar las mejores masas y el más delicioso café. Entorna los cálidos ojos azules:

—El café... Usted sabe que el sitio de Leningrado duró 900 días. El hambre era terrible y la gente caía exhausta por las calles. Pero aun en esos momentos en que todo nos faltaba, nos sentíamos confortados sabiendo que se podía conseguir un buen café caliente. Y si a veces había un poquito de azúcar, entonces era la gloria...

Aún se ve la sinuosa geografía, allá abajo. El sol se pone con grandeza. Todavía el cielo es celeste, pero hay unas estelas rojas que anuncian el naufragio de la tarde. Me siento hondamente alegre. Se está cumpliendo un sueño de años: por fin he llegado a la Unión Soviética.

El viaje de Sofía a Moscú se cumple comúnmente en 8 horas. Pero como hemos salido tarde, no llegaremos hoy. Debemos detenernos en Kiev.

Al descender en la capital de Ucrania ya es de noche. Caminamos hasta el auto. Una muchacha del "Intourist"[2] nos espera allí. Como cada vez que llego a una ciudad desconocida, me cosquillea la pregunta: ¿cómo será? Pero los vidrios, empañados por la nieve, no dejan ver nada. El hotel tiene un aspecto chato y provinciano que me desilusiona. ¿Qué es lo que esperaba yo? Un portero viejo, de botas, con una larga barba partida en dos, nos conduce por la escalera alfombrada. Otra muchacha que nos atiende en el escritorio –y que por suerte habla inglés– se detiene para pelar una naranja. La está comiendo todavía cuando me conduce a mi cuarto. La habitación me sorprende agradablemente. Amplios muebles modernos, cómodos. Sólo los usaré un rato, hasta mañana temprano. Pero acaricio con la mirada el ancho escritorio donde uno podría escribir tantas cosas, si tuviera ganas, si tuviera tiempo…

Jóvenes en la noche

¿Qué hacer esta noche? La pasajera leningradense, su esposo y un amigo me invitan a pasarla con ellos. Irán a la Ópera, para oír *Tosca* o *La Traviata*. Pero, decididamente, no soporto las ópe-

---

[2] Organización soviética de turismo.

ras. Desechando la gentil invitación, decido irme a vagabundear por la ciudad. Hace mucho frío, pero la gente hormiguea en las calles. He oído hablar de la bárbara destrucción de Kiev. Pero ahora no la noto. ¿Es que la noche esconde las heridas o ya han sido borradas por la reconstrucción? Recorro anchas calles jalonadas de altos edificios. La profusa iluminación produce un efecto raro en la noche helada: 5 grados bajo cero. De pronto, doblo. Ahora voy por una gran avenida –imposible saber el nombre–. Largas cercas de madera contornean a lo largo de muchas cuadras un gran terreno baldío. Lo que antes hubo allí quedó arrasado por las bombas. Así, de golpe, me sacude el agrio recuerdo de la guerra.

Éste no es para mí un simple paseo. Es mi primer contacto con la vida, con las gentes soviéticas. Voy solo, por una ciudad extraña y entre seres cuya lengua no comprendo. Y, sin embargo, tal vez por eso mismo, la aventura me resulta más interesante. Tengo que confiarme al lenguaje de los rostros, que suele ser el más expresivo. Grandes negocios permanecen abiertos, con las vidrieras y estantes llenos de mercaderías. Estamos en vísperas de las fiestas de fin de año. Una densa corriente humana se arremolina allí y yo me dejo arrastrar y paso junto a los Árboles de Noel, los huevos de Pascua coloreados, los juguetes típicos, las confituras. La multitud está viviendo anticipadamente el júbilo de la fiesta. De un gran edificio iluminado salen nutridos grupos de jóvenes. Debe ser un instituto o una universidad nocturna. Por todas partes se ve predominar a los jóvenes. Muchachas y muchachos, niños, adolescentes pasan en parejas o en grupos. Algunos van cantando. Otros cambian bromas, se persiguen alegremente, sacuden la noche con sus risas. Los rostros son despejados, francos, risueños. Sin querer, los comparo con los de otros países. Está ausente de ellos esa nube, esa expresión preocupada que he visto hace poco en la fisonomía de los jóvenes franceses, por ejemplo. Se siente latir en esta muchedumbre juvenil una cálida confianza, una tranquila seguridad en su propia fuerza.

Luego, durante mi viaje por la tierra soviética, he de confirmar a menudo esta primera impresión. Pero por esta noche, me basta. Y me vuelvo al hotel caminando lentamente, sin percibir ya el frío, llevando conmigo el eco de esas risas despreocupadas.

Y ya no me siento solo. Me parece como si la juventud soviética me hubiera dado esta noche la bienvenida al país del socialismo.

Fiesta en el Palacio Obrero

Esta noche la población se divierte también en sus hogares, en los teatros y clubes. ¿Cómo introducirnos allí? Es lo que discutimos con mi amigo, el gran novelista brasileño Jorge Amado y su mujer, Zelia, que también están visitando la URSS. Nuestro intérprete y guía es pesimista:

—No teniendo invitación, es difícil entrar…

Pero nosotros estamos decididos a correr la aventura. Y lo arrastramos. El auto se detiene ante el Club de los Trabajadores del Arte. En lugar de la invitación de rigor, nos hacemos presentar con unas palabras: "escritores extranjeros… latinoamericanos…". En seguida se acercan dos o tres miembros de la Comisión de Fiestas, que nos reciben cordialmente. Y Jorge y yo abrumamos al intérprete con una sonrisa de triunfo…

En el ancho salón bailan o charlan artistas del teatro, del cine, la ópera o el ballet. Somos conducidos de uno a otro grupo y menudean las presentaciones. Tocamos apenas, con miedo de que se desvanezca, la mano de una muchacha grácil, afinada. Es la famosa Ulánova, la mejor bailarina actual de la Unión Soviética, a quien iré a admirar más de una noche. Su marido, el destacado escenógrafo Savatzki, corpulento y de mejillas rojas, forma con ella un curioso contraste. Los dueños de casa nos invitan a que compartamos su fiesta. Pero nosotros queremos recorrer otros lugares. "Por lo menos vuelvan a la madrugada, para tomar una copa de *champagne*". Prometemos. Pero la promesa no será cumplida…

Los 17 millones que cayeron…

Después de una breve detención en el Club Obrero de la Fábrica Frunze, donde también están bailando, partimos nuevamente. Esta vez nos dirigimos a un suburbio de Moscú. La nieve sigue cayendo sin cesar cuando llegamos a un edificio de cinco pisos, de líneas imponentes y modernas, que ocupa una manzana. Está nimbado por un cerco de luces. De sus amplios ventanales cerrados desborda la música. Dejamos nuestros abrigos en el inmenso vestíbulo y pasamos por salas y más salas de mosaicos y mármoles. ¿Un palacio? Sí: pero un palacio obrero. Es la Casa de Cultura de la gran fábrica de autos "Stalin". Millares de obreros, técnicos, empleados e ingenieros de ambos sexos se han dado cita aquí esta noche.

Se baila en los salones o en cualquier rincón, al ritmo de la música, guiándose por el palmoteo de las manos o por alguna armónica que un aficionado extrae misteriosamente de sus bolsillos. Se ha preparado un amplio programa, que también incluye cine, teatro, conciertos; hay *stands* de tiro al blanco y otros entretenimientos. Pero cada grupo crea espontáneamente sus diversiones. Las grandes arañas vuelcan torrentes de luz sobre estatuas y bailarines. Cuando entramos en la Sala de las Columnas, la orquesta ataca nuestro viejo tango "Adiós, Muchachos". Los jóvenes se lanzan de nuevo. Pero se nota una disparidad singular en las parejas. Faltan hombres. Algunas muchachas bailan entre ellas. Cometo la ingenuidad de preguntar la causa. La respuesta, aunque podía haberla previsto, me sacude:

—¿No recuerda? Perdimos 17 millones de personas en la guerra. Unos 7 millones eran hombres jóvenes…

Yo lo sabía. Pero en este instante, el tremendo sacrificio soviético se me presenta bajo una luz distinta, más cruda. Antes, al conocer esas cifras desde lejos, nos habíamos sentido dolorosamente impresionados. Pero ahora, en este simple episodio de la vida común que estoy presenciando, el significado de esa pérdida resalta brutalmente. Las muchachas bailan solas porque toda una generación ha caído para hacer posible la victoria sobre la muerte, para salvar a su patria socialista y permitir que el mundo se liberara del miedo. Para apuntalar también la vida de nosotros, los que vivimos en la Argentina o en cualquier otra parte del mundo…

Los obreros y el arte

Seguramente, muchas no podrían casarse durante varios años. En otros países, eso significa un amargo drama personal. Me imagino que en la URSS también. Pero las jóvenes soviéticas están demasiado ocupadas como para detenerse a pensar en eso. Durante la noche, hablamos con varias. Algunas cuentan su vida o refieren sus proyectos. Un montón de proyectos. Ésta tiene interés por la danza y estudia idiomas. La otra, obrera especializada, quiere llegar a ingeniero, y escribe poemas, publicados en el diario de la fábrica. La vida las atrae con su lenguaje múltiple.

La nueva mujer soviética ha descubierto un mundo. La guerra ha dejado huellas hondas en cada hogar. Sus sufrimientos no se olvidan. Pero hay muchos motivos de alegría. Por eso, las muchachas que están bailando entre ellas en el Club "Stalin" ríen tanto como las otras, que dan vueltas enlazadas por un brazo viril.

Durante largo rato vagamos por los salones. Creo que hay unos cien. La fiesta tiene sus centros, sobre todo, en otro salón de baile situado en el subsuelo, en la terraza cubierta, en las "salas de visitas" –en las cuales las plantas variadas sobresalen de grandes macetones–, en la "Sala de la Alegría". El local para teatro y cine, donde esta noche actuará el conjunto de aficionados –que hace poco representó *Don Gil de las Calzas Verdes*, de Tirso de Molina–, cuenta con 1.100 butacas. "Aquí también se dan conferencias –nos dice la directora, orgullosamente–. Este año hubo unas 1.500 a las que asistieron alrededor de 200.000 personas." En la biblioteca hay 100.000 volúmenes. Pero para que los lectores consigan los libros con más facilidad, existen 17 sucursales en los diferentes talleres de la usina.

Otras habitaciones son ocupadas para sus ensayos por la orquesta de instrumentos de viento de la fábrica, integrada por 75 trabajadores, a los que dirige un profesor del Conservatorio de Moscú; y por el coro de 100 voces, que orienta Rybnov, del Gran Teatro. Los aficionados al acordeón tienen su propio círculo y hay otros para los que prefieren el ajedrez o el dibujo, la pintura o la escultura, la coreografía o los juegos de salón. Otras salas están reservadas al estudio del marxismo o a la enseñanza de los métodos de producción, para que los obreros aumenten su capacidad profesional, y allí se proyectan *films* de 16 milímetros. En sus horas libres, los trabajadores vienen a este segundo hogar colectivo para entretenerse, instruirse o desarrollar sus aptitudes artísticas.

Beethoven, Maiakovski y Romain Rolland

En el *buffet* todas las mesas están colmadas. Dos jóvenes de uniforme nos hacen sitio en la suya. Uno es aviador y lleva siete condecoraciones. Mi intérprete me toca con el codo: "Fíjese, es dos veces Héroe de la Unión Soviética y lleva también la Orden de Lenin". Tratamos de conocer sus hazañas. Pero él elude el tema.

—Sí, yo fui obrero en la fábrica "Stalin". Después hice la guerra y ahora sigo la carrera en el ejército. Pero conservo los viejos lazos con los camaradas. Por eso vine a terminar el año con ellos…

Hay salas que llevan un nombre sugerente: "de iniciativas". Allí, los jóvenes se han reunido para inventar diversos juegos. En una desfilan varios artistas aficionados. Un muchacho tímido recita un poema de Maiakovski. Olvida un trozo, se turba y parece dispuesto a retirarse. Pero al fin concluye airosamente entre una salva de aplausos. Tenemos ganas de participar. Pero ¿cómo? Al fin se nos ocurre animar a Zelia de Amado para que interprete algo. Zelia es animosa y ante los jóvenes sorprendidos por su aparición, canta con mucha gracia un "samba" brasileño. Asombrados aún por este número inesperado, la aplauden vivamente y ella saborea con una amplia sonrisa su triunfo. Luego se adelanta un joven bajo, de ojos penetrantes, y canta con seguridad una "aria" de Beethoven.

Pedimos al intérprete que nos lo presente, pero ya se ha ido. Un rato después lo encontramos en la "Sala de la Alegría" y esta vez conseguimos hablarle. Lleva en el pecho el distintivo de los paracaidistas.

—Estuve seis años en las filas.

—Pero usted parece muy joven…

—Y lo soy: tengo 23 años.

Las crudezas de la lucha no han endurecido el rostro de Alejandro Livanov, que emana un ardiente interés por la vida.

—¿Qué tarea hace en la usina "Stalin"?

—No, no estoy allí. Los amigos de la fábrica me invitaron. Pero yo trabajo en el conducto de gas de Saratov a Moscú.

—Canta bien, usted…

—No creo –contesta sonriendo–. Eso sí, el canto me gusta mucho. Pero más me interesa el estudio de las lenguas. Estoy en la Facultad de Filología, de Moscú…

Hablamos de literatura. Entre los ingleses conoce a Wells y a Bernard Shaw, pero también ha leído al poeta Coleridge. De los franceses recuerda bien a Romain Rolland y a su *Juan Cristóbal*. Pero en su casa también tiene un libro de Sthendal. De los soviéticos prefiere a Leonid Leonov.

De pronto abandona el tema para someternos a un fuego graneado de preguntas:

—¿Cómo están los obreros en su país? ¿Pueden estudiar, como nosotros? Háblenme un poco del Brasil y de la Argentina… ¿También allá luchan por la paz? Yo leo todo lo que se escribe en nuestros diarios sobre América Latina…

Me mira con curiosidad cuando extraigo mi libreta de apuntes. Es que no quiero olvidar esta charla ocasional, que me permitió encontrar en un ex soldado y obrero elegido al azar, a un hombre encariñado con las distintas facetas de la cultura.

Unas semanas más tarde, después de otros muchos encuentros similares, comprenderé que Alejandro Livanov está lejos de ser la excepción. Representa, en todo caso, ese hombre nuevo que está abundando en la URSS, el producto del joven humanismo socialista.

Moscú o la abuela rejuvenecida

Antes de la revolución, Moscú sólo era "una gran aldea asiática". El esplendor dorado de sus catedrales y palacios se olvidaba prontamente entre sus calles sinuosas, que sólo en el centro estaban malamente empedradas. En las otras, sumideros de barro y basura, se erguían las viejas casas, casi siempre de madera, de uno y dos pisos. Los obreros compartían malolientes tugurios, barracas y sótanos. Sobraban mendigos y enfermedades, pero no había desagües, se ignoraban los baños y la iluminación era pobre y escasa. Aun después de la revolución, los que llegaban a la capital se sentían sorprendidos por el contraste violento entre el entusiasmo popular y la suciedad pavorosa. Los planes eran grandiosos, pero no se podía dormir a causa de las chinches. Y muchos turistas se burlaban de los planes y se referían, sobre todo, a las chinches, a la falta de agua, a los numerosos mendigos.

Las burlas y las chinches ya pertenecen al pasado. En pocos lustros, se cumplió en Moscú una vasta labor edilicia. Un amplio sistema de cañerías, millares de casas y departamentos nuevos de seis y ocho pisos, grandes comercios modernos, teatros, institutos científicos, calles asfaltadas, el reluciente subterráneo cambiaron la apariencia y la misma vida de Moscú. Pero los objetivos del gobierno soviético eran más ambiciosos. En 1935 se inició el plan de reconstrucción de Moscú, que en diez años debía mejorar en forma radical la capital soviética, a fin de que ésta reflejara plenamente –según las palabras del Soviet Supremo– "la grandeza y la belleza de la época socialista".

La guerra interrumpió este gigantesco esfuerzo. Pero apenas fueron alejados los invasores, se reinició el trabajo. Moscú se está convirtiendo rápidamente en una de las ciudades más hermosas y mejor trazadas del mundo.

Siempre diferente

Día tras día, y aprovechando cualquier momento libre, me dedico al apasionante deporte de vagar por sus calles. En Moscú siempre están animadas y cubiertas de gente. A pesar del frío, de este paisaje hostil que encuadran los árboles pelados, el cielo hosco, el seco aletazo del invierno. Me imagino cómo debe florecer esta ciudad en la primavera…

Los ojos del visitante son solicitados por mil aspectos distintos: las grandes y pequeñas torres del Kremlin, la maravilla de la Catedral San Basilio, con sus cúpulas multicolores en forma de cebollas o en espiral; los nuevos puentes y los murallones de granito rojo sobre el río Moscova, que acoge a los jóvenes y a los niños permitiéndoles que desgarren su falda helada con las cuchillas de sus patines… Pero es más atrayente aún contemplar la constante renovación de la ciudad.

Moscú vive en permanente fiebre constructiva. Desaparecen viejos caseríos y surgen otros edificios –que tienen entre 8 y 32 pisos–, con una celeridad impresionante; se amplían las calles y avenidas; surgen jardines y parques, se extienden las líneas de comunicación. Varios refugiados españoles me refieren: "Desde que nosotros llegamos, Moscú ha cambiado por completo". Los escritores franceses Wurmser, Moussinac, Soria y otros me contaban que en cada uno de sus sucesivos viajes se encontraban con una Moscú diferente. ¿En qué ciudad del mundo se podría hacer una observación semejante?

Moscú no es tan vieja como Novgorod o Kiev, "la madre de las ciudades rusas". Pero también es veterana. En 1948 festejó sus 800 años de edad. Sin embargo, su vejez y sus arrugas se van diluyendo. La reestructuración, el crecimiento de la ciudad se dirigen en forma racional, de acuerdo a proyectos largamente estudiados y discutidos. En 1931, abarcaba 18.000 hectáreas. Para 1948, ya había duplicado su extensión. Pero cuando se cumpla el plan actualmente en desarrollo, tendrá 60.000 hectáreas, incluyendo el ramillete de pequeñas ciudades que se forma a su alrededor. Moscú es una abuela en busca de una nueva juventud.

En sus comienzos fue creciendo en zonas concéntricas, alrededor del Kremlin –que en sus lejanos orígenes consistía en unos fortines e iglesias de madera, reemplazada por piedra en el siglo XV–. Pero ese trazado histórico no corresponde a las nuevas necesidades, porque estorba la ampliación de la ciudad y sus comunicaciones. ¿Qué hacer? ¿Transformarla completamente, para convertirla en una ciudad rectangular? No, cuando es posible, en la URSS se respeta la antigua conformación histórica. ¿Cuál es la alternativa? A través de esos círculos, abriendo paso a la circulación y a los nuevos edificios, se trazan de parte a parte majestuosas diagonales y avenidas de 40 a 80 metros de ancho y que conducen hasta trece parques situados en las afueras. Por esos amplios pulmones Moscú puede respirar a sus anchas.

Donde aumenta el bienestar

Hace frío, pero los moscovitas parecen sentirse en el frío como peces en el agua. Aun en días de 25 grados bajo cero los veo circular a toda hora. A veces, después de la función teatral y la cena, siento deseos de volver a la calle. Me voy hasta *Radio Moscú* para grabar uno de los artículos que después serán irradiados a la América Latina o simplemente para charlar con los encargados de la audición que trabajan hasta las cinco de la mañana —las 11 de la noche en la Argentina—. A la entrada debo presentar mis documentos a las milicianas, gentiles pero serias, que, arma al brazo, cuidan el edificio. Adentro me espera el té caliente y la conversación cordial de los periodistas radiales. Cuando salgo, a la madrugada, todavía encuentro gente por las calles, asentando los pies con firmeza sobre esas aceras nevadas en las que yo debo cuidarme para no resbalar. ¿Son también trabajadores nocturnos? ¿Vuelven de una reunión familiar o de un club? No sé. Una noche, en la avenida Gorki, me parece divisar una pelea. Hay algunos que ruedan por el suelo y se levantan con rapidez para lanzarse sobre los otros. Al acercarme, escucho un coro de carcajadas. Son jóvenes y muchachas que están divirtiéndose con este baño de nieve... Después se toman del brazo y se alejan cantando, precedidos por dos de ellos que imitan las contorsiones del *kozatchok*...

Una cosa me llama la atención: en pleno invierno, no he visto a nadie estornudar o toser, ni en las calles ni en el subte o en los teatros. ¿Es consecuencia del cuidado por la salud que hay en la URSS? Posiblemente, pero también resultado de la prudencia. La gente no se fía del clima, y aunque algunos días reina una temperatura templada, nadie deja de calzar el espeso abrigo, las bufandas, botas y gorros. Inveterado "sinsombrerista", yo me siento molesto por el monumento de pieles que compré en Leningrado para defender mi cabeza. Pero apenas intento salir sin él, alguien me hace la observación: ¡Cuidado! ¡Es peligroso! Y me convenzo el día en que, por haber salido a cabeza descubierta a dar una simple vuelta por los alrededores, regreso con un comienzo de resfrío que me atenaza las sienes.

Un torrente de mercaderías

En Buenos Aires, las mujeres consideran como un paseo tentador lo que suele llamarse "ir de tiendas". Aquí también lo es, aunque por motivos bien distintos. Recorrer los comercios constituye uno de los métodos más eficaces para conocer la vida que llevan los soviéticos.

Hay pequeños negocios, dedicados a la venta de ciertos artículos, y simples kioscos, donde sólo se ofrecen chocolates o cigarrillos. Pero los típicos son los grandes comercios –que a veces ocupan varios pisos y donde se pueden comprar 400 artículos diferentes: cubiertos y receptores, ropa y perfumes, heladeras y utensilios de cocina, vodka y zapatos, bicicletas y relojes–. Un verdadero gentío recorre las distintas secciones. Tengo que esperar que me dejen libre un asiento en la zapatería: cuando me levanto, ya hay varios esperando. Lo mismo ocurre cuando paso a comprar discos, un cortapapel artísticamente diseñado y libros. (Estoy gastando mis derechos de autor.[3] Pese a que los autores extranjeros perciben menos derechos que los nacionales, he recibido una montaña de rublos, unos 10.000. Y al sentirme repentina y momentáneamente rico, aprecio por experiencia propia las ventajas de que gozan los escritores soviéticos…)

Otros negocios están dedicados únicamente a la venta de comestibles. Éstos, sobre todo, presentan una inmaculada limpieza. Las carnicerías están emplazadas en edificios de relucientes mosaicos que se extienden también por los muros, decorados con cabezas de vaca o de carnero. Se ofrecen enormes trozos de carne fresca o congelada, caviar rojo y negro –menos picante y más sabroso– en grandes fuentes o en cajas; pescados en conserva y también vivos, en grandes acuarios. En las vidrieras relucen pilas de bombones y otros chocolates –que según me advierten no se conseguían hasta hace poco–, torres de queso y mermelada. Se pierde el apetito ante tal exhibición abusiva de los alimentos…

Cuando la vida se volvía fácil…

—¡Y en el extranjero se dice que aquí se mueren de hambre! –observo mientras nos abrimos paso entre el torrente de compradores.

—¡Bah! –me responden–. Son las calumnias de siempre. Estamos acostumbrados. Pero no crea que siempre tuvimos esta abundancia…

---

[3] Mi novela *El río oscuro* fue editada en la URSS en 1946, en 25.000 ejemplares, ya agotados.

Sí, este bienestar actual ha costado mucho… Las viejas generaciones conocieron el látigo del zarismo y la vida sin alegrías; las que vinieron después, crecieron entre dolores: hubo que vencer al hambre y a los "blancos", triunfar sobre las epidemias, las sucesivas invasiones imperialistas y la ignorancia; hubo que apretarse el cinturón durante años y años para sacar a Rusia de su estado feudal y convertirla en la gran potencia socialista. En vísperas de la guerra, los frutos de esa dura cosecha llegaban a todos los hogares…

—Ya tocábamos la abundancia. Construida en tiempo récord la industria pesada, comenzaban a fabricarse en cantidad alimentos y ropas y toda clase de artículos. La vida se volvía fácil…

Pero en el 41 sopló el viento sombrío del fascismo y la nación sólo vivió para la resistencia y la victoria. De nuevo hubo que postergar las pequeñas y las grandes comodidades. De nuevo hubo que apretarse el cinturón. Tras la victoria, vino la reconstrucción. Se ha venido cumpliendo rápidamente, porque ahora las manos son más hábiles, la confianza del pueblo tiene bases más sólidas que nunca y el entusiasmo se ha centuplicado. No se trata sólo de reconquistar los bienes perdidos o el antiguo nivel de vida. El objetivo es sobrepasarlos holgadamente. La producción supera con largueza las cifras de preguerra. El rumor de las máquinas combinadas es más poderoso en todo el campo soviético, donde la agricultura, encarada científicamente, multiplica las cosechas. El progreso se cuenta por horas, por segundos. El tiempo queda atrás, vencido. Los planes más ambiciosos son sobrepasados…

Se marcha rápidamente hacia la abundancia.

Leningrado, ciudad de ensueño

La luna se extiende sobre los campos y su claridad se confunde con la de la nieve. Desde la ventanilla del tren se ven pasar los árboles como raudos bailarines. En el linde de la llanura, los bosques levantan un muro negro y parece que crecieran en la noche iluminada. Atravesamos pueblos que parecen hacernos señas con la luz de sus ventanas, mensajes ignorados en la noche, zonas industriales que nos mandan el saludo de su humareda.

Hace varias horas que dejamos atrás a Moscú, sus barriadas, sus localidades de extramuros, palpitantes como jirones de vida. La claridad no sólo hermosea la noche, sino que la vuelve más ancha y jubilosa. Se abre como una flor desde los pastizales aún no cubiertos enteramente por la nieve, desde las ramas oscuras de los pinos que se alternan como amigos a los costados de la vía.

A veces, parece como si la noche blanca levantara un telón, descubriendo un paisaje nuevo, inaugurando un horizonte distinto, lleno de posibles sorpresas. Es una noche para ser aspirada en su frescura a pulmón lleno, a vista llena…

Los cómodos camarotes del tren que nos conduce a Leningrado son similares a los de otros trenes europeos. Pero no hay coche-comedor y compartimos con mi intérprete las provisiones sobre la mesa de nuestro compartimiento. Lo que sí se puede conseguir es té, y a cada rato el camarero nos trae el líquido caliente en altos vasos.

Ahora atravesamos una estepa distinta, donde se balancean al suave viento los pastos altos y en la que los caseríos sólo aparecen de tarde en tarde. La luna se esconde tras un espeso chal de nubes como si tuviera sueño. Vamos a imitarla: a dormir.

Cuando despierto, ya estamos cerca de Leningrado. Se nota porque nos salen al paso pueblos semidestruidos; como es habitual en la URSS, al lado de las casas rotas se ven las recién construidas y más allá algunos puentes deshechos han sido reemplazados. Desfilan fábricas desventradas, edificios huecos donde alguna vez rugieron sordamente las máquinas…

Y ahora, un panorama denso de chimeneas, de grandes edificios que se asoman sobre la ciudad. En la amplia estación aturden los gritos, el movimiento, la vida. Una delegación de tres personas –una señora vivaz, traductora; un poeta menudo y nervioso; un profesor de la Facultad de Letras, hispanista– me recibe en nombre de la Unión de Escritores. Mientras se mueven sus labios que el frío vuelve cárdenos, sé que están pronunciando las fórmulas habituales de la hospitalidad rusa: Bienvenido a Leningrado…

El encanto de la ciudad

Pocas ciudades atraen y encantan tanto al viajero. Leningrado es majestuosa y a la vez ligera; soñadora y práctica; inquieta y, sin embargo, dueña de esa serenidad augusta que para los clásicos era uno de los atributos de la belleza.

Su atmósfera es agradablemente excitante. Debe haber muchos motivos que lo explican. Yo quiero destacar dos: la modalidad de los leningradenses –ingenio ágil y brillante, humor, sencilla cordialidad– y su grandiosa arquitectura, emplazada estratégicamente sobre sus islas, entre los 300 brazos y canales del Neva.

Se mezclan y combinan de extraño modo los antiguos estilos arquitectónicos y los modernos: el barroco o el clásico con las líneas sobrias de los monumentales edificios de hoy; el mármol precioso o los esmaltes en oro, con el austero cemento.

Durante tres días recorro sin cesar la ciudad, en coche y a pie. Me introduzco en los palacios convertidos en museos, en las escuelas o en los acogedores cafés y en las librerías donde se pueden pescar deliciosos libros viejos en distintos idiomas; me deslizo por el Palacio de Invierno o por las flamantes barriadas obreras. Paso continuamente de lo viejo a lo nuevo, de sorpresa en sorpresa, de una sensación a otra.

Y al irme, me doy cuenta de que recién comenzaba a conocer a Leningrado…

Un pecho ancho y fuerte

La creación de Leningrado se debe a una victoria: la de Poltava, en 1703. Y desde entonces ya no iba a conocer nunca la derrota. En sus museos he visto las banderas vencidas, en jirones: son las de los suecos, vencidos por Pedro el Grande; son los estandartes de los "blancos", que intentaron capturarla sin comprender que la ciudad que había dado a luz Octubre no podría ceder jamás; son las banderas gamadas que los nazis debieron dejar, con un millón de muertos, después del terrible pero inútil sitio de Leningrado.

Es la ciudad que nació de una victoria y ha ido creciendo con otras. Por eso su estatura es tan alta. Es una ciudad-héroe. Luce orgullosamente la medalla que el gobierno soviético le concediera por su abnegada conducta frente al invasor. En el Museo de la Defensa se puede ver la medalla. Es grande, pesada. Para llevarla se necesita un pecho ancho y fuerte. Justamente como el de Leningrado.

Aquí vivió Pushkin, aquel que dijo: "mi voz insobornable fue el eco del pueblo ruso"; y Dostoyevski paseó muchas veces su rostro torturado por los puentes del Neva, río fantasmagórico, río de la imaginería. Y Gogol o Gorki o Maiacovski construyeron caminando por sus calles y muelles páginas que no se olvidarán. Y Shostakovich le dedicó su ardiente *Séptima Sinfonía*.

En esta ciudad creció poderosamente, hace medio siglo, el movimiento obrero ruso y se pusieron las bases del Partido que iba a cambiar el mundo. Aquí pensó largamente Lenin, la cabeza sagaz apoyada en el puño ejecutor. Aquí dirigió con Stalin la conquista del Palacio de Invierno y la toma del poder. Parece que Leningrado sólo supiera crear grandiosamente. Abrió paso con estruendo a la revolución socialista y dio la bienvenida al mundo nuevo.

Adiós a Leningrado

He visto a Leningrado en días desapacibles azotada por la nieve, barrida a veces por un viento hostil que quería envolverla en su tristeza. Y así la he amado. Mis amigos leningradenses me han dicho que es mucho más hermosa en el verano, cuando se despliegan sus hermosas "noches blancas". Yo les creo, pero he recorrido sin cansarme sus calles anchas y el rostro de sus gentes, conocí su panorama humano y el de su arquitectura majestuosa. Prefiero haber conocido así a Leningrado. Hay mujeres que también son graciosas cuando se las sorprende desarregladas. Así ocurre con esta ciudad, que siempre está lista, siempre de pie, ya se trate de crear, de divertirse o de combatir.

Leningrado me despide con una nevada violenta, que se ha desatado de repente. Son grandes gotas blanquecinas que llegan ya casi convertidas en lluvia, agua blanca y porfiada. El viento las arrastra de aquí para allá y los ramalazos de nieve vuelan como mariposas desorientadas. Sobre los abrigos, la nieve establece de pronto fantásticas y fugitivas condecoraciones o pega leves bofetones en los rostros. Las veredas y calzadas, que hoy he visto limpiar una y otra vez, vuelven a quedar de pronto blancas y resbaladizas.

Cuando le echo la última mirada, Leningrado, como una mujer friolenta, se arrebuja y desaparece en esa capa blanca.

Una prensa realmente libre

El que está acostumbrado a las características de la prensa en los países capitalistas recibe muchas sorpresas al examinar los diarios soviéticos. Son completamente distintos. Y no sólo por su contenido, por la ideología diametralmente distinta que defienden, sino también por sus métodos periodísticos.

¿En qué consiste la diferencia? En que no se tienden cebos al lector, no se trata de atraerlo a través de trucos estilísticos o técnicos. Los periodistas se dirigen a él lealmente, para ganarlo con el interés verdadero de sus noticias y comentarios, con la veracidad de sus argumentos. La prensa soviética esquiva cuidadosamente el sensacionalismo y la frivolidad, tanto en los textos, en la redacción de su material, como en la presentación tipográfica. Al examinar un diario cualquiera, lo primero que se nota es la ausencia de títulos estrepitosos e incitantes, impresos en gruesos caracteres. No hay ninguna tendencia a dar las noticias en forma picante o llamativa. Sería inútil buscar en sus páginas las crónicas escandalosas de algún drama pasional o del casamiento de una Rita Hayworth o de un idilio a lo Ingrid Bergman. Allí no se analizan con delectación los asuntos escabrosos ni los problemas íntimos de nadie. Tampoco se encontrarán fotos o notas de carácter picaresco o pornográfico. Las noticias policiales, que en Occidente ocupan tanto espacio, no tienen cabida en los diarios de la URSS que, en casos excepcionales, sólo les dedican algunas líneas.

A veces se encuentran artículos bastante largos, aun en primera plana; pero no se hace ningún esfuerzo por tornar más soportable su lectura mediante los consabidos artificios técnicos: recuadros, asteriscos, subtítulos, empleo de una tipografía mezclada (blanca, negra, bastardilla, etc.). Esos métodos permiten aprovechar cuidadosamente todo el espacio disponible. Bien lo saben los diplomáticos, periodistas y otros residentes extranjeros, que se hacen traducir todos los días hasta la última línea del *Pravda* o del *Izvestia*… También por eso se diferencian de esos torrentes de papel impreso, de esos catálogos periodísticos y comerciales que son los grandes diarios en los países capitalistas.

También el lector es distinto

Los diarios siguen de cerca todo lo que afecta o interesa a los ciudadanos soviéticos. La mitad de su espacio está dedicado a los temas literarios y artísticos, técnicos y científicos. La mitad, es decir, lo que en la prensa capitalista ocupan los avisos comerciales (que en la URSS no existen).

A menudo me he referido a los diarios soviéticos como eficaces vehículos de la crítica y la autocrítica. Basta hojear cualquiera de ellos para descubrir esta controversia fecunda, cuyo fin es la superación de las trabas que estorban el progreso en la sociedad socialista.

El lector no es un elemento pasivo que recibe diariamente su ducha de noticias e ideas. Él reacciona, influye en su diario, escribe, comenta, critica, ataca y defiende. Los diarios son tribunas públicas y a menudo recogen polémicas ardorosas. Censuran los procedimientos nocivos, los que constituyen una violación a las leyes o perjudican los intereses populares. Los periodistas se introducen por todas partes, indagan, escrutan, confrontan las informaciones que reciben con la realidad —asistidos por la intensa colaboración de los lectores—[1] y opinan en consecuencia. Ellos sí gozan de esa verdadera independencia con la que sueñan muchos periodistas honestos del mundo viejo. Los funcionarios o los dirigentes saben que si incurren en errores o en métodos criticables serán puestos en la picota.[2]

Cada paso hacia adelante que da el país, cada contribución aportada en el terreno técnico, artístico o científico, cada hazaña lograda en el trabajo, encuentra un largo eco en las publicaciones.

En los países capitalistas los obreros y los campesinos no aparecen nunca en los diarios, salvo en las crónicas policiales. Se

[1] El periodista francés Francis Cohen —que actuó varios años en la Unión Soviética como corresponsal— refiere una experiencia similar a la que yo recogiera. "Un día —refiere—, yo estaba en el *Pravda* y noté el cuidado escrupuloso, la seriedad, la exactitud en la información, la altura con que se trataban los diferentes problemas. Pregunté a un redactor: ¿Qué es lo que ustedes temen si cometen un error? La respuesta inmediata fue: "Los lectores". Un día, yo estaba en la *Pravda de los Pioneros*, en la sección política. Pregunté: ¿Cuál es vuestra principal fuente de información? La respuesta fue igualmente rápida: "Los lectores".

[2] El pequeño traidor Kravchenko, convertido ahora en agente del servicio secreto yanqui, sufrió en carne propia esta crítica cuando aún se encontraba en la URSS. Mientras estaba a cargo de la construcción de una usina en Kemerovo, Siberia —donde cometió una defraudación por la que fue condenado a un año y medio de cárcel—, el diario soviético *El Estado Mayor de la Industria* reveló el desquicio que reinaba en esas obras. Una caricatura intencionada al pie del artículo muestra a los subordinados de Kravchenko cazando mariposas o jugando al ajedrez en lugar de trabajar. En cuanto al propio Kravchenko, aparece muy ocupado… ¡jugando al billar!

dedican columnas a la boda de un aristócrata o a los funerales de un millonario, pero no hay cinco líneas para el drama de los desocupados, de los sin-casa, de los niños analfabetos o descalzos. Los trabajadores de la ciudad y el campo son los que en definitiva crean la riqueza social. Pero son la base anónima y oscura de la sociedad capitalista y sus peripecias no interesan, no constituyen material sensacional, importante, periodístico. (A menos que se unan y luchen en defensa de sus derechos, en cuyo caso la prensa se acuerda de ellos para criticarlos violentamente.)

En la Unión Soviética, sólo los que se distinguen en el trabajo manual o intelectual acaparan el interés de los diarios. Su vida, su labor, sus opiniones, son seguidas con interés por todo el país. Constituyen el orgullo y el ejemplo para millones.

El precio de los diarios es de 10 kopeks –o sea, unos 10 centavos de nuestra moneda–. Sólo tienen cuatro páginas (salvo ocasiones especiales en que cuentan con seis u ocho). Eso se debe a que la producción de papel, con ser muy amplia, aún no está en condiciones de hacer frente a las exigencias de la cultura soviética. El *Pravda*, por ejemplo, mantiene el tiraje de hace un decenio: 3 millones de ejemplares. Pero si contara con suficiente papel, triplicaría su venta en seguida, y lo mismo ocurriría con el *Izvestia* y otros diarios. Virtualmente es imposible conseguir en los kioscos las dos publicaciones mencionadas, ya que casi todos sus lectores son abonados. En otros países es común que los diarios calculen de antemano una gruesa devolución correspondiente a los ejemplares que no han podido venderse. Por las razones apuntadas, en la URSS no se devuelve ni uno, ya que el tiraje siempre está por debajo de la demanda del público.

La hospitalidad soviética

Pasando junto a la estatua de Pushkin, decorada por la nieve, llegamos esta noche a la redacción del *Izvestia*.

Me esperan varios miembros de la redacción: Serguei Suketski, secretario; Vladimir Kudriavtsov, de la sección Informaciones Extranjeras; Vasili Kurilenkev, de Literatura y Arte; Mijail Tiuria, de Crítica y Bibliografía; Vladimir Ivanovich Orlov, de Ciencia y Técnica; Tatiana Tess, escritora especializada. También vendrá por unos momentos el redactor en jefe, Constantin Gubin.

Sentados ante grandes jarras de té –que al entibiarse es reemplazado por otro más caliente– y reconfortados a ratos por el suave vino de Georgia, enhebramos la charla. Las preguntas van y vienen, porque si yo quiero conocer hasta en sus menores detalles el engranaje periodístico soviético, mis interlocutores también quieren ser informados sobre la prensa, la literatura y otros aspectos de mi patria y de América Latina.

Todas las mañanas, pido a mi intérprete que me lea trozos del *Pravda*, *Izvestia*, *Gaceta Literaria* y otros periódicos. Así que ya estoy familiarizado con el periodismo local. Pero no me basta. Para mí, ésta es una jugosa oportunidad de enfocar desde otro ángulo la vida socialista.

A ratos, alguno de ellos, fiel a la calurosa hospitalidad rusa, me interrumpe:

—Pero coma algo, por favor. ¿Un vasito de vodka?

En todos los lugares que visito ocurre lo mismo. Los soviéticos no pueden comprender que su huésped no tenga apetito, o que el hecho de haber comido poco antes le obligue a rechazar su ofrecimiento. La mesa está siempre tendida, trátese de una reunión juvenil o de un hogar obrero. Comiendo y bebiendo se fortalece la amistad…

Despedida

A las 2 de la mañana he vuelto de visitar a unos amigos soviéticos. Mis valijas aún no están preparadas. Cuando vienen a llamarme, a las 4 de la madrugada, recién comienzo a cerrarlas… Tendré que viajar sin haber dormido.

Afuera nos espera la nieve, que cae con fuerza. ¿Se podrá volar hoy? ¡Tengo tantas ganas de quedarme! Pese a las ventanillas cerradas, en el auto sentimos duramente el frío. En la estación aérea –muy amplia y moderna– los empleados descubren que mi equipaje pesa demasiado: 30 kilos más de lo permitido. Las reglamentaciones son rígidas, porque está en juego la vida de los pasajeros. Mis acompañantes discuten, mientras yo escruto ansiosamente el rostro de los controladores. Por fin se dulcifican. Me lo dejan pasar. Ya han llamado a los pasajeros; salimos a escape hacia el avión. Hay otro que también está a punto de partir, con los motores en marcha. Aún está oscuro y sus focos bajo las alas alumbran débilmente el terreno. De pronto, se desata una especie de temporal: es que las hélices de ese aparato han comenzado a girar vertiginosamente, arrojándonos furiosas paletadas de nieve. Empapado, consigo al fin llegar al bimotor.

Ya se pone en marcha. Ya deja Moscú.

Un rato después, comienzo a comprender lo que significa este alejamiento. La Unión Soviética se va; se evade allá abajo, hacia atrás. Parece que me despidiera: ¡Recuérdame!

Y en ese momento, me acuerdo de lo que decía mi amigo, el agudo escritor francés André Würmser, que ha visitado varias veces la URSS: "Si quieren conocer a la Unión Soviética, no vayan!". Y –después de una calculada pausa– añadía: "¡Vuelvan!".

Mirando el helado paisaje desde la ventanilla, me despido con una promesa: "¡Volveré!".

Adiós a la Unión Soviética
Desde la frontera soviético-rumana

Vine desde muy lejos para verte. No vine solo. Conmigo llegaron muchos. Todos los que en mi país te quieren y te sueñan. Viajaron conmigo rudos obreros de los frigoríficos de Buenos Aires, poetas y metalúrgicos, los fornidos hacheros del Norte, los siempre errantes juntadores del maíz y el algodón, los que siembran el trigo, los peones de las estancias. Traje conmigo muchos ojos ansiosos, que apuntalaban mi avidez por conocerte. Te miré en nombre de muchos, de las muchedumbres que en mi patria te conocen sin verte. De todos aquellos para los cuales eres una llameante esperanza.

Desde lejos, supe las heridas que te causó la guerra. Pero fue preciso que te viera de cerca para comprender qué hondas fueron las desgarraduras, qué doloroso el sacrificio. Tus manos incansables han cosido las heridas, borran las cicatrices. Los que te atacaron ya son mísera ceniza. Y tú estás de pie, más fuerte, más alta que nunca. Te envolvieron en sangre, pero has convertido esa sangre en semilla. Yo la he visto madurar y ahora conozco tu infinita reciedumbre. Tus gentes son tiernas y duras a la vez. He sentido su mano en la mía. No hay mano más confiada que la suya, ni más generosa, cuando la dan a un amigo. Pero es un puño amargo para los otros. Rodaron deshechos por el polvo los que intentaron doblarte. Rodarán por el polvo los que quieran repetir la aventura.

Yo llegué desde la América Latina, desde la Europa Occidental en sombras: venía de países mustios, sobre los cuales el dólar ha pasado como el caballo de Atila, allí donde crecen la inseguridad y el descontento. Y en tu tierra encontré un panorama de rostros animosos, inclinados sobre las máquinas o los libros, iluminados por la confianza, seguros del porvenir. Venía desde la sombra y me inundó tu fortaleza.

Sabía que estás construyendo el comunismo como se cuida a un hijo: con desvelo, con pasión. Pero ahora lo aprendí de otra manera, lo he palpado largamente en tus fábricas y jardines de infantes, lo comprobé junto a tus obreros y tus arquitectos, con tus músicos y tus "héroes del trabajo". Esta tensión fecunda se refleja en las estadísticas, donde cada cifra acredita un triunfo. Pero que otros manejen las cifras. Yo entiendo mejor el semblante de la gente. Sé que a veces las bocas sonríen cuando el corazón se queja. Pero, la risa de tu pueblo sube desde el corazón, desde las raíces. El optimismo se aspira en el aire, porque alienta en millones de seres.

Cuando nos aproximamos a la frontera, sentí que nacías de nuevo en mí, como una fuerte planta. Yo me iba, pero llevándote conmigo. Te llevaré conmigo, a todos los lugares donde hay hombres y mujeres que quieren conocerte y confunden su esperanza con tu nombre.

Adiós, Unión Soviética, madre de inmenso regazo, constructora incansable de la vida. Te he visto en invierno, pero vestida de primavera. Porque en tu tierra se ha instalado la primavera del hombre.

A CHINA

María Rosa Oliver y Norberto Frontini
"Lo que sabemos hablamos…"
Testimonio sobre la China de hoy*

Paisaje

Hemos cruzado Siberia, manchada de bosques viejos, cuadriculada de simétricas franjas forestales y salpicada de ciudades fabriles con chimeneas humeantes. Hemos hecho escala en Omsk, Novosibirsk e Irkukst, donde recordamos a Miguel Strogoff y tomamos un *bortch* que parecía dotado del poder de derretir la nieve circundante. Terminan las escalas pasadas en las isbas-hoteles, que son los aeropuertos siberianos, de ambiente casero, abrigados, y donde, por ir en sentido contrario al curso del sol, no sabemos si la suculenta y variada comida que nos sirven es la del desayuno, el almuerzo o la cena. Por lo demás, la escasa luz invernal no ayuda a sustituir al reloj rezagado.

Aterrizamos en Ulan Bator. El cielo es de un azul intenso y el sol hace reverberar la nieve hasta encandilarnos, pero, al salir del avión, el frío hiela hasta tal punto la respiración que cruje como vidrio roto en las fosas nasales. Dentro del aposento que sirve de

* Primera publicación en Buenos Aires, Botella al Mar, 1955.

aeropuerto, una campesina rusa, con el chal de lana blanca tejida cubriéndole la cabeza, sirve té a los viajeros. Sentados cerca de la estufa de hierro negro, tres mongoles fuman impasiblemente sus pipas. Altos dos de ellos, retacón el otro, tienen la cabeza rapada y la cara curtida por el frío hasta parecer de cuero lustrado. Llevan soberbias vestiduras, rasos verde esmeralda, rubí, anaranjado, rosa pelícano; calzan botas de gamuza y chaquetones del mismo cuero forrados en pieles tupidas y peludas como la de sus voluminosos gorros. Cómo han llegado a la aislada habitación del aeropuerto sólo lo sabemos cuando, más tarde, al despegar el avión, divisamos en la nieve tres puntitos oscuros: sus camellos.

A pesar de que el desierto de Gobi es una de las regiones más frías del mundo, algo que no es la brújula, ni el ángulo en que el sol da sobre el avión, nos indica que encabezamos hacia el sur. La nieve va mermando en el desierto de la Mongolia y pronto aparecen montañas color piel de camello, peladas, quebradas en aristas agudas, aferradas al suelo como garras de ave, que en sus declives convexos muestran, según les dé la luz, una pátina terrosa, al igual que las arrugas del moaré atornasolado.

Contra la petrificada ebullición de la tierra vemos nítida, ininterrumpida, trepando crestas y adhiriendo a curvas, una interminable "pirca" color rosa desvaído: es la Gran Muralla. Diríase hecha ayer: tiene dos mil doscientos años.

Pekín aparece al fondo de la inmensa palangana de su valle. El avión desciende en espiral, tapándonos o descubriéndonos con un ala o la otra techos de porcelana brillando al sol, lagos helados, puentes de mármol blanco, pagodas y, sobre un promontorio, un pabellón rojo con tejado de mayólica verde. Lo contorneamos: de ambos costados del pabellón desciende en curva un muro color rosa viejo que sostiene, como dos brazos, más tejados superpuestos, terrazas amplias, cipreses, cedros y escalinatas de mil peldaños. "Es el Palacio de Verano", informa alguien; pero ¿qué importa el nombre? Eso que está ahí, eso que contorneamos y vemos por los cuatro costados y desde arriba, es lo que hemos mirado durante horas –cuando no una vida entera– en las hojas de un biombo o en el "colgante" pintado por algún artista chino.

Los pabellones, las terrazas, los puentes y los jardines son más grandes de lo que los habíamos imaginado, pero sus proporciones están concebidas en escala humana. Sorprenden por su gracia, y su ornamentación minuciosa y rica quita peso en lugar de agregarlo. Con igual sentido de la proporción está construido el edificio del aeropuerto de Pekín: es funcional y cómodo. Al salir de él entramos a la "ciudad exterior", o sea, el Pekín suburbano, con sus calles bordeadas de casas de uno o dos pisos, comercios abiertos, de lado a lado, sobre la acera, y viviendas ocultas tras una tapia de barro, todo en el matiz ocre, tirando al plomo de las aldeas sobre las cuales hacía un rato volábamos. Los signos verticales en oro sobre rojo o negro sobre blanco, los faroles de papel, las figuras de mayólica en los tejados y los niñitos redondos en sus túnicas floreadas nos dan sensación de fiesta.

Hay animación en las calles suburbanas; especialmente a la hora en que los pequeños negocios encienden sus luces y terminada la jornada de trabajo se intensifica la vida vecinal, formándose grupos y entablándose charlas ante las puertas. Transitan esas calles bicicletas, triciclos y carritos que, en sus cajones de madera o de cesta, llevan leña, fruta, termos, tejas o cacharros. Generalmente los arrastra un burro, junto al cual camina su dueño. "Platero" se sentiría a gusto en China.

Las calles están limpias: no se ven desperdicios en las cunetas ni basura acumulada en los baldíos, donde suele alzarse una sencilla pagoda o extiende sus ramas un añoso árbol solitario… Si en esos barrios pobres no hay suciedad, ¿dónde la hallaremos?, nos preguntamos recordando cuánto se ha comentado en Occidente la mugre de los suburbios chinos. Acabada de barrer, parece la tierra de tal manera apisonada que no comprendemos por qué razón tanta gente lleva la boca y la nariz tapadas con una mascarilla de cirujano.

Pasamos bajo los *pailus*, altos arcos de madera tallada, taraceada, dorada, pintada y laqueada, y entramos a la ciudad interior. Por avenidas anchas, rectas y limpias llegamos al centro de la hoy capital de la República Popular China. El Tien An Men, o sea, la Puerta de la Paz Celestial, y la plaza que lo enfrenta son el centro justo de esa ciudad, habitada por dos millones quinientas mil personas. Cinco arcos abiertos en el grueso murallón, color sangre de toro y de 9 metros de altura, constituyen la entrada principal de la Ciudad Prohibida, antaño residencia de los emperadores. Al frente, sobre el murallón, cubierto de tejas amarillas, rodeado por una terraza con balaustrada de mármol blanco, se alza el pabellón con doble techo, también de tejas amarillas, sostenido por columnas de laca bermeja. Bajo el Tien An Men corre, casi oculto y pegado al murallón, el río de Aguas de Oro, sobre el cual se tienden, en arco apenas marcado, los cinco puentes de mármol blanco, precedidos a los costados por dos columnas aladas, llamadas de la Victoria, y flanqueadas, al extremo opuesto, por cuatro leones, también de mármol blanco.

Frente al Tien An Men, cruzando la plaza, corre la amplia avenida del Este, que, a la hora en que comienza o termina la jornada de trabajo, se cubre de lado a lado de bicicletas que ruedan a una misma velocidad, echando destellos el acero de sus rayos bajo el ondulante mar de los cuerpos azules. La corriente rodante se abre y deja atrás a los carritos arrastrados por borricos, a los triciclos más lentos, o para permitir que avancen los vehículos más veloces: ómnibus, micros, alguno que otro automóvil. En los cruces, el río de bicicletas aminora su curso y se detiene para dar paso a los peatones. Para dar paso al paso corto de las mujeres muy viejas, de los ancianos con túnicas de lustrina negra y casquete; al cauteloso de las madres que llevan en brazos al bebé envuelto en la capa de raso de color brillante, cuyo capuchón adornan dos orejitas erguidas; al seguro de los soldados —masculinos y femeninos—, de cuerpo macizo en los uniformes, que sólo por el color kaki difieren del traje de los civiles, y con esos quepis de visera corta y orejeras que, levantadas, los hacen parecer pesados *montgolfiers.*

La Ciudad Prohibida, con cuya muralla nos topamos continua e inesperadamente al final de calles que creíamos apartadas, ahora está abierta a todos. Terminada de construir en el año 1420, contiene infinidad de pabellones, patios y terrazas pavimentadas de mármol blanco, balaustradas talladas, también de alabastro; jardines con canteros de flores, estanques con peces dorados, rocas traídas de lejanas regiones, sahumadores bañados en oro, torres, miradores, puentes, canales y arroyuelos que, junto con los viejos cedros, cipreses y árboles de pimiento, se consideran hoy tesoro nacional y están puestos al cuidado del pueblo. Ni un solo rincón del antiquísimo parque en meandros es hoy lugar prohibido.

Tampoco lo es el llamado Templo Imperial Ancestral, de las dinastías Ming y Ching, actualmente convertido en Palacio de la Cultura para obreros. Ni el parque Chung Chan, dedicado a la memoria de Sun Yat Sen, donde hasta diez mil pekineses pasean diariamente a la sombra de cipreses viejos, de casi mil años. En estos parques hay lagos con islas cubiertas de sauces, macizos de bambúes, pequeños pinares y pabellones que encierran tesoros artísticos, terrenos para juegos infantiles, invernáculos y un jardín zoológico.

La gente

La impresión de que las personas de una raza distinta a la nuestra se parecen entre sí es de las más falsas que darse pueda. Tratándose de los chinos, no recordamos ahora haber encontrado parecido alguno entre uno y otro de nuestros amigos. Especialmente entre las mujeres, cuyas caras limpias de afeite, o apenas con los labios pintados, nos hicieron advertir, por contraste, hasta qué punto el *maquillage* uniformiza a las occidentales.

No, no son las caras chinas, o las idiosincrasias, lo difícil de diferenciar cuando desde lejos se las piensa: son los nombres. Las dos o tres sílabas separadas, de cuatro, tres, dos y hasta una letra cada una, que suenan a choque de platillos y a golpes de gong, por tantas "n" como tienen y por faltarles la muy sonora, vibrante y oronda "r", especia que condimenta, particular y fuertemente, nuestra lengua castellana.

Sin nombrar a todos, recordaremos, pues, en estas páginas, a los amigos que nos acompañaron hora tras hora, a aquellos con quienes departimos en ratos demasiado breves y a los que vimos, sólo al pasar, sonriéndonos, en las fábricas, clubes y universidades.

Esa sonrisa, más luminosa que el sol que se ponía, nos dio de frente cuando bajamos del avión en Pekín. Era la sonrisa de las muchachas y muchachos que, en sus trajes de algodón azul, con pantalones y chaquetas acolchadas, esperaban nuestra llegada.

Ellas, con sus manos menudas, nos ofrecían estrellas federales y ramas floridas, anticipándonos la primavera en pleno invierno; ellos, con sus manos de dedos afilados, ayudaban a bajar por la escalera a pasajeros y maletas. Otros hombres de más edad, vistiendo trajes de franela azul oscura y tocados con gorros de piel de nutria, sonreían también y nos aplaudían: eran los miembros del Consejo Chino de la Paz.

Las muchachitas nos llevaron de la mano hacia el edificio del aeropuerto, donde tomamos la primera taza de aquel té verde, levemente perfumado al jazmín, que luego, durante nuestra estada en China, nos servirían en todas partes y a cualquier hora del día. Sentados a una mesa con las jóvenes chinas, nos llamó la atención, justamente, lo que no nos la debiera haber llamado: la perfecta naturalidad de su compostura, libre tanto de timidez como de desparpajo, tanto del deseo de causar buena impresión como del de parecer indiferentes. Sus cuerpos laxos se movían con la blandura sana con que se desperezan los cachorros, y nos miraban con esa mezcla de curiosidad candorosa y de simpatía ávida con que se mira a seres que llegan desde muy lejos, pero dedicados a la misma actividad que uno realiza, es decir, a personas extrañas, nuevas, inimaginadas antes, pero que comparten nuestro ideal.

La curiosidad no se concretaba en preguntas, pero contestaban, solícitas y divertidas, a las que nosotros les hacíamos, especialmente a la pregunta sobre el nombre de cada una. Y –¡oh maravilloso misterio de la ternura!– apenas lográbamos repetir, de manera para ellas inteligible, uno de esos nombres, la lágrima que brota sin caer ponía su estrella en los ojos almendrados de la que acabábamos de nombrar.

Ni nuestros acompañantes e intérpretes ni las personas que vamos viendo transitar por las calles parecen tener prisa alguna. Pero su calma está exenta de languidez o apatía.

En sus túnicas de algodón florido, muy acolchadas, los niños abundan. Cuando corren, diríase bolitas que ruedan. El pelo negro y brillante, recortado en flequillo corto, parado en cepillo o ceñidamente trenzado, encuadra caras redondas, muy redondas y llenas en torno a la nariz imperceptible, y bajo los ojos, en forma de coma horizontal, las mejillas tienen el color y el lustre de los "pelones". Si bien el invierno humedece a muchos de ellos la nariz, sus túnicas están limpias y sin desgarrones. Juegan o, sentados en los umbrales, conversan entre ellos. No juegan con la basura porque ni en esas calles de barrio pobre, ni en las que lo son menos, hay basura. Ni papeles, ni colillas, ni cáscaras hay para que esos chicos recojan con sus manitas, que se abren como una margarita de cinco pétalos. Así, como esquemáticas corolas, se abren las manos de todos los niños del mundo, pero por contraste, porque las de los niños chinos sólo tocan el suelo cuando en sus juegos caen o ruedan, recordamos otras manitas…

Recordamos particularmente, porque la memoria suele aferrarse a los lugares que amamos, las manitas que vimos en una capital latinoamericana, hace siete años, en pleno centro. Calle por medio, sentada en el escalón de un viejo portal de madera, estaba apoyada, de espaldas al portón, la madre harapienta. Sus ojos miraban perdidos hacia adelante, parecían no ver a la criatura que, semidesnuda, jugaba con la basura amontonada en la cuneta y se la metía a la boca: pelos, pelusas, hilachas, papeles mezclados con el polvo pegajoso de alquitrán y gasolina se metía a la boca el niño de manitas flacas y mugrientas, y más parecidas a crispadas arañas que a margaritas de pétalos espaciados. ¿Dónde vimos a ese niño?… Mejor no puntualizar… Lo vimos, lo hemos visto y lo seguimos viendo en muchos lugares de nuestra América Latina que, por más de un motivo, recordábamos, sin cesar, en China.

Porque las analogías con esta nuestra América saltan continuamente a los ojos, confirmándonos la teoría sobre el nexo que debió unir al Asia con nuestro continente en época prehistórica. En tiempos tan pretéritos que ni la idea de la rueda tenían en el continente que aún no se llamaba Asia, cuando su gente llegó a la tierra que después se llamó América. Mas sin ser historiador, etnólogo o arqueólogo, es fácil advertir el origen común, tanto en el aspecto físico y manera de moverse, como en algunos rasgos del carácter. Los vasos Ngan-yang, hechos 1.300 años antes de nuestra era, parecen concebidos por los mismos hombres que tallaron las cabezas de animales en las pirámides mejicanas y las preincaicas del Museo Antropológico de Lima; la paciencia y la minucia unidas a la gracia sólo se encuentran en ciertos objetos de la artesanía china e indoamericana: animalitos diminutos de vidrio, mosaicos de pluma, cestitas de crin, etc. Y, finalmente, hoy en día, basta con que a chinos o a indoamericanos se les ponga la mecánica a su alcance para que centralicen en ella su curiosidad y comience a activárseles el genio inventivo. Si a estas expresiones inherentes a la naturaleza se agregan las creadas luego por condiciones económicas y sociales, también similares para unos y otros —feudalismo, predominio numérico del trabajador rural, ciertos intentos de comunidad campesina, invasiones, expoliación y colonialismo–, era natural que cuanto veíamos y oíamos en China nos llevara a pensar en las tierras donde hemos nacido y donde vivimos.

Mas cuando la mayor de las civilizaciones precolombinas sólo tenía el *Popohl-vuh*, en el Asia oriental, Lao Tsé, Confucio y Buda habían extendido su sabiduría, y la religión se había tornado una doctrina moral, una norma de conducta. Y cuando la conquista destruyó la civilización aborigen americana y, con torpeza y sin moralidad, fue implantando la nueva, China absorbía a las hordas extranjeras y era su pueblo, la gente *han*, el que seguía habitando la tierra de sus milenarios antepasados y civilizando a sus invasores. De ahí que en un pueblo cuyo número de analfabetos alcanzó el ochenta y cinco por ciento, los americanos del sur o del norte –de origen puramente europeo o mestizos– nos sintamos muy burdos, muy poco cultos.

Lo sentimos de manera patente y casi continua y, a veces, por motivos difíciles de definir. A pesar de ello nos hallamos cómodos entre los chinos, y nuestra conciencia de los siglos de cultura que obran en favor de ellos no nos crea un excesivo complejo de inferioridad. Quizá porque nos comprenden y aceptan tal como somos, sin demostrar sorpresa, sin sentirse heridos por lo que podamos decir, sin juzgarnos. Si muchas veces allí advertimos –no sólo como americanos, sino como occidentales– que somos nuevos ricos de la cultura, jamás es la palabra soltada involuntariamente por un chino, o la actitud que ante nosotros asume, la causa directa de esa noción.

No es tampoco porque él sea hermético, simulador o impenetrable, que nada de esto es el chino para con aquellos que se le acercan como amigos e iguales, sino porque su natural reserva actúa cual tamiz lo suficientemente fino como para no dejar pasar nada que pueda molestar u ofender al interlocutor. Esta reserva no se basa, empero, en la cautela o el recelo; es sutileza. Es la exteriorización de una finura de alma que, a la vez, permite el candor y el humorismo, que no frena la espontaneidad ni mitiga su exultante alegría.

[...]

Del humorismo chino, basado en un finísimo don de observación, teníamos pruebas a diario. Así el joven Chu Pan Kuan, a quien en cualquier lugar del mundo hubiéramos tomado por un mejicano con sangre azteca y con el cual Barletta sostenía, con su gracia y bonhomía habituales, largas conversaciones en el lenguaje del cine mudo que ambos terminaban a carcajadas, a los pocos días de estar en Pekín y, al salir de la Ópera, cruza las manos sobre el vientre y dice con gesto grave: "Interesante". Bastó ese gesto y esa palabra para que, al instante, reconociéramos a Barletta, pero ninguno de nosotros había advertido esa su frecuente y lacónica reflexión. También fueron los jóvenes que nos rodeaban los primeros en notar el parecido de su amigo Barletta con el Buda sonriente. Otra vez, en Shangai, esperábamos en el auto al arquitecto Bereterbide, que había entrado a un negocio de antigüedades. Con nosotros estaban Tung Chiú Tsé, la muchachita que habla inglés, y Wang Tsé, que sólo conoce el idioma chino. Cuando apareció el arquitecto trayendo consigo uno de esos platos pesados, que en Buenos Aires se encuentran en muchas florerías, los argentinos comentamos burlonamente la adquisición de un objeto tan engorroso de trasladar, y tan común. No comentamos la chanza con los jóvenes chinos, quienes, aunque rieron de nuestra risa, no cambiaron palabra entre sí; mas apenas minutos después, pasó el auto ante un almacén, en cuyo frente había enormes botijas de mayólica que hubieran podido ocultar a los ladrones de Alí Babá pero que contenían habas de soja y otros cereales, Wang Tsé llamó: "¡Bereterbide!", y le señaló los botijones. Camino adelante hizo igual cosa ante un gigantesco león de bronce y luego ante una pila de esos adminículos de uso hogareño, generalmente nocturno, e imprescindibles en la primera infancia. Wang Tsé es también un imitador perfecto, sin entender ni un término de los que él empleaba, por el tono, las inflexiones de voz y el ritmo, reconocíamos inmediatamente en sus imitaciones a los personajes de la Ópera de Pekín o a los oradores chinos que habíamos oído en el Congreso de los Pueblos, sin que en esa imitación entrara la burla o el deseo de ridiculizar. Y, oyéndolo, aprendimos a diferenciar el acento pekinés del de los habitantes de Shangai. La capacidad de los chinos para captar al instante la broma que se oculta tras las palabras y el gesto más serio, o para transmitir la más sutil de las ironías sólo mediante una levísima inflexión de voz o un entornar de párpados, quizá nadie pueda superarla, ni alcanzarla.

Pero, tratándose de capacidades, están dotados de otra más básica y más noble. Quizá la más noble de cuantas el ser humano puede tener y, por eso mismo, la más difícil de hallar: la capacidad de agradecer. Jamás, ni en conversaciones privadas ni en sus discursos o informes, se olvidan de señalar a qué, o a quién, le deben esto o aquéllo. Por ejemplo, cuando nos oían elogiar algo de lo mucho que han realizado, a costa de increíbles padecimientos, grandes sacrificios e inusitados esfuerzos, nunca dejaban de decir: "Sí, pero de no estar la Unión Soviética a nuestro lado, no nos hubiera sido posible hacerlo", o "Sin la ayuda de la Unión Soviética, esto sería irrealizable" o "Esto lo hemos aprendido de nuestros amigos soviéticos". Y lo decían con enternecimiento, con la alegría de quien puede retribuir, aunque más no sea que con la gratitud. Y jamás, ni al más desconfiado o suspicaz podrían sonar esas palabras a frase aprendida.

Los amigos chinos decían una verdad. Hay quienes alegan que aun de no haber existido la Revolución de Octubre, los chinos hubieran hecho la propia, llegado el momento. Quizá la hubieran hecho, pero tal vez sin éxito, y de haberlo tenido, sin el respaldo de un vecino fuerte, la revolución hubiera sido aplastada mediante una intervención, directa o indirecta, de las potencias imperialistas. Luego la reconstrucción hubiese sido imposible. ¿Qué país no socialista habría permitido a China pasar de nación agraria –abastecedora de materias primas– a nación industrializada, capaz de competir ventajosamente con él en el mercado mundial? Bien sabemos nosotros, los latinoamericanos, que esto no es posible. La Unión Soviética, en cambio, por ser una nación con régimen socialista, por saber que la producción debe responder únicamente a la satisfacción de las necesidades humanas y no al lucro de unos pocos, ayuda a China a construir su industria pesada. Envía los técnicos, los ingenieros, los profesores que China le pide. Y abre sus magníficas universidades a los estudiantes chinos. Y el intercambio cultural y artístico entre los dos pueblos se intensifica día a día. (A nuestro modo de ver, para el bien técnico de China, el bien estético de la Unión Soviética y el bien del mundo, en general.) Sí, nuestros amigos chinos decían algo que ninguna persona enterada puede poner en duda, pero que ellos, en su triunfo revolucionario, en su euforia de liberados y en la tremenda confianza que les inspira lo ya realizado con su propio esfuerzo e inteligencia, podrían olvidar. Nunca lo olvidan y jamás pierden la oportunidad de decir: "La Unión Soviética nos ha dado mucho, sin exigirnos nada". Ésta es otra verdad que un pueblo con menos nobleza que el chino pasaría por alto.

Se equivocará empero quien crea que esta expresión de gratitud significa sometimiento o aceptación de una tutoría. Y si, tratándose del país vecino, el chino de hoy puede afirmar que la Unión Soviética ha dado mucho sin exigir nada, el chino de antes sabía, por experiencia, que los rusos eran los únicos extranjeros que no se consideraban racialmente superiores a ellos, al contrario de los anglosajones que no perdían oportunidad de comportarse como colonizadores. Hubo excepciones, y hacia estos seres de excepción va también el agradecimiento de los chinos. Cuando Agnes Smedley, la escritora norteamericana, que vivió entre la juventud china revolucionaria y acompañó al 8º ejército en su Larga Marcha, murió en Londres, dejando un testamento en que pedía ser enterrada en tierra china, el gobierno de la República Popular mandó

buscar sus restos y, en homenaje, de escala nacional, los depositó
bajo una estela recordatoria en las cercanías de Pekín. Y el neoze-
landés Rewi Alley, que ha organizado en varios lugares de China
cooperativas agrícolas e industriales, provechosas para el país, es
hoy considerado y honrado como uno de los constructores de la
China Nueva. Y ¿cómo no mencionar la gratitud que cada chino
en particular, y todos en general, demuestran hacia los hombres
y las mujeres, sean ellos de raza anglosajona o germana, latina o
eslava, asiática o africana, que defienden activamente la paz del
mundo?

Tal vez porque en la guerra civil tuvieron que vérselas con
esos nacionalistas que, por serlo únicamente de nombre, exaltan
los valores superficiales de su país; quizá por haber estado China
tan separada del resto del mundo que ni la posibilidad existía de
compararla con otras naciones, o posiblemente porque los chinos
están seguros del valor de su propia cultura milenaria, el hecho
es que, a pesar de su amor a la patria, no son, en lo más mínimo,
chauvinistas. La explotación, la expoliación, las invasiones y las
vejaciones hicieron surgir a millones de patriotas fanáticos en la
lucha liberadora, pero, terminada ésta, los ánimos se han serenado
y la razón, activa en la crítica y la autocrítica, funcionando como
un mecanismo bien ajustado, impide la autocomplacencia nacionalista y que se confundan mirajes con realidades, defecto y error
en los cuales se basa siempre el *chauvinismo*.

Palacio Obrero de la Cultura

Los sindicatos, los barrios obreros y las fábricas de Shangai y sus alrededores cuentan con ochocientos treinta y dos clubes de cultura y recreo. Visitamos el mayor y el más central de ellos: el Palacio Obrero de la Cultura.

En una esquina de esa parte de la ciudad que se llamaba el *bund*, o sea, la avenida que bordea el Wampú, llena de hoteles y casas comerciales, está el edificio de siete pisos que, en los últimos años, se había convertido en un hotel de segunda categoría. Vivían en el hotel comerciantes retirados y empleados de las grandes firmas de importación y exportación, pero se veía muy concurrido por intermediarios, bolsistas y traficantes del mercado negro que hallaban en sus salones, estilo fin de siglo, mesas de juego, *sing song girls* y lugar apropiado para encontrarse con sus compinches. En 1949, el Consejo Sindical de Shangai compró el edificio y, luego de refaccionarlo, limpiarlo y renovarlo totalmente, lo inauguró en octubre de 1950 como Palacio Obrero de la Cultura.

Todo es blanco dentro de él: paredes, columnas y la amplia escalera de mármol. Grandes faroles redondos, de seda colorada con signos de oro, carteleras que anuncian representaciones teatrales, cursos y conferencias; los muebles y las estanterías, de pino amarillo lustrado, dan color a un local donde la luz entra a chorros, y los obreros a millares.

191

La biblioteca ocupa dos grandes salones y en otro, de menor tamaño, está la biblioteca infantil. Mapas y anaqueles con libros cubren las paredes y en el centro están las mesas largas y las sillas para los lectores. En el silencio de las tres salas eran muchas las cabezas inclinadas sobre libros y revistas, y tan atentos estaban los hombres y mujeres en sus lecturas y tan engolfados los chicos en las hojas ilustradas, que apenas si levantaron los ojos cuando pasamos. Parecían gozar del silencio tanto como de lo que el libro o la revista les decían. Otros hablaban, en voz baja, con las bibliotecarias que los ayudaban a buscar el libro pedido.

Conversamos con una de las bibliotecarias. Le preguntamos qué libros tienen ahí. Nos muestra los ficheros. La intérprete revisa las fichas y nos va diciendo: ciencias sociales, ciencias naturales, arte, filosofía, geografía, historia, técnica aplicada, literatura, poesía, novelas chinas, novelas traducidas, etc. Total: 780.000 volúmenes. La bibliotecaria nos dice que diariamente asisten a la biblioteca tres mil personas y que el promedio de los libros pedidos para ser leídos en casa es de mil cada día.

El club está abierto de las 13.30 a las 20.30 horas en los días hábiles y hasta medianoche los sábados, domingos y feriados. La concurrencia diaria pasa de las dieciséis mil personas. Tanto el obrero como su familia pueden asistir sólo con presentar la tarjeta sindical. Los estudiantes, mostrando sus credenciales.

En el club se dictan cursos sobre literatura y arte. Como en un conservatorio, se estudia ahí arte dramático, baile, canto y música. Hay talleres para la enseñanza de las artes plásticas y se han organizado debates y seminarios sobre problemas económico-sociales y la actualidad internacional. Ciento cuarenta profesores y especialistas tienen a su cargo la dirección de estos estudios.

Dos salas de espectáculos hay en el club: el teatro y el *auditorium*. En el teatro, con capacidad para cuatrocientas personas sentadas, todos los días se da una función cinematográfica, y en su escenario, se presentan al público los alumnos del curso de arte dramático, grupos de teatro experimental provenientes de los diversos sindicatos y también compañías profesionales, estables en Shangai o de paso por esta ciudad. En el *auditorium*, con capacidad mayor, pues tiene quinientos asientos, se dan conciertos instrumentales, corales y festivales de danza.

En nuestra visita vimos, además, las salas de *ping-pong* y las de ajedrez, así como el vestíbulo donde se expenden, a precios increíblemente bajos, cigarrillos, refrescos y golosinas.

Por largos corredores, entre el ir y venir de hombres, mujeres y niños, nos dirigimos a los salones donde continuamente se realizan exposiciones. Las salas vastas como las de un museo, y bien iluminadas, ocupan todo un piso del club. Cuando lo visitamos, había dos grandes exposiciones: una documental –fotos, manuscritos, periódicos, etc.– que historiaba la lucha revolucionaria de los obreros de Shangai; otra que presentaba los éxitos obtenidos por los trabajadores de esta misma ciudad en cuanto a mayor y mejor producción, perfeccionamiento de los métodos de trabajo, nuevas iniciativas e inventos.

Apenas comenzamos a recorrer la exposición sobre la historia –¡tan cercana!– de las luchas libradas por los obreros de Shangai, inconscientemente bajamos la voz y caminamos despacio. Sentimos un nudo en la garganta: todos esos muchachos y muchachas de cara inteligente y mirada franca, ahí fotografiados, todos han muerto. A la mayoría, balas de fusiles y ametralladoras les atravesaron el pecho, otros fueron decapitados y miles se extinguieron lentamente en la oscuridad fétida de un calabozo o expiraron bajo la mano de les torturadores. En fotografías, también, o en ilustraciones de periódicos viejos, los vemos avanzar calle adelante, gritando o cantando, sosteniendo banderas y carteles; en otras

fotos, en otros recortes, se ve cómo una lluvia de piedras o la
línea segadora de las ametralladoras los voltea; y plazas y avenidas sembradas de cuerpos que parecen montones informes de hara-
pos ensangrentados. Milicias, no siempre policiales, no siempre
chinas, tironean, arrastran, descuartizan a los que ofrecen resistencia... a los adolescentes, los estudiantes, los jóvenes obreros
que, un día feliz, se hicieron sacar los retratos ahí expuestos...
Rewi Alley, que estaba en China en aquella época, dice de ellos:
"Estos hombres querían vivir y hacerles a otros posible la vida.
Ellos estaban a favor de la vida, de una vida más plena que la que
hasta hoy el mundo ha conocido. Pero porque murieron tratando
de abrirle paso a esa vida, ninguno de ellos le temió a la muerte".
Esto lo demuestran, según nos dijeron, las cartas que ahí vemos.
Enmarcadas y sin que el tiempo haya alcanzado a amarillear su
papel, algunas están escritas con sangre. Era la única manera de
comunicarse con sus compañeros o de despedirse de la madre o
de la mujer. En esas palabras escritas con sangre –vuelven a decirnos– hay más esperanza que dolor. Nunca como en ese instante
deseamos poder descifrar la caligrafía china. Lo sentimos de manera
aguda. Como un ahogador afán. El afán de recibir el último mensaje de los que, por morir para todos, dan a todos su mensaje.
Fue el mismo afán que, en Nankín, unos días antes, en la cima
de la Colina de la Lluvia de Flores –donde Chiang Kai Chek fusiló
a tantos miles de patriotas que las piedritas del suelo se tiñeron
de rojo– nos tuvo un rato mirando a lo lejos. Abriendo los ojos
para abarcar y dejar grabadas en nuestra mente las colinas verdes
y las lejanías azules, una tras otra y otra, hasta perderse suaves,
en el horizonte, porque eso fue lo último que de China vieron
los que por ella, ahí, dejaron para siempre de verla.

   Miramos los retratos. Eran hombres y mujeres jóvenes, esos
caídos en las huelgas, o resistiendo al invasor, o bajo la represión

ejercida por el Kuomintang. Eran tan jóvenes, que de haber continuado en vida podríamos considerarlos como hijos nuestros. De haber vivido, esos héroes hubiesen visto, en la flor de la edad, o al comienzo de su madurez, el triunfo definitivo de la causa que defendieron. ¡Ah, si pudiéramos trocarnos con ellos, cederles nuestro lugar para que vieran lo que nosotros a diario estamos viendo! Mas de ellos queda sólo el recuerdo ejemplar, algunas fotografías, las cartas y, en unas vitrinas, sus chaquetas y camisas agujereadas por las balas… ¿Nada más? Sí, algo más: la China Nueva.

De lo que ella está creando, y especialmente a través de su clase proletaria, tuvimos prueba inmediata en la exposición de los métodos avanzados, de las iniciativas y de los inventos. Métodos ideados y puestos en práctica, iniciativas tomadas e inventos hechos por los obreros mismos de Shangai. Ahí se comprende, con toda claridad, cómo el "obrero modelo" o el "héroe del trabajo" –el stajanovista chino–, al igual que su compañero soviético, no es el que se pone a hacer su trabajo como si corriera una extenuadora maratón, sino el que halla la manera más rápida y más eficaz de realizar una tarea determinada, ahorrando tiempo y esfuerzo. Esto que requiere inteligencia y práctica es el "método avanzado". La "iniciativa" consiste en ordenar y distribuir el trabajo de tal manera que, en la jornada de ocho horas, con igual o menor esfuerzo al empleado antes, la producción aumente o mejore en calidad. Tanto los que han hallado un método nuevo para hacer avanzar el trabajo como los que han sabido organizarlo para que rinda más reciben un premio como servidores del Estado y, con el título de "obreros modelo", son invitados por otras organizaciones, del mismo ramo, a hacer demostraciones prácticas de su método de trabajo o de la aplicación de su iniciativa.

Mediante gráficos, *maquettes*, dibujos y el funcionamiento de modelos de maquinarias, así como a través de algunas demostra-

ciones hechas ahí mismo, y aplicando estos nuevos elementos de
juicio a lo que en las fábricas ya había visto, fue fácil darnos cuenta
de que la tecnificación de China es una realidad viviente, en
continuo progreso y llevada a la práctica en escala nacional. No,
como muchos quieren creer, material inventado para la literatura de propaganda.

En cuanto a las salas donde estaban expuestos los inventos, si
quisiéramos describir lo que allí vimos, no nos bastaría un libro
entero, y antes de escribirlo tendríamos que adquirir algunas nociones de mecánica. Había más de cien inventos en aquella exposición, y si bien algunos eran de complicado mecanismo, otros eran
como "el huevo de Colón" y al verlos nos dijimos: ¿Pero cómo a
nadie se le ocurrió hacer esto antes? Pues "esto", era sencillamente
una espátula de revocar más larga, pero no más pesada, que las
corrientes; o la trampa, hecha de dos tablas y cuerdas que atrapa
ratas en número muy superior al que cazan las trampas comunes; o el alambrecito doblado de tal manera, que impide que se
corte la hebra de seda, al ir de la bobina al telar; o el foquito que
sustituye al timbre del teléfono en los lugares donde se necesita
silencio; o el *troley* eléctrico que automáticamente hace el cambio de vías y que fue inventado por Lu Kan Fó, obrero de la
Compañía de Ómnibus de Shangai; o el separador y distribui-
dor de metales que funciona cuatro veces más rápidamente que
todos los fabricados hasta hoy; o la cerámica resistente a los áci-
dos, tan útil para la industria química de la nación. Había otros
inventos que escapan a nuestra comprensión y quizá por ello no
fueron los que más nos asombraron. Veíamos el resultado pero
sin poder juzgar si en otros países no los hay iguales y si, de haber-
los, funcionan mejor. Admitimos, con todo candor, que los que
más impresión nos causaron fueron los que podríamos llamar de
fabricación casera, los atribuibles a un *hobby* de aficionado a la

mecánica aplicada y que sugieren horas de paciente observación, ingenio y esa habilidad manual china que siempre sorprende.

Al salir de esta exposición, que recorrimos entre exclamaciones de sorpresa y llamándonos de un *stand* a otro, recordamos una afirmación muy oída, enunciada con tono doctoral, a veces, y otras, dicha rápidamente, como estribillo de loro: "El socialismo es un sistema que no puede funcionar porque al poner límite a la ganancia individual, mata toda iniciativa".

La frase, por lo absurda, se nos volvió obsesiva. Tanto que, cuando antes de abandonar el club nos presentaron el álbum en que los visitantes ponen una frase alusiva a lo que han visto, casi la dejamos escrita. Quizá hicimos mal en no dejarla escrita: ¿Por qué no dar la impresión a los chinos de que entre nosotros se hallaba un humorista?

Un hogar escuela

Doscientos niños de edad preescolar viven y se educan en el hogar escuela del barrio obrero de Saoyang, que visitamos una tarde en Shangai. Este hogar escuela es uno de los tantos similares que dependen del Instituto Chino de Bienestar Social, cuya presidenta es Sung Chin Ling.

El edificio, de líneas rectas, con techo de tejas y grandes ventanas está situado en un parque arbolado, con flores, huerta, gallinero y un terreno, cubierto de césped, lleno de hamacas, paralelas, toboganes, etc. Igual a las que habíamos visto hacía poco en la Unión Soviética, esta guardería infantil parece el hogar de una familia acomodada que vive bien pero sin lujo.

Sobre la escalinata de la puerta de entrada, bajo el alero, nos esperan varias cuidadoras y maestras y una hilera de chicos de 2 a 6 años. Las cuidadoras y maestras visten guardapolvos blancos pero los chicos no están uniformados: su delantalcito blanco es lo suficientemente pequeño como para dejar al descubierto los colores alegres de las túnicas bajo las cuales asoma el borde de los pantalones. Los chicos, al vernos llegar por el sendero de ladrillo, sin que nadie lo ordene, descienden los escalones y nos rodean. Algunos son tan pequeñitos que les cuesta bajar sin ayuda de un peldaño a otro.

Sus ojos miran risueños a estos hombres y mujeres que visten de manera tan distinta a la de ellos y de los cuales sólo ven la parte superior de la cara pues la otra está cubierta por la mascarilla antiséptica, cuyo uso es obligatorio para todos los que visitan la guardería.

(Tendrá tres años de edad el chico que mira mi silla de ruedas con la atención concentrada del mecánico que examina un nuevo modelo de automóvil, y luego observa, con mirada de técnico, la manera en que los dos muchachos que me acompañan, para subir los escalones, levantan en vilo mi silla, sosteniéndola, cada uno, con una mano por el costado del apoyapié y, con la otra, por el eje de la rueda. Terminada esta operación, que el chiquilín parece haber aprobado, él me toma la mano y así entramos a la guardería [M. R. O.].)

Sobre el piso del vestíbulo hay varios pedazos de tronco de distintos tamaños y peso, que los chicos intentan levantar y desplazar. Como uno solo no puede hacerlo, llama a otro y a otro más hasta que, entre varios, con tambaleo de hormiga sobrecargada, transportan el leño a otro lugar del vestíbulo. En las caras, enrojecidas por el esfuerzo, los ojos brillan de satisfacción y orgullo: han triunfado, eso es evidente. Como lo es la finalidad didáctica de ese juego: aprender a cooperar.

El salón comedor, de paredes claras, es muy espacioso. La luz difusa del atardecer gris lo ilumina de lado a lado. A los costados, diez o doce chicos están sentados en torno a varias mesas bajitas, redondas, pintadas color verde agua. Cada uno tiene ante sí un tazón con leche y al vernos, saludan con la mano o agitando el cucharón. Dicen algo que suena como el *piar* de los pichones.

"Saludan a las tías y a los tíos" –explica la cuidadora–. Ninguno tiene embadurnada o sucia la piel tersa de la cara, y sus cabecitas no se retiran cuando alargamos la mano para acariciarlas. Mientras vamos de mesa a mesa, una de las maestras comienza a contestar algunas de las preguntas que le hacemos.

De sus contestaciones anotamos lo siguiente: que antes de la Liberación había en toda China sólo 127 guarderías, número que en diciembre de 1952 se había elevado a 2.780 salas cuna en las fábricas, en los distritos mineros y en las organizaciones gubernamentales, y a 4.300 en los barrios urbanos. Que durante la última cosecha se habían creado 148.200 guarderías, temporarias unas y regulares otras, en las aldeas. Que algunas de estas instituciones son gubernamentales, otras sindicales y otras pertenecen a organismos populares. Que las privadas tienen subsidio del gobierno, si necesario. Que en la mayoría de ellas, cuidan a los niños durante el día, pero que en otras los hospedan durante la semana entera y los mandan a sus casas de sábado a lunes. Que todo esto requiere un vastísimo programa de entrenamiento para cuidadoras y maestras. Que miles de mujeres están estudiando el cuidado y la educación infantil y que apenas terminan esos estudios, hallan trabajo. Que estos hogar-escuelas tuvieron como precursores a los que el Ejército Libertador fue fundando en las áreas que liberaba. Que todas las guarderías y hogar-escuelas son visitadas regularmente por médicos que vigilan el estado de salud de los niños y supervisan las condiciones sanitarias. Que la alimentación, a cargo de dietistas, es a base de legumbres, fruta y leche.

En cuanto al hogar-escuela que estamos visitando, los niños viven permanentemente en él; los padres pueden ir a verlos en el momento que quieran, pero cada quince días un autobús va a buscarlos para traerlos a ver a sus hijos. Cada dos meses las directoras, maestras y cuidadoras se reúnen con los padres de los niños para darles informes, cambiar ideas y pedirles sugestiones.

(Durante toda esta explicación, el niñito ha seguido tomado de mi mano, pero me la suelta apenas nos detenemos ante los dos escalones que hay que subir pera recorrer las "clases". Libera su manita para tomar el costado del apoyapié de mi silla mien tras con la otra aferra resueltamente el eje de la rueda, tal cual lo ha visto hacer, hace un instante, a los dos muchachos que me acompañan. Cómo pudo este casi bebé, en pocos segundos de observación, darse cuenta de la manera en que se las arreglaban para levantar mi silla fue algo que me dejó pasmada: hay adultos que ni en varias semanas de práctica logran aprenderlo. Él no vaciló un instante; con rapidez de relámpago había captado todo el mecanismo de la operación [M. R. O.].)

Este episodio nos conmovió, porque era un símbolo de algo que habíamos estado observando desde nuestra llegada a China: la capacidad extraordinaria de ese pueblo para entender todo cuanto a mecánica y a pericia manual se refiere. Ello no obstante, muchos occidentales, y de manera especial André Siegfried en su último libro sobre la India, sostienen, a base de un racismo, implícito o ignorado, que el Oriente nunca podrá industrializarse porque sus habitantes carecen en absoluto del sentido de la técnica mecánica. Nos asombró también, divirtiéndonos, la exactitud con que los chicos repetían, sin fallar en el tono, en la modulación o en la pronunciación, las palabras castellanas que les decíamos.

Al recorrer la institución y al explicársenos los métodos que ahí se emplean, comprendimos luego, a lo menos en parte, por qué razones esos chicos reaccionan con tanta gracia y espontaneidad a cualquier estímulo. Se ha evitado ahí esa desnudez, fría y triste, con algo de convento y algo de hospital, que caracteriza, por lo general, a todas las escuelas. Las aulas no tienen pupitres ni tarimas, son locales de tamaño mediano, claros por su color y la luz que entra a ellos, y con aire "habitado", como el de una limpia y alegre vivienda familiar. En la habitación donde se aprende música, las sillitas forman semicírculo en el centro y en los estantes se alinean todos los instrumentos de la orquesta china; en la habitación donde se dibuja hay mesitas bajas y estanterías con

lápices de colores, animalitos y hombres modelados en plasti-
lina y vasos con flores; en la de la aritmética dominan los ába-
cos, que allí no son juguetes sino el aparato de sumar común en
todos los negocios. En esa misma habitación se cuentan cuentos
y sobre los anaqueles se apilan los libros ilustrados. Muchos de
estos libros tienen figuritas yuxtapuestas como en las historietas
en serie: sólo con mirarlas, sin necesidad de saber leer, el chico
aprende a comportarse bien y a ser aseado. En todos los cuartos
hay juguetes, bonitos, alegres y con las abolladuras, los rasgones,
las cachaduras y otras señales de que con ellos se juega el día entero.
No son juguetes viejos, juguetes de chicos pobres, ni esos "mírame
y no me toques" finos y complicados que suelen marchitarse en
el estante más alto de alguna *nursery* o encerrados bajo llave en el
cajón de alguna cómoda. También los juguetes son los que ruedan por todas las habitaciones de un hogar.

El medio no puede ser, pues, más adecuado para lograr que el
niño se desarrolle sano, fuerte de cuerpo y espíritu, con carácter
recto y sentido de la belleza.

—En nuestra sociedad nueva, la rectitud de carácter se basa en
cinco amores –dice la directora–: el amor a la patria, a nuestros
semejantes, al trabajo, a la ciencia y a la propiedad pública, y se
demuestra en el dominio de sí mismo, la capacidad de amistad y
de solidaridad, la honestidad y la cortesía. Para que el niño adquiera
estas virtudes hay que respetarlo desde un comienzo. Si queremos
que sea recto, valiente y confiado en sí mismo, no debemos humi-
llarlo jamás. Por eso el sistema educativo que se aplica en China
prohíbe todo castigo corporal. Y en él, la persuasión sustituye a
la reprimenda.

Teatro y cine

Ingenuo es el occidental que considera ingenuo al teatro chino. Como bien dice Michaux, únicamente los chinos saben lo que es una representación teatral, pues los "europeos desde hace tiempo ya no representan nada: presentan todo. Todo está sobre la escena, hasta la vista que de la ventana se tiene". En la escena china, limpia de todo cuanto no sean los actores, y uno que otro mueble aislado, basta con un movimiento del intérprete para que lo veamos subiendo montañas, vadeando ríos, cruzando llanos. *Vemos* el río, el llano y la montaña y a pesar de no estar allí la ventana, sabemos cuándo el actor la abre y se asoma a ver si algo viene. Todo por obra y milagro del gesto símbolo, sustituto de la escenografía.

Se comprende así que ese pueblo tenga por su drama clásico una afición que es amor. Se comprende que siempre la haya tenido y se sabe que cuando todos sepan leer y escribir, cuando el cine se difunda más, ese amor persistirá.

Placer también de emperadores y letrados, las fuentes del drama chino son de origen popular. Si ya al salir de la edad de piedra, las crónicas hablan de danzas y coros religiosos, de danzarines y cantores, 600 años a. C. el *Registro de Historia* de See-Ma Ch'ien menciona al actor Meng; bajo la dinastía Sui, 500 años d. C., los espectáculos teatrales seguían siendo predominantemente musicales, pero bajo los Tang, 700 a. C., se fusiona el drama religioso con aquel cuya acción se basa en las baladas, o relatos callejeros novelados que los bardos cantan en las aldeas y lugares públicos.

El teatro se divide, entonces, en dos géneros: el "drama militar" y el "drama civil". El arte de la representación cobra impulso y el emperador Min Huan funda la escuela de cantantes y bailarines titulada "El jardín de los perales". Cantores, danzarines y actores suben de categoría durante la dinastía Tang, es decir, son admitidos en la intimidad del Palacio Imperial, pero casi siempre en calidad de bufones, cuando no cumpliendo otros menesteres peores que el de divertir con su gracia al soberano. Ello subsiste a pesar de –o tal vez por– la prohibición basada en la moral confuciana (dictada pocos siglos después, bajo los Sung), de que era inmoral que hombres y mujeres tomaran parte juntos en el mismo espectáculo.

La ópera-drama está en pleno florecimiento cuando los mongoles invaden la tierra de los *han* y ocupan Pekín (1260-1368), cuna de ese arte. El emperador con su corte, sus bibliotecas y sus histriones huye hacia el sur, hacia Hanchú, en el delta del Yangtsé. Las explicaciones de los historiadores no son uniformes respecto a la causa que permitió al arte teatral seguir floreciendo en el norte, bajo la dinastía mongol de los Yuan. Según algunos, si en el norte avasallado el arte teatral no sólo siguió desarrollándose (seiscientas piezas se representaron mientras el norte era un Estado vasallo) sino que alcanzó un alto grado de perfección, ello se debió al hecho de que los mongoles eran grandes aficionados a los espectáculos que sus refinados vasallos les mostraban y en los cuales aprendían modales y trato social. Según otros, al no tener los letrados *han* ingreso al palacio, como antaño, y por haber suspendido las autoridades mongoles los exámenes civiles durante setenta años, el único recurso que les quedó fue dedicarse al teatro, algunos como autores, otros como autores y actores a la vez. El teatro se convirtió, pues, en tinglado callejero y el pueblo *han* a través de sus Shakespeare, de sus Molière y de sus Lope expresó en él, sutil y artísticamente, su amor a la patria, su espíritu de rebeldía ante la injusticia y su sentido del bien y del mal.

Entretanto, en el sur, alrededor de Hanchú, nació un drama nuevo más flexible –se quebró la regla de los cuatro actos–, de contenido romántico, de estilo menos convencional y de lenguaje más sencillo, en el cual contrariamente al de la Ópera de Pekín, todos los actores son mujeres.

He aquí, en breves y quizá no muy exactas líneas, el trayecto seguido por las dos corrientes teatrales que pudimos ver en China: la Ópera de Pekín y la ópera regional, divididas, a su vez, en tantas como idiomas o dialectos hay en China. "Ópera" es, hoy, únicamente una simple manera de decir, pues desde hace más de cincuenta años la palabra hablada es tan importante en el drama chino como la cantada, aunque no existe coro propiamente dicho.

Todo esto –y es poco– lo supimos después de haber visto por primera vez la Ópera de Pekín. Aquella noche nuestra atención se fijaba más en lo exterior que en el contenido de la pieza. Nos desconcertaba el blanco y el rosa chillón de las caras de la heroína y del galán, sobre cuyos ojos alargados por un trazo negro, huyen hacia las sienes las cejas rectas y oblicuas que no son las naturales de los chinos aunque muchos lo creen así. Esas cejas son tan artificiales como las máscaras que se pintan los otros personajes: por ejemplo, las adornadas con simétricos arabescos de los "malos" de la clase feudal, o las negras y blancas de los plebeyos malvados y las amarillas de los "buenos", que también tienen cejas oblicuas. Las suegras mandonas suelen mostrar un rostro color chocolate y las ridículas están maquilladas de manera parecida a las caretas vulgares que se venden para carnaval: mucho blanco albayalde, mucho carmín, mucho tizne en torno a los ojos. En cambio las barbas que cuelgan de un alambre sostenido detrás de las orejas, a pesar de no tocar la piel, parecen mucho más naturales que las que se encolan los actores de Occidente.

Aunque adornadas las cabezas por cascos incrustados de gemas o peinados semejantes a ondas de laca negra que sostienen flores de perlas, pájaros de turquesa o de pluma azul pavo real y joyas y borlas y pompones, ni las cabezas ni las caras llamaban más nuestra atención que los cuerpos y sus movimientos, y su atavío. Eran en su totalidad, seres que por sus brocados, sus gasas, sus túnicas, sus actitudes parecían haber sido desenvueltos de entre susurrantes papeles de seda. Ahí veíamos las manos, blanco el dorso y rosa, como pecho de flamenco, la palma, cuya gracia de flor creíamos ser una fantasía de los pintores chinos, y los cuerpos cimbreados como caña de bambú, a pesar de las prendas superpuestas que los envuelven, abultando sus formas sin ceñirlos, y en las cuales desaparecen, perdidas en pliegues de seda, las manos y los pies. ¡Ah, esas mangas de lo que nosotros llamamos kimono, esas mangas mucho más largas que el brazo y cuyo borde blanco arrastra por el suelo, a qué prodigio de gracia no se prestan cuando el artista, para accionar, mediante movimientos iguales a los rápidos aleteos de mariposa, las va plegando hacia el codo, haciéndolas deslizar sobre el antebrazo! ¡Y qué igual a la rama de un sauce llorón cuelga la manga, cuando la mano, oculta en su puño de seda blanca, seca la propia o ajena inexistente lágrima!

Deslumbrados por la forma, el color, el movimiento, somos todo ojos mientras el público ríe o suspira ante las tribulaciones de una princesa asediada por los bandidos. Cuando cesa la música, y con ella un como escozor en todo nuestro cuerpo, hay más luz en la sala y se apaga la de la escena. Es el entreacto.

Entonces podemos observar al público. Podemos darnos cuenta de que los soldaditos sentados cerca de nosotros son mujeres; que el joven matrimonio habla bajo para no despertar al bebé dormido en el regazo de la esposa; que otra parejita –¿estudiantes u obreros?– parecen novios; que de entre las filas de la platea surgen niños cuya presencia ni un lloro había delatado; que, si bien abajo hay viejos, éstos no visten tan tradicionalmente como los que ocupan los palcos, y que el público llena la sala de bote en bote. Y que es en el entreacto –por lo menos lo es ahora– y no durante la representación, como según cuentan hasta hace poco sucedía, cuando circulan los vendedores de dulces, de maní, de semillas de girasol, de almendras saladas, de langosta frita en tirillas y los que sirven el té verde, mitigador, esa noche cruda, del frío que hace en el teatro.

Libertad e individuo

> He visto ese júbilo resplandecer en todas partes. El espectáculo de la juventud china es uno de los más sorprendentes que se pueda concebir. Antes de ser lo propio del hombre, la risa es lo propio del niño chino. Y como el niño chino se encuentra en todas partes, se atraviesa muchedumbres de niños sonrientes. Toda China ríe por su boca.
>
> VERCORS, "Juventud de la China", en *Les Lettres françaises*, núm. 496, diciembre de 1953.

Los jóvenes, las niñas que nos recibieron al bajar del avión en Pekín, sabían que habíamos participado en el Congreso de la Paz, en Viena, pero por mucha que fuera la simpatía hacia nosotros que tal hecho les inspiraba, no podía ésta, por sí sola, explicar su transparente y exaltada alegría, rasgo cualitativo y dominante de sus personas.

Luego fuimos comprobando que la alegría es en China un estado casi común, en hombres y mujeres, de cualquier edad y en todo oficio. Nos habían dicho que era una vieja característica del pueblo chino. ¿No sería ésta un imagen parcial? ¿Era acaso aquella alegría, de tal modo una segunda naturaleza, estaba, a tal punto, arraigada en las almas y en la carne, que pudo persistir a pesar de los profundos sufrimientos padecidos en el último siglo?

Recordábamos unos tristes carnavales italianos de la época de Mussolini, recordábamos unas silenciosas fiestas de indígenas americanos alcoholizados, en Cuzco, Perú, y recordábamos, asimismo, el abatimiento del pueblo español, después de la sangrienta represión de Asturias. Recordábamos, también, el desasosiego, la angustia que reflejaban las caras de los alemanes, en el Berlín de febrero de 1933. Los habíamos visto, una u otro, con nuestros propios ojos. Nada más natural que pensáramos que en los países donde no hay libertad la alegría brilla por su ausencia. La alegría fue, pues, para nosotros, la prueba evidente de que el pueblo chino gozaba de libertad. Si la libertad es la posibilidad de vivir con plenitud y dignidad la propia vida, los hombres y las mujeres de la Nueva China tienen hoy la mayor libertad de que nunca disfrutaron.

La supresión de las formas inertes del feudalismo, la liquidación del régimen reaccionario de Chiang Kai Chek, la expulsión de los explotadores extranjeros pusieron fin a la coerción, a la inseguridad y al crimen. La palabra Liberación, con la que se denomina la época que inicia el triunfo de la revolución, contiene la idea de manumisión. Despierta imágenes de hechos, acciones, cosas que en adelante no deben repetirse. Sugiere, además, que algo debe ser recuperado o conquistado.

La lucha librada por los chinos durante los últimos cuarenta años fue una lucha por la libertad. Fue y es una lucha contra algo determinado y coercitivo, las taras, los anacronismos, los vicios, la ignorancia, la anarquía, y las penurias inveteradas del pueblo. Rotos los resortes de la coerción, el pueblo conquistó la libertad. Mucho hay que hacer actualmente en China, y lo que hay que hacer es útil, válido y necesario. La posibilidad impracticable, la posibilidad interferida, es sólo una posibilidad teórica. En China, las posibilidades de los individuos y del pueblo son, hoy, posibilidades realizables que coinciden con lo éticamente necesario.

El respeto a la persona es una virtud que los chinos practican desde hace siglos. También, de un modo u otro, la solidaridad. Pero lo uno y la otra tienen, en las actuales circunstancias de su vida social y política, un contenido diferente del que antes tenían. Ha crecido en el "yo" la dimensión del "tú", y esto, paradójicamente, ha hecho a cada uno más individual, aunque lógicamente, menos egoísta. Hoy como nunca, el chino tiene conciencia de la necesidad de equilibrar en su persona lo individual y lo social.

Las posibilidades del hombre y de la mujer, en relación con las cosas que les rodean, resultado del esclarecimiento de grandes sectores de la población (la participación social activa de cientos de millones de mujeres, por ejemplo), son también posibilidades con respecto al propio mundo interior. La eliminación de los factores de la coerción política derivó en posibilidad de cambio subjetivo: posibilidad de liquidar prejuicios, anacronismos, intimidaciones, y de adquirir un más alto nivel intelectual. Es, asimismo, producto de todas esas posibilidades, la posibilidad de liberarse de la inerte coacción de la naturaleza.

La mayor libertad interior y exterior, aunque en definitiva sean la misma libertad, son, empero, psíquica e históricamente, causa y efecto una de la otra. Y una y otra han convertido al hombre y a la mujer chinos en seres con plena capacidad creadora. En un país en que hay muchas cosas que hacer y rehacer, nuevas unas, antiguas pero revalidables otras, el hacer que ha sido proyectado para todos y para cada uno coincide con el hacer que desea cumplir el hombre común, o con lo que se propone éste o aquél, subjetivamente diferenciados pero iguales o coincidentes en el propósito que los anima. La idea de un hombre desintegrado o sometido es inaplicable al ciudadano de la Nueva China. Hoy son infinitamente mayores las posibilidades de que la existencia de hombres y mujeres se desarrolle y florezca con plenitud.

Hay, además, algo que salta a la vista y es que todo lo que se está haciendo lo están haciendo todos. Pero "todos" no es una masa indiferenciada; "todos" es cada uno con su individual responsabilidad y como nada se hace por la violencia, lo que se está haciendo es hecho lúcida y conscientemente. La Nueva China ha producido, pues, una vigorosa reafirmación de la persona. Es ésta la que ha salido ganando con la liberación. Pero la exaltación del "yo", que evidencian frases como "hago lo que me da la gana" (activismo anarquizante), o "a mí qué me importa" (indiferentismo vanilocuente), no existe en China.

Una libertad que no se "consume", una libertad gozada por unos pocos, una mera libertad potencial malograda por imposibilidades reales, objetivas o subjetivas (voluntarias o no), equivale a su negación. Los individuos y los pueblos en estas condiciones se repiten y estancan. La verdadera libertad es la que hace posible y realizable el cambio necesario, el perfeccionamiento y la excelencia de los seres humanos. La libertad que facilita la dilatación y la plenitud de la personalidad, y el aumento de los bienes espirituales y materiales, es una libertad que se identifica con la creación misma, pues crear es crearse. Pero la libertad que conduce a la egolatría o a sus formas atenuadas, al privilegio tribal y al gigantismo minoritario de la riqueza, es una falsa libertad, porque libertad y pueblo son términos de una ecuación. Las cartillas pueden seguir postulando libertades metafísicas y aumentar la lista de los derechos de la persona, pero, poca o ninguna eficacia tienen si las ventajas y beneficios que ella promete, no alcanzan a todos, práctica y realmente.

La educación para la paz es, en China, otra forma de la liberación y expresión de libertad. Desintimida la conciencia y despeja la mente de fantasmas. La personalidad adquiere una fuerza extraordinaria, y el pueblo se aboca a la construcción del país.

También es una forma de la liberación, y expresa la libertad del pueblo chino, su anhelo de tener relaciones culturales y comerciales con todos los pueblos del mundo. Mas ese contacto no responde a un afán de occidentalizarse: el pueblo tiene conciencia de lo que es y no renuncia a sí mismo. Y es propósito suyo afirmar esa conciencia nacional –no nacionalista, en el sentido corriente y hostil de este término– haciendo conocer las grandes obras de arte de su país y la literatura clásica que tienden a enaltecer sus virtudes esenciales y su capacidad inventiva; pero, a la vez, quiere conocer mejor las culturas de otros pueblos y todo cuanto en ellas hay de positivo.

Si la alegría está en nosotros y nos lleva, y es el latido de las potencias vitales exaltadas por algo que ha sido logrado, en la China actual la alegría es el fervor de la libertad conquistada, reflejo de una seguridad subjetiva, y signo luminoso de una reafirmación original del individuo. Parece evidente que nunca, como ahora, fueron los chinos más dueños de sí mismos y nunca, como ahora, tuvieron conciencia de serlo como nación.

Despedida

Podíamos haber imaginado al pueblo chino, podíamos haber esperado hallarlo como es y prever su actual transformación. Ni lo uno ni lo otro habría sido lo mismo que haberlo conocido.

Cuando nos despedimos de los seres que amamos, la ausencia es como una disminución de nosotros mismos. Cuando abandonamos China, por algo profundo, nos sentimos cambiados y crecidos. Se ama a un pueblo de manera muy distinta a como se ama a una persona.

El amanecer era frío. En el cielo gris se extendían unas alargadas nubecillas violáceas. Estábamos silenciosos en el aeropuerto de Pekín e íbamos a partir. Había llegado el momento en el cual ni pensar queríamos. Hubiésemos deseado decir repetidas veces la palabra: ¡gracias! cuando abrazamos por última vez a cada uno de nuestros amigos. Pero, no nos cuesta confesarlo, llorábamos.

BERNARDO KORDON
600 MILLONES Y UNO*

Pekín

En lo más profundo de mi ser guardo a Pekín, y lo puedo extender, en conjunto y por partes, a modo de esos maravillosos cuadros chinos que se desenrollan y nos muestran largos paisajes llenos de movimientos, como si el pintor hubiese arrancado para nosotros el girón más vivo de la piel del mundo.

En mi caso, esta visión panorámica se desenvuelve como un torbellino color bermellón de los muros de la Ciudad Prohibida, por cierto un color de tierra tropical americana, que se hace halo rosado sobre los verdes y los grises de la capital más vieja y más nueva del mundo. ¡Aquí está Pekín, geométricas líneas que no señalan la carne sino su vibración (como sucede con las pinturas chinas), mostrando los turgentes senos de sus colinas y las intraducibles sorpresas de sus intimidades! Los siglos enseñaron al hada a presentarse como una campesina. Bajo su manto polvoriento por los vientos de Mongolia, la vieja campesina nos sonríe y entonces descubrimos a una diosa. Toda sorpresa comienza con el muro grisáceo y alguna

* Primera publicación en Buenos Aires, Leviatán, 1940.

vieja puerta tallada. Detrás pueden sucederse los salones del Gran Templo Lama, o las habitaciones de una cooperativa de artistas grabadores, o de talladores de marfil. Pues sarmiento de antiquísima cepa, Pekín guarda sus frutos entre hojas polvorientas, con la inteligencia de que la gente extraña pase de largo.

***

En Pekín me encuentro con el pintor chileno José Venturelli. Ha vivido largos años en China y la conoce en sustancia y esencia. Es él quien conduce mis primeros pasos por el mundo chino.

A veces pienso que no es casual la raíz *chi* de los nombres China y Chile. Me resulta difícil fijar en la personalidad humana y artística de José Venturelli, cuándo deja de ser chileno para ser chino, o viceversa. Su notable vocación para el vivir chino lo trae del corazón de nuestra América: de los campos de su patria (paisajes armoniosos y de seres apacibles de recónditas violencias), de los desiertos del norte chileno (donde plasmó tipos humanos que parecen dibujados en el corazón de Asia); de sus correrías de botánico por el altiplano boliviano, de sus intensos años de vida y estudio en México y Brasil. Nuestra América morena es un gran camino para penetrar en el difícil mundo de lo maravilloso. José Venturelli se internó en ese mundo y culminó su posesión con estos años de Pekín.

Domina en él la equilibrada mezcla china de fuerza y dulzura. Es habilidoso y recatado (como buen chino), en su responsabilidad de introducirme en ese misterio vivo que es Pekín.

Me lleva al mercado Tong An por calles donde hormiguean los ciclistas. Y hablamos de muchas cosas: de lo que tenemos ante nuestros ojos, y también de hechos y amigos comunes de Chile y Argentina. De tal modo trato de ir ordenando mis impresiones, pues hace pocas horas que he llegado, y Pekín me ha llenado de confusión, como un golpe de gong que aún vibrase en mi cabeza. Y no es por exceso de ruido y color. ¡Todo lo contrario! Pekín no es tan pintoresca como La Paz o San Salvador de Bahía (para nombrar la culminación de lo pintoresco en ciudades y gente), y este pueblo chino es ajeno al cultivo del colorido que conocí en otras partes del mundo.

¿Cuál será el mensaje que guarda Pekín? ¿Cuál es el verdadero rostro de esta ciudad de calles rectas y grises? ¿Qué dicen estas casas bajas y sencillas, modestas y nobilísimas a la vez?

De entrada Pekín sorprende con una auténtica continuidad que se remonta a más de dos mil años. De Roma antigua quedan ruinas; pero del Pekín de hace dos milenios queda todo el trazado, las calles, la arquitectura, el conjunto de la ciudad. Simplemente se siente que en Pekín hay un misterio.

Como ocurre muchas veces conmigo, son los sentidos, y no las reflexiones, los que ponen paz en mi alma. En el mercado Tong An comienzo a sentir a Pekín como una fiesta, una dulce fiesta íntima, muy intensa, pero también sin excesos.

De pronto me dominan los perfumes del Oriente. Las embriagadoras especias y los colores sorprendentes del Asia me llenan hasta el alma porque los conozco. Encuentro el misterio de las especias y de las hierbas de los mercados afro-brasileños, y los colores mágicos de los tejidos bolivianos tendidos en la calle Sagárnaga de La Paz. Ahora, los densos aromas de las frutas, confitadas y trabajadas como marfiles, los pescados confitados y las aves convertidas en pasas integran una sinfonía que se corresponde armoniosamente con los pájaros deslumbrantes hechos con peluche de seda o de vidrio policromado, junto con las piedras duras y los marfiles trabajados por los hombres, y los corales y las perlas trabajadas por el mar. Todo en un laberinto de pasajes y corredores

cubiertos, recorridos incansablemente por una muchedumbre vestida de azul, donde los espectaculares mongoles y tibetanos ponen
la nota pintoresca. ¿Qué no se encuentra aquí? Hay un teatro y
un famoso restaurante mahometano: el Tong Lai Chouen. Los
parroquianos cuecen ellos mismos la carne de cordero en una marmita-fogón instalada en medio de la mesa. En el mismo caldo,
van echando a su gusto la verdura y los tallarines chinos, mientras mezclan tres poderosas salsas a base de ají. De tal modo, los
comensales, mientras conversan y comen la carne, preparan entre
todos la más suculenta de las sopas. Es una comida pastoril, que
recuerda a la tribu nómade en un alto de la marcha, totalmente
ajena al refinamiento de la cocina china.

En el Tong An se ofrecen pasas de pajaritos y apiñadas turquesas que se venden al peso. Hay cientos de negocios que venden libros viejos, impresos en París y en Tokio, en Pekín o en
Bombay. Los pájaros de peluche, los pescados confitados, los "huevos de mil años"[1] y las joyas de los mongoles se venden en el mismo
mercado, porque evidentemente son productos similares, creados
con el propósito de alborozar los sentidos. De tal modo, hay tallas
de jade y de marfil cuyo fin es cultivar el refinamiento del tacto.
El consumidor busca un objeto de acuerdo a su personal sensibilidad: hay quienes prefieren acariciar una nuez tallada en nogal,
o dos o tres cilindros de piedras pulidas unidas por cordeles (que
se hacen girar entre los dedos), o bien un escamoso pez tallado
en jade. En este mercado hay tanta variedad para el tacto, como
para el paladar y para la vista.

---

[1] Debidamente enterrado bajo tierra, una resaca mezcla de barro y paja recubre los "huevos de mil años", que parecen contar esa edad. La clara se convierte en una gelatina violácea, mientras la yema se concentra en gusto y forma.
Es un manjar solicitado y agradable.

Por mi parte prefiero una codorniz de amarillento marfil, de estilizado plumaje y conmovedor realismo. Esta codorniz parece ofrecerse al mismo tiempo que se retrae frente a la caricia del hombre. En su cabecita de pico entreabierto me atemoriza ver el secreto de la vida. El plumaje, resuelto en líneas geométricas, guarda el calor de las manos que lo acariciaron durante siglos. Me llevo esta codorniz y salgo del mercado con la idea de haber "hurtado" algo maravilloso, un objeto evidentemente mágico que me ayudará a comprender a Pekín.

Shanghai

[...]

He querido conocer un barrio pobre, un barrio que se hizo famoso en el Shanghai miserable de ayer. Visito, entonces, la callejuela de Hui Yui. Éste es un barrio populoso conocido con el nombre de "Horno de Yeso", en el noroeste de Shanghai. Aquí lo llaman "una aldea", y la imagen es exacta: se trata de un dédalo de sinuosas callejuelas, donde pululan miríadas de niños. Todo este impresionante conglomerado, donde aún quedan casas de adobe con techos de paja, tiene contadas salidas al exterior, de modo que dentro de la ciudad, este barrio repite la estructura típica de una aldea china rodeada de su muralla. Y esto tiene su importancia en la historia de este barrio del Horno de Yeso.

A este barrio le correspondió la casi inverosímil gloria de hacerse famoso en el viejo Shanghai por la acumulación de miserias y calamidades que soportó antes de la liberación. Esta callejuela de Hui Yui por donde avanzo fue hasta hace pocos años la única pavimentada de todo el barrio. Sólo por ella pasaba el carro de limpieza del municipio. Cada día recogía de cuatro a siete muertos (cosecha de tiempos de bonanza).

Fue un barrio pobre –y lo sigue siendo–. Poblado por cargadores del puerto, conductores de triciclos, vendedores ambulantes, y otras profesiones menores. Las callejuelas fueron antes arroyos y vaciaderos de basura. Las epidemias se sucedían, pero hubo males peores. Fuera de la muralla del barrio mataba el trabajo de catorce horas diarias; dentro de la muralla crecía la delincuencia como un cáncer. Un dicho popular señalaba que no debía sorprender el crecimiento de la delincuencia en esta población, pues "se sufre menos en tres años de cárcel que en pocos días en el barrio del Horno de Yeso". Las bandas de maleantes organizados llegaron a dominar la vida de tan miserable comunidad. Con la complicidad policial se posesionaron de las dos únicas llaves de agua de la población y cobraban por su uso. Los vecinos más pobres debían beber las aguas contaminadas del arroyo.

Me reciben en una modesta habitación donde funciona el Comité de vecinos. Paredes de adobe, techo de maderas, todo blanqueado con cal y decorado con papel recortado y algunas viejas láminas de artistas de ópera china. Nos sentamos en dos largos y rústicos bancos de madera. Por ventanas y puertas comienzan a asomarse los curiosos: muchos niños alborozados de ver a un extranjero, mujeres sonrientes y algunos ancianos reflexivos.

Como ocurre siempre, antes de comenzar la conversación llega la chica sonriente que trae los vasos y el infaltable termo. Agradeceré siempre a estos humildes vecinos del barrio del Horno de Yeso que se hayan mostrado tan profundamente finos y sinceros con un extranjero desconocido. Pues esta vez no me sirven el acostumbrado té verde. Con esa sonrisa conmovedora del ritual de la hospitalidad china, me ofrecen un vaso de agua caliente. No hay hospitalidad más profunda y fraternal que la del amigo que nos hace compartir su pobreza, y este vaso de agua hirviente es la bebida de los pobres que no siempre pueden tomar té. Simplemente un vaso de agua hirviente, que bebemos a sorbitos mientras encendemos un cigarrillo.

Observo los rostros que me rodean y tengo la revelación de que otras veces he vivido un momento igual y en lugares parecidos: en un rancho pampeano, o en los desiertos del norte chileno, o en el altiplano boliviano.

¡Qué variado y repetido es el mundo! En el corazón populoso de este lejano Shanghai, me siento como en el corazón desolado de mi América del Sur. Seguramente sea el mismo origen, y la misma vida, lo que hace tan parecidos estos chinos al hombre americano.

Escucho a un hombre del comité, de rostro chupado y expresivo. Le interrogo desde cuándo lucha por el gobierno popular, y la pregunta le produce un evidente embarazo. Hace poco que interviene en el comité de vecinos, pero –aclara otro– se ha conquistado la confianza de todos. Después confiesa que su actuación anterior fue contraria a la revolución. ¿Por qué? Muy sencillo: le habían convencido de que la llegada del ejército rojo significaría la "nacionalización" y el consiguiente reparto de todas las mujeres de Shanghai. Y él, como todos los chinos, ponía la familia por encima de todo.

Cuando habla todos le escuchamos con atención. Comienza diciendo que su cultura no es elevada, y se disculpa por no poder expresarse bien. Pero sabe explicar como nadie los cambios operados en el barrio del Horno de Yeso desde la liberación de Shanghai. Son mejoras sencillas. Se pavimentaron las callejuelas, que dejaron de ser basurales. Las cabañas de adobe y techos de paja se transformaron en casas de ladrillos. Se instalaron cloacas y se abrieron quince grifos de agua en las calles: los vecinos ya no deben lavar ni cocinar con el agua del arroyo. Resumamos: el gobierno popular no ha convertido este barrio en el paraíso, pero definitivamente ha dejado de ser el infierno. La verdad es que en estas calles dominan las sonrisas e impera la limpieza. Podrá parecer sorprendente, si se quiere, pero lo cierto es que hay más sonrisas y limpieza en este barrio pobre que en cualquier barrio obrero de las grandes ciudades europeas y americanas que conozco. Sin embargo el nivel de vida de esta gente que me rodea y me sonríe pocas veces alcanza el nivel medio de un obrero europeo o americano. ¿Es característica china esta alegría que expresan los rostros que llenan esta callejuela? De todos modos, hay que aceptar que fue necesario un cambio fundamental de las condiciones de vida, para que aflorase en estos rostros esta alegría de vivir que expresa el pueblo chino. ¿Es mucho el camino recorrido en los pocos años de liberación que lleva Shanghai? Para comprenderlo, es importante comparar, no con ciudades lejanas, sino con el mismo Shanghai de ayer.

Miro a mi alrededor: los curiosos llenan la puerta y se asoman por las ventanas. Terminan por invadir la modesta habitación donde conversamos frente a un vaso de agua caliente. Diviso a un anciano vestido con el tradicional traje de raso negro, por cierto ajado y descolorido por los años. Le invito a sentarse en la mesa. Lo hace con ademán grave y reflexivo. Posiblemente sea analfabeto, pero parece un viejo filósofo. Se llama Tin Chen-Luin y ha envejecido en el barrio del Horno de Yeso. Simplemente le pregunto qué hechos le han impresionado más en su larga vida, y es bueno dejarle hablar:

—Cuando hablo y recuerdo, me emociono. Pienso que mis hijos, y los hijos de mis hijos conocen una nueva vida. Mi vida, en cambio, es la historia de este barrio y me gusta contarla.

Entonces cuenta la crónica del infierno. Dos veces la "aldea" ardió, con sus chozas de paja convertidas en pavesas. El cuerpo de bomberos no intervenía en estos casos; sólo tenía orden de apagar el fuego en determinados sectores: concesiones extranjeras, fábricas, comercios importantes, etcétera.

En el año 1941 las tropas japonesas, con el doble pretexto de que se guarnecían bandas de ladrones y de comunistas, cercaron al barrio del Horno de Yeso. Aprovechando su forma de aldea amurallada, durante quince días lo sitiaron rigurosamente, sin dejar entrar o salir a nadie. Muchos murieron de hambre, o fueron fusilados cuando pretendían escapar. Tin Chen-Luin y su familia se salvaron comiendo las hierbas que recogían en el techo de la casa.

Bajo el gobierno de Chiang Kai Chek la situación empeoró. Los yanquis invadieron Shanghai con los sobrantes de guerra, se paralizaron las fábricas, y la desocupación y el hambre se hicieron crónicos. Todos los días, en esta misma calle donde ahora juegan los niños y las mujeres lavan ropa en las puertas de sus casas, el carro recogía los muertos de la noche.

Hangchow o apogeo del agua

El intérprete que me acompaña en mi viaje al norte es un joven que se llama Chang Chi-ya. Hace pocos años aprendió el español en el Instituto de Lenguas Extranjeras de Pekín. El Instituto es magnífico; los profesores, muy buenos, y los alumnos, prodigiosos. Resulta conmovedor conocer ese grupo de jóvenes chinos dedicados con toda el alma al estudio de nuestra lengua. Los visité en el Instituto y me produjo una profunda emoción. Me preguntaron un sinnúmero de cosas sobre Argentina. Les señalé que esa lengua que ellos estudiaban constituía para nosotros los latinoamericanos una herramienta y un arma. En nuestra América dividida, fraccionada, desunida, sólo nos queda la extraordinaria realidad de una lengua común para unirnos en el futuro.

Por su parte los chinos se muestran convencidos de la importancia que tendrá en el futuro el intercambio de nuestros pueblos con la China Popular. En el Instituto de Lenguas Extranjeras de Pekín se le presta singular preferencia al estudio del idioma español. Existe el mismo número de alumnos del castellano que del francés –idioma este último que sigue teniendo suma gravitación en el sudeste asiático–.

Los intérpretes que conocí en China fueron tan jóvenes como entusiastas. Li Yun-chi, amigo afectuoso y reservado a la vez, me acompañó al sur. Después de trabajar y viajar el día entero ocupaba parte de la noche en estudiar. Nunca lo vi separado de su diccionario, sus libros y libretas. No dejó pasar un solo día sin enriquecer su vocabulario.

Chao Chin-pin tradujo algunos trabajos míos en Pekín. La versión de cada frase representaba un largo cambio de ideas. Para este muchacho, traducir un artículo significaba una responsabilidad intelectual que muchos escritores occidentales no muestran al traducir un libro trascendental.

Y ahora viajo con Chang Chi-ya en el tren que corre por la infinita llanura del norte. Creo que un intérprete también es útil para que a través de él interpretemos a su pueblo, del mismo modo que él nos "interpreta" seguramente a nosotros, conforme a nuestra conducta y reacciones más que a nuestras palabras.

Aprendí mucho del pueblo chino conviviendo con estos jóvenes. Ahora viajo con el joven Chang. Le gusta cantar y tiene un oído extraordinario. Canta una canción mexicana como puede hacerlo un charro. Toca la guitarra y el violín. Es vivaz, y por momentos melancólico: algo así como si guardase un amor o alguna inquietud artística.

Le pregunté si estudiaba fuera de sus horas de trabajo (que para un intérprete son días y semanas enteras).

—Aprendo a escribir poesía –me respondió discretamente.

—¿De qué modo?

—Leo detenidamente a los poetas clásicos y modernos. Además estudio técnica poética.

—¿No escribes?

—Sí. Pero para mí. Únicamente para practicar.

—¿Cuándo piensas publicar?

—Después de estudiar y conocer más profundamente.

—¿Cuándo será?

—Puede ser dentro de cuatro años.

En Manchuria se repite la monotonía del invariable horizonte de la pampa argentina. De pronto siento el anticipo de la
despedida a China. Aún no la abandono pero ya la extraño, recordando el paisaje cálido y populoso del sur.

—Muéstrame tus poemas, Chang.

El muchacho buscó en su maleta un cuaderno de tapas de hule.
Dentro había hojas otoñales y una flor prensada, fotografías, recortes de poemas.

No me había dicho nada, pero allí estaban sus traducciones
de poemas de Pablo Neruda y Rafael Alberti.

Los caracteres de los poemas de Chang estaban escritos con
tinta violeta.

—¿De qué tratan tus poemas?

Chang me explicó que dedicaba sus poemas a diversos temas.
Comenzó a nombrarme los lugares históricos que conoció en su
labor de intérprete. Le rogué que me leyese un poema que había
dedicado a Hangchow. Después lo tradujo:

> El Lago del Oeste recién despierta.
> Le cubre un velo de ligera niebla.
> Gotas de rocío cuelgan del sauce llorón,
> y brillan con la luz del amanecer.
> El colorido sol flota sobre la colina del este,
> y el ambiente de la paz dorada domina la ciudad
> [de Hangchow.

> Las campesinas que van al mercado
> pisan el césped mojado
> y los niños que van a la escuela se saludan.
> El ruido de los telares parece un alegre canto
> y las piezas de seda son como obras divinas.

Este poema juvenil me transporta al sur chino en este tren que
me conduce al norte. Se me representa Hangchow con esa vibrante
plasticidad con que se presenta el recuerdo cuando surge como
algo definitivamente incorporado a nuestro ser. Y de pronto com-
pruebo que Hangchow se me grabó en el recuerdo del mismo
modo que lo representaron los pintores chinos a través de los siglos:
un mundo etéreo y acuático entre nubes y suspendidas montañas boscosas. Pues Hangchow es un paisaje hecho por los hombres y los artistas en la medida del sueño. Poco tiene que ver con
la naturaleza este paisaje detenido y bordado por los chinos. Como
en todas las maravillas chinas, no cabe aquí otra grandeza que la
del hombre.

Toda China elogia y describe las bellezas del paisaje de
Hangchow, y esto ocurre desde la época en que esta ciudad fue
capital de la dinastía Song, es decir, durante la época en que la
civilización china alcanzó su apogeo. Desde entonces la belleza
del paisaje chino se llamó Hangchow. La descripción del lugar
en pinturas, grabados, telas, poesías, relatos, teatro y bordados
dominó la inmensa y variada geografía china. Cuando actualmente los obreros de una nueva población fabril de Manchuria
construyen un parque con un lago en los confines siberianos, se
acondicionan al canon estético impuesto por Hangchow. Su famoso
lago nos sale al encuentro en las decoraciones de las sombrillas,
de los termos y de los biombos, del mismo modo que sucede en
las pinturas y en los poemas clásicos chinos.

Yo prefiero citar el poema del joven Chang Chi-ya, que me
demuestra que Hangchow continúa su tradición y seguirá inspi-
rando a los poetas de la China de siempre.

Pues decir Hangchow es recordar la acumulación de un mundo
de bellezas naturales y artificiales armonizadas en la obra milenaria del hombre. El lago es cortado por diques arbolados e islas

primorosas. Los parques no mueren en el lago sino que continúan en profusa selva flotante de lotos, y de las colinas virulentas de vegetación subtropical surgen triunfantes las resplandecientes pagodas.

Cada prodigio guarda otro en su interior, y otro más. Un calidoscopio se arma y se diluye con inesperadas maravillas. Estos recuerdos míos son de ayer y sin embargo se pierden en remotas imágenes que afloran con los sortilegios de un riguroso cuento oriental.

Adiós a Pekín

[...]

Transcurren mis últimos días en Pekín, mis últimos días de China. Una tarde veo pasar varios camellos por las afueras de Pekín. El andar cansino de las bestias me hace recordar que este fabuloso mundo chino es lejano y que corro el peligro de acostumbrarme a lo maravilloso.

Esa noche los Venturelli nos llevan a comer en un viejo restaurante musulmán. Se trata de una taberna con una escalera en la trastienda. Arriba hay una sala con una hornalla en el medio. Allá asamos personalmente la carne de cordero. Pienso en los camellos que se cruzaron esta tarde. ¿Desde cuándo Pekín conoció las caravanas de los traficantes musulmanes que venían a mercar sedas y té? Hace siglos vienen a comer en esta taberna su carne de cordero, con su desconfianza pastoril hacia los refinamientos de los platos pekineses, y con el horror de perderse para la eternidad comiendo la carne de cerdo siempre presente en la comida china.

Pekín está llena de reliquias históricas del tipo de este restaurante musulmán. No se les puede llamar reliquias, pues siguen cumpliendo su función cotidiana en la vida de la ciudad. La Aventura vibra en estos rincones de Pekín con la gracia y el humor de las viejas pinturas chinas. Cuando salimos, paseamos a lo largo de un canal que nos lleva a un lago quieto y oscuro, en cuyo fondo se refleja la luna, una imprevista luna en el centro de un descabellado lago del más puro estilo *chinoiserie*, que hace creer en un convencionalismo o una irrealidad. Una pareja de jóvenes –ella y él con pantalones y casacas azules– se pasean tomándose con las puntas de los dedos. En los bancos, otros jóvenes contemplan la luna detenida en el centro del lago.

Dos días después nos conducen temprano al aeropuerto. Dejamos atrás la puerta del Tien An Men entre una miríada de ciclistas. Ya en las afueras el automóvil que nos llena debe detenerse para dejar paso a un entierro de gente pobre. Todos los deudos del muerto lo acompañan con tocas y túnicas blancas –el luto chino–, color de las mejillas pálidas del dolor. ¡Una tela blanca para los que dejamos China! Chu Po-shen, secretario de la Asociación de Relaciones Culturales con el Extranjero, nos espera en el aeropuerto para colmarnos con las últimas gentilezas. Me domina una extraña angustia y pienso: ¿A qué se parece esto?

El bimotor inicia su carrera por la pista. Imposible divisar por última vez el rostro de los amigos chinos. De pronto surgen bajo el avión los parques y el trazado rectilíneo de Pekín, las empinadas pagodas y la iluminada miel de las cerámicas del Palacio Imperial. ¿A qué se parece esto? Ahora lo comprendo. El avión salta con leve bamboleo y me arranca brutalmente de China como de un sueño. Trato de mirar hacia atrás. Las montañas ya ocultan a Pekín. Y todo pasará a ser recuerdo, recuerdo vibrante de un sueño que se cumplió pero que nunca podrá abandonarme.

Ya diviso la ondulante Gran Muralla recostada en la cordillera. ¡Qué pronto se aleja China! El avión sigue trepando por el aire, me arranca con más fuerza del sueño de mi vida. Miro hacia atrás: sólo veo la sierra ocre y una lejana línea verde. No conozco ninguna oración pero siento la necesidad de bendecir a los amigos que dejo.

¡Que la paz y la sabiduría sigan rigiendo para siempre los destinos del gran pueblo chino!

BERNARDO KORDON
VIAJE NADA SECRETO AL PAÍS
DE LOS MISTERIOS: CHINA EXTRAÑA Y CLARA*

Encuentro con la revolución cultural

El trópico sigue espesando el verde de la selva, mientras la fatiga parece espesarme la sangre. El compacto verde, que domina de Karachi a Dacca, se enriza en las montañas de Birmania. El *boeing* de la *Pakistan International* zumbaba con la monotonía desesperante de un moscardón aprisionado en un cristal, y nacía la sospecha de que nunca se llegaría a ninguna parte, hasta que el verde de la selva y las sombras de las montañas se suavizaron en variados y gastados matices: ya viajamos sobre la vieja tierra de China, cristalizada en cuadriculados de sembrados y canales.

El avión desciende hasta mostrarnos las hileras de sampanes que se mueven entre los sembrados. De pronto surgen las chimeneas y los cubos blancos de nuevas fábricas: Shanghai (once millones de habitantes) crece y se vuelca en el horizonte, mientras los sembrados parecen internarse en los suburbios industriales como un ejército invasor. Y en el techo de un galpón nos reci-

* Publicado en Buenos Aires, Leonardo Buschi, 1984.

ben los caracteres chinos: "¡Viva el pensamiento del presidente Mao!", dicen el cielo y los pájaros, y el *boeing* ya corretea hacia la pista y después se encamina suavemente hacia los ventanales del flamante aeropuerto de Hung Chiao.

Ésta es China de principios de 1968. Después de cumplir los requisitos policiales (breves) y aduaneros (inexistentes) me atienden un intérprete adolescente y dos jóvenes funcionarios. En otros viajes me recibió gente madura, risueña y circunspecta, que se informaba ante todo del estado de salud y del grado de cansancio del viajero. Pero los muchachos que me reciben ahora tienen otra clase de preocupaciones frente al forastero que termina de llegar de las antípodas. Acepto agradecido la invitación al *Shiusi* –descanso– que se desarrolla en un enclave de biombos dentro de los salones de la planta alta. Nos sirven el consabido té verde, pero no hay como otras veces las sonrisas y los silencios, las preguntas morosas y las respuestas convencionales. Me entregan *ipso facto* el librito rojo de las citas del presidente Mao en versión española y prenden en mi solapa el distintivo maoísta.

—Siempre comenzamos una reunión con la lectura de las citas –me explica el más joven y evidentemente el más entusiasta de mis anfitriones. Abre su librito y busca un pensamiento. Dice el número escogido, el intérprete me abre el librito en la página indicada y leemos el texto en voz alta: ellos en chino, yo en español. Tres citas bien leídas, deletreadas al unísono, tratando de acondicionar espacios e inflexiones tan distintas como pueden producirse entre el chino y el español. (El idioma chino es más conciso que el inglés y por supuesto que el español: solamente el hebreo se le asemeja en esa condición.)

Por supuesto al neófito se le impuso la cita número 1:

La fuerza núcleo que dirige nuestra causa es el Partido Comunista de China.

La base teórica que guía nuestro pensamiento es el marxismo-leni-nismo.

Como en la conversación que mantuvimos en la espera del té verde pregunté si la revolución cultural fue cruenta o no en Shanghai, se me contestó parabólicamente con la siguiente cita:

Hacer la revolución no es ofrecer un banquete, ni escribir un poema, ni pintar un cuadro o hacer un bordado; no puede ser tan elegante, tan pausada ni fina, tan apacible, amable, cortés, moderada y mag- nánima. Una revolución es una insurrección, es un acto de violen- cia mediante el cual una clase derroca a otra.

A la primera impresión donde se mezcla la sorpresa (70 por ciento) y el rubor (30 por ciento) por la escolaridad de la situa- ción (que consideré impropia para mi edad) se superpone el sen- timiento de que no sólo comparto algunos principios con mis anfitriones, sino que los acepto públicamente letra a letra, pues la lectura común y en voz alta transforma una idea individual en idea pública. La interpretación subjetiva de un texto se convierte en un hecho concreto compartido. Recordé entonces que un instructor militar (argentino) me aseguró cierta vez que pese a la revolución técnica y psicológica que había transformado el arte de guerrear, la única forma conocida de organizar un ejército es hacer marchar rítmicamente a un hombre detrás de otro y ense- ñarles a obedecer conjuntamente las mismas órdenes, hasta crear así el sentimiento de cuerpo. Armarlos después con garrotes o cohetes teledirigidos es problema *a posteriori* y quizá secundario: lo fundamental es que antes aprendan a marchar uno detrás del otro, a identificar el *yo* con los *demás*. De modo parecido, estas sencillas lecturas compartidas (al estilo de los evangelistas) esta- blecen y consolidan la premisa de que una suma de individuos pueden constituir una unidad de acción por medio de una idea común expresada en público. Unificando las voces en los principios maoístas no sólo esperaban unificar la acción política, sino llegar a implicaciones tan diversas como corregir el egoísmo humano o incrementar la producción industrial.

En evidente homenaje al extranjero leemos después la cita sobre el doctor Norman Bethune, un médico canadiense que acompañó al Ejército Popular de Liberación en los difíciles días de Yenán, y que murió de una infección contraída mientras operaba a un soldado herido:

Todos debemos aprender de su desinterés absoluto. Quien tenga este espíritu puede ser muy útil al pueblo. La capacidad de un hombre puede ser grande o pequeña, pero basta con que tenga este espíritu para ser un hombre de elevados sentimientos, hombre íntegro y virtuoso, hombre desprovisto de intereses triviales, hombre de provecho para el pueblo.

Pero no, seguramente no fue por mi condición de extranjero, tampoco una elección casual: resulta difícil, por no decir imposible, el estudio del pensamiento del presidente Mao o la simple lectura de sus citas sin que aparezca la figura del médico canadiense. El Dr. Norman Bethune es, gracias a la revolución cultural, una de las figuras más populares de China: imposible que su nombre no figure en cualquier crítica o autocrítica: justamente representa la identificación del heroísmo con el cumplimiento del deber. Extranjero, blanco y anglosajón, es símbolo y ejemplo para este gobierno y pueblo acusado de xenófobo, de la devoción de *servir al pueblo*, símbolo de internacionalismo revolucionario: un médico canadiense es presentado como modelo a 800 millones de chinos.[1]

---

[1] En la divulgación de la figura del Dr. Norman Bethune y del trabajo que le dedicó Mao Tse Tung (incluido en sus "tres artículos fundamentales") he presenciado algunas de las más logradas teatralizaciones del pensamiento maoísta: un viejo campesino detiene su (imaginaria) carreta e invita a subir a una

Apenas cerramos el librito de citas, vuelvo a mis preguntas: ¿Qué pasa en Shanghai? ¿Terminó o continúa la revolución cultural? ¿Se reabrieron los institutos de enseñanza? ¿Es cierto que disminuyó la producción industrial?

Sonríen y me contestan:

—Mejor que vea todo eso con sus ojos. Vuelva a Shanghai. Lo recibiremos con alegría para mostrarle todo aquello que quiera conocer.

Me resistí a comprender el alcance de esa invitación. Estaba cansadísimo y hacía muchas horas, digamos un par de días, que soñaba con una cama que suponía me esperaba en Shanghai. ¿Por qué eso de volver? ¿Acaso no estábamos ya en Shanghai?

—A usted lo esperan esta noche en Pekín –me dijo el intérprete, señalando la pista–. A través del ventanal divisé un turbo-hélice de fabricación inglesa que cargaba carburante. Los bellos y torturadores caracteres chinos clamaban en el fuselaje: "¡Viva el pensamiento del presidente Mao!".

Un furioso silbido de turbinas partió el aire. El *boeing* de la *Pakistan International* pasó por encima de nosotros, rumbo al oeste. De repente me doy cuenta de la lejanía de esa China tan familiar para mí: ese avión retornaba a Occidente, y desde Shanghai el Occidente podía llamarse Dacca o Karachi, Madrás o Bombay: muchos miles de kilómetros al Occidente seguía siendo el Extremo Oriente.

—¡Qué apuro en volverse! –comentó el joven intérprete señalando el avión, y me emocionó ese tono burlón que tanto acerca

---

muchacha que marcha por el camino. Conversan sobre el Dr. Norman Bethune y su significado de *servir al pueblo*, mientras la carreta sube trabajosamente la cuesta y la baja después rápidamente, dando vueltas por las montañas: todo realizado con los dos únicos actores, sin otros recursos que la música y la mímica y convenciones del mejor teatro tradicional chino.

a un porteño con un chino. (La *Pakistan International* y *Air-France* eran las dos únicas líneas aéreas que llegaban con sus *boeings* a Shanghai –desobedeciendo las órdenes en contra de sus fabricantes y vendedores yanquis–. Ahora los chinos usan jumbos en sus vuelos directos a París y a New York).

—Falta hora y media para la partida del vuelo directo Shanghai-Pekín. Mientras tanto lo invitamos a presenciar un espectáculo popular organizado por el conjunto artístico del aeropuerto.

Fuimos a la planta baja. En el salón central se había improvisado un proscenio decorado con banderas rojas y un inmenso retrato de Mao. Las butacas y sillones del salón de espera estaban alineados a modo de platea. Allí ya estaba instalada la delegación médica china –"trabajadores de sanidad"– que había llegado de Guinea en el mismo avión paquistano. Embarcaron conmigo en París, pero viajaban directamente del África negra. Llevaban días enteros volando por tres continentes y pude medir su acumulado cansancio por la forma en que algunos se desabrochaban sus chaquetas de funcionarios durante ese inacabable viaje. Claro que ahora los encontré bien abotonados, correctísimos como buenos chinos. Me saludaron sonrientes, como si terminaran de levantarse después de dormir 20 horas. El secreto podría consistir en esos paños calientes que se pasan por la cara para borrar todo rastro de fatiga. A lo largo del viaje París-Shanghai mantuve con ellos breves conversaciones en francés. El jefe de la delegación conocía al psiquiatra argentino Gregorio Bermann, a quien acompañó en una visita a China, y me preguntó por él. Mostró gran alegría al saber que estaba bien de salud (y por añadidura escribiendo un libro sobre la salud mental en China) y después me contó algo sobre la obra de sanidad realizada en África. En el transcurso del viaje fueron tan generosos con las sonrisas como avaros con las palabras. Ahora esperaban el comienzo del espectáculo, tan circunspectos como podían hacerlo los delegados comerciales de Finlandia, que se instalaron a su lado.

La mayoría de los espectadores eran peones de limpieza, empleados de la administración, los mecánicos y azafatas, todos vestidos con el mismo uniforme azul. Sin quitarse los gorros se despatarraron en los sillones como verdaderos dueños de casa. Otros trabajadores del aeropuerto, vestidos en la misma forma que los espectadores, y sin tampoco quitarse las gorras, hicieron su aparición por un costado del salón. Por el otro extremo apareció la orquesta, encabezada con tamboriles y gongs. Los dos grupos subieron al proscenio y comenzó la función: marchas revolucionarias –*El oriente rojo* y *La navegación depende del timonel*– coreado por la mayoría de los espectadores, y después citas del presidente Mao interpretadas en recitados, cantos y danzas. Continuamos pues en plena escolaridad, y me propuse entonces beneficiarme con alguna enseñanza. Se hace evidente que la idea principal del espectáculo es expresar la identidad absoluta entre actores y espectadores, rompiendo justamente la gran tradición del teatro clásico chino –de donde Bertold Brecht se inspiró en sus principios–. En la representación que presencio, no sólo son trabajadores del mismo lugar, sino que tampoco los artistas y espectadores se diferencian con algún tipo de arreglo personal aunque fuese un toque de *rouge* en las muchachas.

Teniendo en cuenta el voluntarismo de los actores, resulta fácil discernir qué sectores activan preferentemente la propagación del pensamiento maoísta. En primer término se impone el número de jóvenes y, en especial, el entusiasmo de las muchachas.[2] Bailan

[2] Una vez incorporadas a la revolución –ahora como antes– las mujeres chinas muestran el mayor entusiasmo. Se explica por el hecho de que la mujer fue superexplotada dentro de un pueblo explotado. Cuando en la guerra civil

y recitan infatigablemente, dedicando amplios gestos de gratitud hacia el gran retrato de Mao, que decora el proscenio. Los imitan, al menos en el entusiasmo, ya que no en la gracia, algunos obreros de edad madura: sus rasgos sufridos distinguen a los que vivieron las legendarias penurias de la vieja sociedad, rostros "pertenecientes a las capas inferiores y ex campesinos pobres", para usar el léxico oficial. Esta identidad entre la nueva generación que no conoció la vieja sociedad y los que la conocieron en su peor aspecto me señala desde el principio un hecho coincidente en todas las manifestaciones de la revolución cultural, cuya estrategia parece consistir en la unión de estudiantes ("guardias rojas") y "obreros rebeldes" contra los viejos cuadros políticos y administrativos culposos de burocracia y revisionismo.

Oscurece y la borrasca barre las pistas cuando nos dirigimos a embarcarnos en el *Viscount* que debe llevarnos a Pekín. Las azafatas retiran las contraseñas al pie de la escalerilla. Reconozco en ellas a dos integrantes del equipo teatral de propaganda. Estuvieron cantando y danzando durante una hora y eso fue antes de tomar servicio. Les seguían brillando los ojos de fiebre revolucionaria, como cuando actuaron en el proscenio. Me tranquilizo pensando que la aviación es apolítica en todos los cielos del mundo. Mi programa inconmovible es dormir durante todo el vuelo. El avión corretea en la pista y se empina hacia el cielo encapotado. Vuelven a aparecer las dos muchachas para servirnos caramelos, una manzana, un pequeño paquete de cigarrillos y un vaso de té hirviente para compensar la escasa calefac-

---

las tropas rojas ocupaban ciudades y después debían abandonarlas, eran las mujeres quienes mantenían con más entusiasmo los principios que habían sembrado los revolucionarios (que contemplaban fundamentalmente todos los derechos de la mujer en una sociedad donde tradicionalmente no tenía ninguno).

ción del avión, que se enfriará más a medida que avanzamos hacia el norte. Y pocos fueron los que alcanzaron a encender los cigarrillos y de ningún modo los que viajamos sin parar desde París. A mi lado ya cabecean los médicos que vienen de Guinea. Y de repente vuelven a aparecer las dos azafatas como saltando de una caja de sorpresas. Una sacude una pandereta y la otra enarbola triunfalmente el librito rojo de las citas del presidente Mao. Nos ofrecen una canción revolucionaria y diversos recitados políticos, todo debidamente acompañado con pasos de danza. Se movían en el pasillo del avión con el mismo entusiasmo demostrado en el escenario del aeropuerto. Micrófono en mano invitan a cantar al pasaje. Después, una de las azafatas se dedicó a enseñar una nueva canción a un grupo de militares (imposible saber quiénes son soldados rasos y oficiales). La otra muchacha interroga a los médicos, escucha lo que le cuentan de África. Pero no se guarda la información para ella sola. Fiel a la consigna de "servir al pueblo" hace conocer por el micrófono las experiencias de la delegación médica. Del largo parlamento sólo entiendo las palabras Guinea y Mao Tse Tung. Después el jefe de la delegación es invitado a hablar. Pasa al frente del pasillo y se explaya con un informe de aproximadamente media hora. A continuación son los soldados quienes en un formidable coro nos brindan *El oriente rojo*, mientras el *Viscount* continúa apuntando al norte entre las borrascosas nubes invernales. Era un avión altamente politizado, un comité de propaganda munido de cuatro turbinas. Dejábamos una estela de consignas y marchas revolucionarias en el cielo de la gran llanura del norte, que se limpiaba más y más de nubes, hasta que de pronto me sorprende el duro cristal de la reseca atmósfera de Pekín, una transparencia tan límpida que parece herir la vista (igual a la de Madrid, en la mismísima latitud).

Las luces de la perfecta recta de la avenida Tchang An, que corta en dos el largo de Pekín, parecen orientar al avión hacia la encrucijada de luces violetas del aeropuerto.

Al salir del avión me golpea el frío que viene de Mongolia: 15 grados bajo cero y un cielo estrellado que reluce como una bóveda de hielo. Al pie de la escalerilla sonríen las dos azafatas. Les brilla la mirada como cuando cantaban en el proscenio del ya lejano Shanghai. Menudas y firmes nos condujeron hasta los iluminados ventanales. Las miré con admiración y también con cierto miedo. ¡Eran capaces de reanudar en cualquier momento el *show* revolucionario! Fácilmente se leía en sus ojos el deseo de continuar la demostración política y no dudé de que contaban con toda la posibilidad física de cumplir una nueva función en el aeropuerto de Pekín y a continuación reanudar otro vuelo politizado hasta Shanghai. Pensé entonces en la juventud que terminaba de dejar en mi país y en Chile, en París y Londres, en Madrid y Atenas. Solamente estos adolescentes y jóvenes chinos recibieron de sus gobernantes, y aún más, de su líder incuestionable, el consejo y la orden de que debían ocuparse de los problemas del Estado, que nadie mejor que los jóvenes y adolescentes para orientar la política del país, desencadenando por supuesto la conmoción más intensa y profunda que jamás sufrió China o posiblemente nación alguna. Esto resultaba doblemente extraño en un país como China, donde al monolitismo de las clásicas estructuras comunistas se agregaba el arraigo jerárquico del viejo sobre el joven que ya cristalizó Confucio en una civilización cuatro veces milenaria.

Con igual fuerza que mis primeras lecturas en común del libro de citas, se me graba la imagen de estas politizadas azafatas chinas, vestidas como simples mecánicas, tan alejadas de las minifaldas de sus colegas occidentales como del vaporoso atuendo de las pakistanas. Cabe la pregunta: ¿son dignas de envidia o de compasión? La respuesta no me corresponde a mí, sino a los jóvenes del mundo.

De cualquier modo esta juventud parecía inmensamente feliz en la China de la revolución cultural. Ya no se trataba del psicodrama a nivel individual o de simple grupo: Mao Tse Tung lo acondicionó en proporciones nacionales, casi planetarias, pues en ese mismo '68 pareció proyectarse de Pekín a París.

En esos años poco público concurría al teatro en China. Las obras eran aburridas, orientadas y censuradas por Mme. Cheng Chin. En cambio se representaba en las calles, en las fábricas y en las Comunas Populares una multitudinaria función que abarcó todo ese inmenso país: La Revolución para Siempre.

CARLOS ASTRADA
CONVIVENCIA CON MAO TSE TUNG EN EL DIÁLOGO*

> Para encontrar hombres
> verdaderamente grandes
> y de noble corazón
> Tenemos que mirar, ahora,
> en el presente.[1]
>
> *Poems*, Pekín, Foreign Languages
> Press, 1959, pág. 25.

El revolucionario, el estadista, el doctrinario

A fines de agosto de 1960 tuvimos la oportunidad de conversar durante más de tres horas y media con Mao Tse Tung, en su resi-

* Publicado en *Capricornio*, año I, núm. 3, noviembre de 1965. Reproducido en *Encuentro en la dialéctica*, Buenos Aires, Catari, 1994. Prólogo de Rosa Nassif.

[1] En estos versos, parte del poema "Snow", Mao, con referencia a los poderosos Tai Tsung y Tai Tsu y al conquistador Genghis Khan, "carentes de cultura" y "amados hijos del cielo por un día", exalta, conjurándolos, a los grandes hombres del presente, de la única época universalmente revolucionaria, en la que ellos pueden surgir –y están surgiendo– en toda su dimensión humana.

dencia en Tien An Men en Pekín. Nos encontramos y convivimos en el diálogo no sólo con el eximio poeta, sino también con la genial personalidad del revolucionario y del estadista de nuevo estilo.

Nos fue dado percibir de inmediato, ante su presencia y al cambiar las primeras palabras con él, la grandeza moral y lúcida serenidad del líder de la revolución mundial anticolonialista y antiimperialista en el país monitor del socialismo y de la lucha por la liberación nacional de los pueblos de tres continentes.

En la convicción de que, por motivos obvios, nuestra entrevista sería breve, llevé anotadas unas pocas preguntas acerca de la construcción del socialismo en la República Popular China. Nos interesaba sobremanera conocer, acerca de problemas que reputábamos fundamentales, la opinión del jefe virtual e indiscutido —ya había declinado la presidencia constitucional— de un pueblo de cultura milenaria, en el que se estaba cumpliendo el mayor avatar revolucionario de todos los tiempos. Pero la conversación se fue prolongando hasta que se tendió la mesa cordial de la cena, a que nos invitaba.

De entrada, nos dijo Mao Tse Tung, y estas palabras eran su carnet de identidad: "Yo fui maestro, enseñé a chicos de ocho a doce años, hasta que me excluyeron del cargo. No soy militar; pero he hecho veinte años la guerra". (Al recordar ahora sus palabras, pensamos en el tipo de esa guerra, la que se extenderá cada vez más en todo el mundo sometido al coloniaje, y por contraste con ella asociamos la imagen de los ejércitos de parada y desfile, y mesa servida, que conocemos.)

Luego tocamos diversos temas de carácter doctrinario, los primeros acerca de etapas decisivas en el movimiento filosófico europeo: el materialismo francés y el alemán, el empirismo inglés, corrientes que el presidente Mao, hombre de amplia cultura filosófica, conocía perfectamente, y cómo se había operado el tránsito del materialismo mecanicista al materialismo dialéctico por obra del pensamiento de Marx. Es sabido que la metodología y la praxis transformadora del marxismo –unidas a una gran tradición revolucionaria vernácula y de índole agraria– fueron los factores fundamentales de la profunda dinámica de la Revolución China y de su orientación hacia el socialismo. La adaptación del pensamiento marxista a las circunstancias propias fue la obra genial de Mao Tse Tung y sus camaradas de lucha y de edificación de la nueva China.

Con gran visión de futuro, Mao había anunciado, señalando la trascendencia cultural y nacional de la transformación revolucionaria de la sociedad china contemporánea:

> No se puede plagiar pura y simplemente. Es un punto de vista erróneo realizar una occidentalización total sin crítica alguna. En lo que se refiere a la aplicación del marxismo en China, es necesario unir de manera conveniente la verdad general del marxismo y la realización concreta de la Revolución China. Esto quiere decir que el marxismo no será útil si no adquiere una forma nacional […] La cultura china debe tener su propia forma, una forma nacional […], un contenido nuevo, democrático.

Concepciones humanísticas y religiosas

Después de responder a unas breves preguntas del presidente Mao sobre las tendencias filosóficas que habían influido en nuestro país y en América Latina, y ya en trance de diálogo doctrinario, lo interrogamos sobre las religiones en suelo chino, y la evolución que siguieron. Con claridad y en pocas palabras nos hizo una síntesis precisa al respecto: a excepción del budismo, tanto el taoísmo como el confucianismo y la prédica de Mencio fueron originariamente concepciones humanísticas y morales, y no religiones. Ellos, en polémica con el budismo, que penetró en China en el siglo II de nuestra era como religión con su dogma y culto ya formados, devinieron poco a poco religiones y erigieron templos, creando su culto y sus ritos. Su influjo como tales religiones ha pasado, pero quedaron los magníficos templos taoístas y confucianistas, los que, juntamente con los que levantó el budismo, son, en su casi mayoría, espléndidas obras de arte, todas restauradas y bien conservadas por el gobierno de la República Popular China, que reconoce la más amplia libertad de cultos. En todos sus templos, los fieles brillan por su ausencia, pues presentan una ultraminoría devota.

Dentro ya de este tema, inquirimos por la suerte de la confesión católica, la que existe como minúsculo remanente de la penetración imperialista, al igual que algunas sectas protestantes. Nos explicó que los creyentes de ese culto eran una muy reducida minoría, pero que la Iglesia católica china no tenía ningún vínculo de dependencia o subordinación con respecto al Vaticano. Textualmente nos dijo, irónicamente, que esto respondía a que "así como los católicos italianos tenían su Dios en el cielo de Italia, para los católicos chinos él estaba en el cielo de China" (señalando con el dedo hacia arriba). Ha terminado definitivamente la penetración catequista –instrumento del colonialismo– de la cultura "occidental y cristiana" en todos los demás sectores étnicos y culturales.

Ya en esta tesitura, más filosófica que religiosa, preguntamos a Mao Tse Tung sobre lo que los actuales teóricos y filósofos chinos pensaban de la dialéctica de Lao-Tse, el gran maestro del *Tao*. Nos respondió que los actuales filósofos chinos no tenían opinión acerca de ella; mientras unos le asignaban un carácter materialista, la mayoría la consideraba idealista, pero que ella era aún asunto de estudio y que la investigación acerca de la misma no se había cerrado.

Las Comunas Populares: proceso dialéctico

Enseguida, alentados por su disposición cordial, le formulamos la pregunta que más nos acuciaba por la importancia que tendría la respuesta sobre un tema arduo, que estaba en el tapete de la discusión: –Presidente Mao, ¿cuál es, entre otros, el aporte decisivo de la Revolución China para la construcción del socialismo en el país?

Nosotros nos encontrábamos de vuelta en Pekín después de una larga gira por China, por sus principales ciudades y centros industriales y agrarios, en la cual visitamos muchas comunidades urbanas y agrarias. La respuesta de Mao, que ya la sospechábamos, fue bien concreta y rotunda: "Nuestro más trascendental aporte para la construcción del socialismo en la República Popular China es la creación de las Comunas Populares". Agregó: "Aquí y afuera nos han criticado y atacado por ellas; pero nosotros les decimos, a todos, una sola cosa: Déjennos probar". Por lo de "afuera" se refería, sin duda, a la impertinente metida de narices –con la chabacanería e ignorancia que caracterizaron su gestión– de Khruschev, en el Iº Congreso de los Partidos Comunistas de Bucarest, a principios de 1960, en el que se despachó contra las Comunas Populares. Explicativamente añadió el presidente Mao que, como sucede con toda empresa innovadora y de envergadura, se han cometido algunos errores, "pero hemos puesto todo nuestro empeño y estudio en rectificarlos, y seguir adelante. La marcha revolucionaria de las cosas sigue un curso marcado, al principio, por un pequeño error, después por un pequeño acierto, luego, nuevo y quizá mayor error, para lograr, tras ensayos y ajustes, un gran acierto". Aludía indirectamente Mao Tse Tung al devenir de todo proceso social y económico con sus factores dinámicos, es decir, dialécticos; se trata de etapas jalonadas por la negatividad que en virtud de su trámite procesal libera de sí lo positivo.

Nosotros, al visitar las Comunas, tanto rurales como urbanas, informándonos acerca de su génesis, funcionamiento y ulterior desarrollo, adquirimos la convicción de que ellas estaban destinadas a ser el nervio de la construcción socialista en China. *In situ* pudimos comprobar, por los hechos mismos, que la formación de las Comunas Populares obedecía a un proceso dialéctico, movilizado por una praxis e impulso organizatorio no exentos de tanteos, pero seguros de la meta y de los objetivos intermedios a alcanzar: autonomía, reducción al mínimo de la intervención del Estado en el desarrollo de la actividad comunal en lo económico y social, incremento en la producción reglada y colectiva, convivencia integral en una comunidad de trabajadores libres. Muchos se han equivocado al querer ver la Comuna como un edificio concluido y bien techado, sin percatarse de que su formación es un proceso largo y complejo. Los estadios principales hasta llegar a la construcción funcional de la Comuna, tal como ellos se ofrecieron a nuestra comprobación, de acuerdo con lo visto y con los datos obtenidos, son los siguientes: 1º) Ayuda mutua (en lo rural y en lo urbano); 2º) Cooperativa de tipo inferior; 3º) Cooperativa de tipo superior; 4º) Comuna Popular en su forma incipiente y proyectada a un desarrollo integral (con escuelas de primera y segunda enseñanza, institutos técnicos, universidades). En lo que se refiere a las comunas urbanas, vimos en Shanghai, aparte de las de una sola clase en Pekín, tres tipos de ellas: 1º) Rudimentarias, en los viejos barrios (con pequeños talleres, manualidades, provistas de enfermería, sala de primeros auxilios); 2º) En los nuevos barrios, monobloques de departamentos, con confort moderno, jardines, plantaciones (almacenes, tiendas, hospitales); 3º) La ciudad satélite, terminada y habitada (a esta fecha se han agregado cuatro o cinco más, que estaban en construcción), distante varios kilómetros de la metrópolis más densamente poblada de China (diez millones) con 80.000 habitantes. Esta magnífica y pequeña ciudad satélite está planeada y construida sobre la base de grandes monobloques de departamentos por manzana, para viviendas de los obreros, con grandes tiendas, almacenes y proveedurías, cine, teatro, biblioteca, Palacio de la Cultura. Los obreros que la habitan están a quince minutos (con transporte automotor) de las fábricas y talleres semiautomatizados en que trabajan.

Respecto al éxito de las Comunas rurales, un índice del mismo es la victoriosa lucha de la República Popular China contra la infraalimentación y el hambre, a pesar de dos malas cosechas seguidas (en estos años se ha alcanzado una cifra apreciable en el aumento alimentario *per capita*); hay que computar, además, los grandes recursos monetarios que le permiten a China importar cereales por cantidades enormes. Un testimonio insospechable sobre la situación lo aporta Josué de Castro. En la quinta edición de su documentada obra, *Geopolítica del hambre*, en las páginas que ha agregado a esta última edición bajo el título "El despertar de la nueva China", escribe: "Los hechos de naturaleza económico-social que allí se van operando nos autorizan a afirmar que la lucha contra el hambre emprendida por la nueva China podrá conducirla a la victoria".[1] Y, refiriéndose a las medidas arbitradas para esta lucha, dice Castro: "Todas esas medidas vienen, necesaria-

---

[1] *Geopolítica del hambre,* trad. cast., Buenos Aires, 1962, p. 232.

mente, repercutiendo favorablemente sobre la producción alimentaria del país [...] El gran resorte psicológico de esta actividad febril, que se ve cada día crecer, y multiplicarse las iniciativas y medidas por todas partes, fue la reforma agraria".[2] La Comuna se integra y embellece; el arte ya tiene en ella su lugar. Los poetas la cantan y los compositores la celebran con vena popular.

Partido y Estado revolucionarios

Por último, estimulados por la generosa acogida del presidente Mao, cerramos nuestra inquisición interrogándolo sobre un tema acerca del cual más nos interesaba conocer su esclarecida opinión, abonada por una experiencia tan rica y dramáticamente adquirida en agitada acción política y cruentos combates: ¿Cuál es la relación del Partido Comunista con el Estado revolucionario, surgido de una prolongada y tremenda lucha contra un enemigo armado por el imperialismo yanqui, aliado con los señores feudales y barones de la guerra, y cuál el papel que el Partido ha jugado en la victoria de la Revolución China? La respuesta fue clara e ilustrativa sobre el carácter y estructura dinámica del Partido Comunista Chino. Nos dijo, más o menos, lo siguiente:

> Fuera del Partido puede haber hombres y luchadores mejores que en el Partido. Durante la dura y sacrificada lucha, muchos se fatigan y se excluyen a sí mismos de su seno; otros son excluidos de éste por el Partido, con razón o sin ella. Son actos propios y resultantes de la conducción de sus dirigentes y la estructura misma del Partido. Esta estructura y la falibilidad de los hombres impli-

---

[2] *Geopolítica del hambre, op. cit.*, p. 235.

can contradicciones y discusiones, crítica y autocrítica, y, en función de estas últimas, han implicado, por lo tanto, errores. Pero a través de la lucha, con sus pequeños y a veces grandes errores y aciertos decisivos, la Revolución China, coronada por la victoria, la hizo nuestro Partido.

Con esta explicación nos dio Mao Tse Tung la idea cabal de la estructura dialéctica de lo que es un Partido auténticamente revolucionario (y debe ser un Partido Comunista, fiel a su programa doctrinario y consciente de su tarea, la que ha de reflejar, con criterio creador, las condiciones históricas y la dinámica propia de la sociedad en que él está llamado a actuar).

Lucha por la liberación nacional y "coexistencia pacífica"

Al recordar ahora estas palabras del presidente Mao viene a nuestra mente, por contraste, lo que son otros Partidos Comunistas que conocemos, sobre todo el de cierto país latinoamericano, que, según referencias fidedignas acerca de su acción y magisterio, vegeta burocráticamente; muy rico en iniciativas, realiza grandes campañas y colectas "ideológicas", en las que recoge muchos millones de pesos. Digita organizaciones colaterales, como un bien regimentado "Consejo de la Paz", el que con copiosas delegaciones, mucho más numerosas que las de otros países del continente, concurre a los Congresos Internacionales por la Paz, a cumplir con la consigna de la "coexistencia pacífica", silenciando la imperativa exigencia de apoyar la lucha por la liberación nacional de los pueblos sometidos al coloniaje, condición básica para la Paz. Según referencias periodísticas ese "Consejo de la Paz" concurrió al reciente Congreso de Helsinki con gran procesión de delegados, aportando su obsecuencia "pacífica" y sus "luces", potenciadas éstas por la brillante presencia en la delegación de un ex rector plagiario (entiéndase bien, ex rector, pero no ex plagiario) de la universidad de un país de América Latina, universidad que se hizo mundialmente famosa precisamente por la audaz originalidad de su ex rector. Esta delegación, como otras que van ya embaladas –bajo la voz de orden del amo– cometen el "inocente" error de ayudar a sustituir la lucha por la liberación de los pueblos coloniales, por la coexistencia pacífica con el imperialismo. Algunos de los miembros de tal delegación del país se corrieron, en esta oportunidad, hasta algunos países del Sudeste asiático –sojuzgados por el imperialismo yanqui o en la lucha contra éste– para llorisquear y gimotear con el ruego de que en el Congreso de Helsinki no se hablara de "agresión imperialista" y todo fuese "coexistencia pacífica" y miel sobre hojuelas. Servían, así, obsecuentes al segundo amo, cuidando, con celo que los honra, las traseras partes del *tigre de papel*.

Pero a pesar del empeño de las delegaciones serviles y de su complicidad con el comité internacional preparatorio del Congreso, que en su "llamado" ni siquiera menciona la situación en Vietnam, les fue mal en Helsinki; sufrieron una derrota. El jefe de la delegación china, Chao Yi-min, las marcó a fuego en su discurso:

> Mientras habla a voz en cuello sobre la defensa de la paz, cierta gente no se atreve a mencionar al imperialismo yanqui por su nombre, como el enemigo principal de la paz mundial [...] *Negando por completo el papel de la lucha de los pueblos de varios países, algunas personas están ansiosas de la cooperación soviético-norteamericana para la dominación del mundo* e incluso transforman las organizaciones y reuniones del Congreso Mundial de la Paz en una bolsa mercantil para sus tratos con el imperialismo yanqui.

Y hasta Bertrand Russell, el último liberal supérstite del siglo XIX, tan atenido hasta ahora a hablar de paz, pensando sólo en su ínsula y en Europa, se hizo presente en Helsinki por intermedio de la Fundación para la Paz, que lleva su nombre, para condenar la amenaza contra la paz que significa la flagrante política de agresión del imperialismo yanqui. En su declaración, Russell afirma:

> La mayoría de los pueblos del mundo deben aceptar esta circunstancia (el dominio y la expoliación en su beneficio de las dos terceras partes del mundo por parte de los intereses imperialistas yanquis) o ir al levantamiento abierto contra la dominación y explotación norteamericanas. Éstos son los hechos esenciales que yacen detrás de la espantosamente bestial guerra de agresión que los Estados Unidos llevan a cabo actualmente en Vietnam.

En otra parte de su declaración, dice:

> Los sucesos de los años recientes y la actual política de los Estados Unidos aclaran, más allá de toda duda, que la amenaza contra la paz mundial es el imperialismo norteamericano. Todo observador honesto de la escena mundial que conozca bien los hechos debe llegar a esa conclusión.

China, país monitor de la lucha antiimperialista y anticolonialista

En el XVIº aniversario del advenimiento de la República Popular China, saludamos en su gran líder al pueblo que ha dado ya una dimensión universal a la historia y realizado la apertura hacia una nueva situación mundial, irreversible.

Las comunidades políticas que otrora fueron, por su potencia de irradiación ejemplar, orientadoras de la nuestra, ha tiempo deja-

ron de serlo. Con vocación de reivindicar los derechos imprescriptibles de su libertad y soberanía integral, los pueblos sometidos –con la complicidad de gobiernos serviles– al coloniaje se han
vuelto siempre, como la aguja imantada hacia su norte, a un
ideal universal de liberación y de justicia. En el presente, y hasta
ayer nomás, a este ideal lo encarnó la Unión Soviética. Pero ésta
arrió la bandera que había izado tan alto, para iniciar una política de capitulación –timorata y vergonzante– ante la agresión
imperialista yanqui contra un pueblo al que llamaba enfáticamente hermano, y al que todavía lo llama así en medio de los sofismas de su prensa. Esperemos, aún, que su defección de la línea
de combate sea tan sólo transitoria, por el alto concepto que nos
merece el pueblo soviético, al cual no hay que identificar con sus
gobernantes ocasionales, los que aparecen llevando las mismas
alforjas "doctrinarias" que tan torpemente arrastrara su antecesor y actual mentor, escondido detrás de las bambalinas. (En realidad, en presencia de los hechos, la alternativa que se ofrece es
definitiva: o alianza USA-URSS, o segunda revolución soviética.)

Hoy, la República Popular China es el lugar de focalización
de la historia de la humanidad venidera. Ella señala a los pueblos
expoliados por el imperialismo yanqui la ruta de su lucha y de su
liberación. Pekín es el gran faro de luz, que alumbra el camino
difícil, pero ascendente, de los países que por imperativo histórico y necesidad de sobrevivir tienen que sacudir las cadenas del
coloniaje. Es el centro catalizador de todas las esperanzas universalistas que impulsan a las constelaciones continentales y raciales
a buscar y a afirmar, en diario combate liberador, la integración
de las soberanías nacionales en la unidad viviente del linaje humano,
dentro de la diversidad de las culturas y ámbitos étnicos.

A CUBA

Jorge Ricardo Masetti
Los que luchan y los que lloran*

Bajé del avión y no pude evitar sentirme turbado por el calor pegajoso y refulgente y por la emoción nerviosa del debut en el peligro. Desde que la camarera había anunciado "Aeropuerto Rancho Boyeros, Habana", no había dejado de pensar cómo sería ese temido tamiz de viajeros sospechosos, cómo actuaría la policía –que me imaginaba con cara de policía–, y qué pasaría con mis pobres excusas de turista casi sin equipaje.

Cuando había ido a gestionar la visa de mi pasaporte en el Consulado Cubano de Buenos Aires y luego de convencer al cónsul de que el sueño de toda mi vida era bailar el chachachá bajo las palmeras, él mismo me advirtió que llevase todo en regla.

—Usted sabe… Siempre creen que los jóvenes se van a meter a revolucionarios.

Esas palabras me hicieron comprender que en Cuba era un delito ser joven. Y mientras revisaban mi escaso equipaje y mis documentos, me di cuenta de que lo estaba pagando. De los once pasajeros que descendimos en La Habana, sólo a mí me revisaron las ropas. Parado, en medio de cuatro mulatos que pare-

* Extraído de *Los que luchan y los que lloran (El Fidel Castro que yo vi)*, y *otros escritos inéditos*, Buenos Aires, Nuestra América, 2006. Prólogo de Graciela Masetti de Morado.

cían tener viejos rencores hacia mí, me dejé revisar tratando de no demostrar preocupación. Apoyados en las paredes, no menos de diez individuos con guayabera blanca y unas gorritas muy singulares que los uniformaban lo mismo que sus caras, me trataban de mostrar con su mirada insolente que ellos ocultaban el secreto de que eran secretísimos policías secretos y que por lo tanto…

Cuando me devolvieron el pasaporte y los certificados que aseguraban que no importaría ninguna peste al país, me dejé llevar gozoso hasta la salida en donde un hombrón de gorra azul me metió en un auto ocupado ya por otras personas. A toda velocidad, la máquina se desprendió de Rancho Boyeros y enfiló hacia La Habana por una hermosa avenida flanqueada por carteles que decían: "Obra del Presidente Batista".

El automóvil se clavó delante del vestíbulo del famoso hotel Nacional y allí descendieron todos con los equipajes, incluso mi valija. Yo la recogí y volví a meterme en el auto, pensando a cuánto estarían cotizando los dólares que llevaba en el bolsillo en el mercado libre de Buenos Aires.

El chofer no me ocultó su decepción por no llevar un pasajero distinguido y ya no fui más "señor" sino "oye, chico". Me dejó en el hotel que me había indicado un amigo en Buenos Aires, por supuesto mucho más barato que el Nacional. Allí también, parados a los costados del vestíbulo, estaban los secretísimos policías secretos, con su guayabera blanca, su gorrita y su mirada insolente.

Ni bien dejé mi valija sobre la cama, salí en busca del hombre que, según mi amigo de Buenos Aires, podría establecer contacto con la gente del 26. Lo encontré y me decepcionó.

—La cosa está muy brava, chico. Esto es candela. Se está preparando una huelga general y la represión es terrible. Vas a tener que conformarte con hacer las crónicas de lo que suceda aquí.

Por supuesto, sus palabras no me convencieron e insistí. Me dijo que la única forma de tomar contacto rápidamente era yendo a Santiago de Cuba, capital de Oriente, la provincia revolucionaria por tradición. Allí conocía a un señor que quizá me pudiese facilitar una entrevista con los dirigentes locales del movimiento. Grabé el nombre y dirección en la memoria y me fui.

Regresé al hotel a pie. Recorrí las desiertas calles de la noche habanera bordeadas por *cabarets* vacíos, abiertos sólo porque la policía lo exigía, mientras por el centro de la calzada, modernos automóviles azules y blancos o verde oliva parecían fortalezas repletas de hombres con cascos, vigilando a los pocos transeúntes.

Los altavoces de los bares y *cabarets* chillaban como locos la última canción: "A la Rigola yo no vuelvo má, matan a los hombres por la madrugá…", y aunque seguía una letra estúpida, a mí me sonaba lúgubre, como un responso con maracas, escuchándola mientras las ametralladoras espiaban con su ojo la vereda.

Al día siguiente, a la hora convenida, estaba el hombre con su máquina esperándome en la esquina del hotel. Otra vez Rancho Boyeros. Otra vez los policías con caras de policías. Mientras aguardábamos la llamada de los pasajeros del *Viscount* para Santiago, apenas cambiamos algunas palabras. Por lo menos cuatro vendedores de billetes de lotería se metieron entre nosotros, tratando de escuchar lo que hablábamos, casi sin disimulo.

Cuando los motores hicieron trepidar a la máquina, eché una mirada hacia el vestíbulo del aeropuerto. Todavía estaba parado, detrás de los cristales, mi primer buen amigo cubano. Me había estrechado el brazo con fuerza y no sin emoción me había deseado buena suerte. Yo todavía no comprendía el porqué de la secreta solemnidad que le dio a la despedida. Yo todavía no había logrado hacerme a la idea de que estaba en la Cuba de Batista. "Y aquí matan, chico"…

Durante todo el viaje no pronuncié una sola palabra, salvo "gracias", cuando la camarera me alcanzó jugo de mango.

Llovía torrencialmente y el avión no lograba enfilar la pista. Luego de varios intentos que terminaban siempre en un brusco ascenso y en el santiguarse a repetición de casi todas las mujeres, tocamos por fin tierra.

Eran las diez de la noche. El avión debía haber llegado a las nueve menos cuarto. Lo avanzado de la hora conspiraba contra mis posibilidades de buscar algún hotel discreto.

Si en La Habana los policías secretos estaban parados contra las paredes, en Santiago en cambio los que estábamos contra las paredes éramos los pasajeros. En medio del salón, cargado del aire caliente que la lluvia había metido dentro, medio centenar de hombres de uniforme o uniformados con sus caras y sus guayaberas blancas vigilaban desconfiados a los empleados que revisaban las valijas, no sin alarma, que llamaba la atención de todos.

—Eres extranjero ¿verdad? –preguntó una voz indiferente a mi espalda.

Cuando me volví, vi a un hombre que sonreía, como si hubiese estado conversando conmigo desde mucho antes.

—Sí –no pude negar.

—Bueno –me dijo con el mismo tono indiferente– te conviene quitarte esa chaqueta y esa corbata negra. Llamas mucho la atención.

—Gracias… –traté de sonreír y adoptar el mismo tono amistoso con él.

—Te vi en el aeropuerto con tu amigo. Fue una imprudencia. Él está marcado.

En un segundo decidí jugar a cara o cruz.

—Bueno… es el único que conozco.

—¿Y aquí?

—Esta noche iré a un hotel. Mañana veré.

—Si te metes en un hotel te pescan.

En ese momento estaban revisando mi valija. Él colocó la suya junto a la mía y logramos que terminaran con nosotros casi a la vez.

—Te llevaré esta noche a mi casa. Mi máquina debe estar parqueada aquí cerca.

Segundos después, en medio de la lluvia, íbamos a marcha regular hacia Santiago. Casi toda la ciudad estaba a oscuras.

—Sabotaje –me explicó, indiferente.

Paramos frente a una típica casa santiaguera, construida en madera y con la tropical terraza sobre la vereda. Luego de comprobar que no había nadie a la vista, bajó rápidamente. Mi valija había quedado en la máquina. Me explicó que no convenía bajarla de noche.

Todas esas precauciones me parecían un tanto noveleras. Y yo además, desconfiaba aún si había jugado bien.

En el interior de la casa, alumbrada con lámparas a querosén, había varias mujeres que recibieron al viajero como si hubiese llegado del frente de batalla. A mí ni me prestaron atención, hasta que mi acompañante me presentó como a un amigo.

Las mujeres, que eran sus hermanas, comprendieron al instante que era un amigo muy especial y ni bien abrí la boca para saludar, ya habían deducido que era argentino.

—¿Periodista, verdad?

El hombre se impacientó.

—Te dije que era un amigo. Déjate de hacer preguntas y no comentes con nadie que está aquí.

Las mujeres terminaron por convencerse de qué clase de amigo era yo y yo de que había jugado con extraordinaria buena suerte. Era evidente que los santiagueros estaban habituados a encontrar ese tipo de *amigos* extraños que aparecían de improviso y de improviso desaparecían y que los ocupantes de la casa se sentían un tanto orgullosos de tenerme.

Sin ninguna otra previsión que la de bajar la voz, comenzaron a relatarnos al hermano y a mí los hechos ocurridos en los últimos días. La sucesión de sabotajes, de tiroteos y de muertos que el recién llegado conocía como amigos o vecinos fue larguísima. El hombre sólo hacía cinco días que faltaba de su casa. Había ido a llevar al hijo a La Habana, en previsión por "lo que vendrá", cuando estallase la huelga general. Unas semanas atrás, habían encontrado mutilados los cadáveres de dos muchachitos, de trece y catorce años, a quienes detuvo la guardia de Batista, y los padres de Santiago ya no sabían cómo proteger a sus hijos, todos deseosos de tomar parte en la lucha abierta.

Me acomodaron en una de las habitaciones de la casa, que como todas, eran simples tabiques que no llegaban hasta el techo y no tenían otra puerta que una cortina. Después comprobé que casi todas las viejas residencias santiagueras eran así. La lluvia seguía cayendo con fuerza y por eso no me sobresalté cuando dos horas después escuché tres fuertes detonaciones y el sonido de un trueno que se desgarraba sobre Santiago. Me levanté sudado y espié por la ventana. La noche negrísima estaba estrellada. Los truenos eran de dinamita en aquella histórica capital de Oriente.

Mientras viajaba en un *jeep* con los faros velados hacia Las Bocas, no podía dejar de pensar en "los escopeteros". Unos cuantos guardias bien armados que se animasen a llegar hasta su posición los barrerían. Y mientras tanto, ellos se arriesgaban, sencillamente para ver si podían hacerse de alguna de esas perfectas armas automáticas norteamericanas que tenía el ejército.

Las Bocas estaba ocupada por un grupo de rebeldes recientemente formado por "las milicias" que eran las que actuaban en las ciudades. Cuando llegué, recién sálía el sol. Los uniformes eran nuevos, cada cual había pasado el suyo por entre las guardias, lo mismo que sus armas. Luego de un corto conciliábulo, los oficiales eligieron la ruta, que no conocían muy bien, dado que ellos recién iban a operar en la sierra y me confiaron a los guías, dos muchachitos campesinos que recibieron el encargo con evidente desencanto, ya que su tropa iba a entrar en acción en esos días.

Un teniente, ya no de la milicia sino del verdadero ejército rebelde, reorganizó la ruta advirtiéndome que el camino iba a ser muy duro.

—¿Cuánto tardaré? –le pregunté mientras me vestía con la camisa y el pantalón de uniforme que me habían regalado.

—Andando bien, unos diez días…

Ni había sospechado que el viaje pudiese ser tan largo. Diez días subiendo y bajando montañas. Miré a mi alrededor y los montes se alzaban verticales. No se notaba un solo camino.

El teniente me miró sonriendo y me advirtió en tono un poco paternal:

—Esto todavía no es Sierra Maestra. Son apenas las primeras estribaciones.

—Bueno, qué se va a hacer… Adelante.

Mi tono resignado hizo reír a todos los que me habían rodeado desde que llegué.

—Ya está hecho todo un fidelista –dijo la mujer del teniente, también uniformada, cuando me vio de verde oliva.

[…]

Cuando desperté estaba decepcionado. Había dormido plácidamente hasta las cinco y en ningún momento escuché metralla.

Los guardias habían hecho una corta incursión, pero regresaron de inmediato a su cuartel al enterarse de que el Che no se encontraba en La Otilia y que estaría tendiéndoles alguna emboscada.

Había esperado anhelante el momento en que escuchase la voz de fuego, tendido en la semipenumbra de la sala, mientras Virelles, con la ametralladora sin seguro, se prometía asimismo un viaje a Buenos Aires, exclusivamente para escuchar tangos. Cerca de las dos, Sorí Marín y yo nos tendimos en los dos únicos colchones que había, y que juntos podían dar cabida a tres personas, pero no a las cinco que me encontré al despertar. Virelles se había ido a ocupar su posta y Cantellops roncaba sobre un sillón. Llibre apareció rascándose, a los pies de la cama, y me contó dolorido que había estado tratando de disolver toda la noche una reunión de granitos que le habían surgido imprevistamente en el estómago.

En pocos minutos lo que parecía un dormitorio se convirtió en comedor, oficina y enfermería. Todo el mundo estaba en pie y lo único que preguntaba, estuviese haciendo cualquier cosa, era si había llegado el comandante.

Guevara llegó a las seis. Mientras yo observaba admirado a un grupo de muchachos que se preocupaba insólitamente en hacer algo que yo hacía mucho tiempo había dejado de practicar: lavarse la cara. Comenzaron a llegar desde distintos lados grupos de rebeldes sudados, cargados con su mochila ligera y su pesado armamento. Los bolsillos estaban hinchados de balas y las cananas se cruzaban sobre el pecho dejado sin protección por una camisa sin botones.

Era la gente que había tendido la noche anterior una emboscada a la tropa de Sánchez Mosquera y volvía cansada, con sueño y con las ganas contenidas de trenzarse con los guardias del odiado coronel. A poco llegó Ernesto Guevara. Venía montado en un mulo, con las piernas colgando y la espalda encorvada prolongada en los caños de una Veretta y de un fusil con mira telescópica, como dos palos que sostuviesen al armazón de su cuerpo aparentemente grande.

Cuando el mulo se fue acercando pude ver que le colgaba de la cintura una canana de cuero colmada de cargadores y una pistola. De los bolsillos de la camisa asomaban dos magazines, del cuello colgaba una cámara de fotos, y del mentón anguloso, algunos pelos que querían ser barba. Bajó del mulo con toda calma, asentándose en la tierra con unas botas enormes y embarradas, y mientras se acercaba a mí calculé que mediría un metro setenta y ocho y que el asma que padecía no debía crearle ninguna inhibición.

Sorí Marín hizo las presentaciones ante los ojos de veinte soldados que nunca habían visto a dos argentinos juntos, y que quedaron un poco decepcionados al ver que nos saludábamos con bastante indiferencia.

El famoso Che Guevara me parecía un muchacho argentino típico de clase media. Y también me parecía una caricatura rejuvenecida de Cantinflas. Me invitó a desayunar con él y comenzamos a comer casi sin hablar.

Las primeras preguntas fueron, lógicamente, de él. Y, lógicamente también, se refirieron a la política argentina. Mis respuestas parecieron satisfacerle y a poco de hablar nos dimos cuenta de que coincidíamos en muchas cosas y que no éramos sujetos peligrosos. Pronto hablamos sin muchas reservas –algunas manteníamos, como buenos argentinos de la misma generación– y comenzamos a tutearnos.

Un soldado guajiro que trataba de escucharnos hizo soltar a Guevara un comentario humorístico sobre la gracia que les causaba a los cubanos nuestra manera de hablar y la risa mutua nos unió casi de inmediato en un diálogo menos reticente.

Entonces le manifesté los motivos de mi viaje a Sierra Maestra. El deseo de esclarecer, primero que nada ante mí mismo, qué clase de revolución era la que se libraba en Cuba desde hacía diecisiete meses; a quién respondía; cómo era posible que se mantuviese durante tanto tiempo sin el apoyo de alguna nación extranjera; por qué el pueblo de Cuba no terminaba de derribar a Batista si realmente estaba con los revolucionarios, y decenas de preguntas más, muchas de las cuales ya tenían respuesta en mi convicción, luego del viaje hasta La Otilia. Luego de sentir de cerca el terror de las ciudades y la metralla de los montes; luego de ver a los guerrilleros desarmados participar de emboscadas suicidas para hacerse de un arma con la que pelear realmente; luego de escuchar explicar a los campesinos analfabetos, cada uno a su manera, pero claramente, por qué luchaban; luego de darme cuenta de que no estaba entre un ejército fanatizado capaz de tolerar cualquier actitud de sus jefes, sino entre un grupo de hombres conscientes de que cualquier desvío de la línea honesta que tanto los enorgullece significaría el fin de todo y la nueva rebelión.

Pero yo, pese a todo eso, desconfiaba. Me negaba a dejarme arrastrar por entero por mi simpatía hacia los campesinos combatientes, mientras no escrutase con la mayor severidad las ideas de quienes los conducían. Me negaba a admitir definitivamente que algún consorcio yanqui no estuviese empeñado en apoyar a Fidel Castro, pese a que los aviones a reacción que la misión aeronáutica norteamericana había entregado a Batista habían ametrallado varias veces el lugar en donde me encontraba.

Mi primera pregunta concreta a Guevara, el joven médico argentino metido a comandante héroe y a hacedor de una revolución que no tenía nada que ver con su patria fue:

—¿Por qué estás aquí?

Él había encendido su pipa y yo mi tabaco y nos acomodamos para una conversación que sabíamos larga. Me contestó con su tono tranquilo, que los cubanos creían argentino y que yo calificaba como una mezcla de cubano y mexicano:

—Estoy aquí, sencillamente, porque considero que la única forma de liberar a América de dictadores es derribándolos. Ayudando a su caída de cualquier forma. Y cuanto más directa, mejor.

—¿Y no temés que se pueda calificar tu intervención en los asuntos internos de una patria que no es la tuya, como una intromisión?

—En primer lugar, yo considero mi patria no solamente a la Argentina, sino a toda América. Tengo antecedentes tan gloriosos como el de Martí y es precisamente en su tierra en donde yo me atengo a su doctrina. Además, no puedo concebir que se llame intromisión al darme personalmente, al darme entero, al ofrecer mi sangre por una causa que considero justa y popular, al ayudar a un pueblo a liberarse de una tiranía, que sí admite la intromisión de una potencia extranjera que le ayuda con armas, con aviones, con dinero y con oficiales instructores. Ningún país hasta ahora ha denunciado la intromisión norteamericana en los asuntos cubanos ni ningún diario acusa a los yanquis de ayudar a Batista a masacrar a su pueblo. Pero muchos se ocupan de mí. Yo soy el extranjero entrometido que ayuda a los rebeldes con su carne y su sangre. Los que proporcionan las armas para una guerra interna no son entrometidos. Yo sí.

Guevara aprovechó la pausa para encender su pipa apagada. Todo lo que había dicho había salido de unos labios que parecían sonreír constantemente y sin ningún énfasis, de manera totalmente impersonal. En cambio, yo estaba absolutamente serio. Sabía que tenía que hacer aún muchas preguntas que ya juzgaba absurdas.

—¿Y qué hay del comunismo de Fidel Castro?

Ahora la sonrisa se dibujó netamente. Dio una larga chupada a la pipa chorreante de saliva y me contestó con el mismo tono despreocupado de antes:

—Fidel no es comunista. Si lo fuese, tendría al menos un poco más de armas. Pero esta revolución es exclusivamente cubana. O mejor dicho, latinoamericana. Políticamente podría calificárselo a Fidel y a su movimiento como "nacionalista revolucionario". Por supuesto que es antiyanqui, en la medida que los yanquis sean antirrevolucionarios. Pero en realidad no esgrimimos un antiyanquismo proselitista. Estamos contra Norteamérica –recalcó para aclarar perfectamente el concepto– porque Norteamérica está contra nuestros pueblos.

Me quedé callado para que siguiese hablando. Hacía un calor espantoso y el humo caliente del tabaco fresco era tan tonificante como el café que tomábamos en grandes vasos. La pipa en forma de S de Guevara colgaba humeante y se movía cadenciosamente a medida que seguía la charla con melodía cubana-mexicana.

—Al que más atacan con el asunto comunista es a mí. No hubo periodista yanqui que llegase a la Sierra, que no comenzase preguntándome cuál fue mi actuación en el Partido Comunista de Guatemala –dando ya por sentado que actué en el Partido Comunista de ese país–, sólo porque fui y soy un decidido admirador del coronel Jacobo Arbenz.

—¿Ocupaste algún cargo en el gobierno?

—No, nunca –seguía hablando plácidamente, sin sacarse la pipa de los labios–. Pero cuando se produjo la invasión norteamericana traté de formar un grupo de hombres jóvenes como yo, para hacer frente a los aventureros fruteros. En Guatemala era necesario pelear y casi nadie peleó. Era necesario resistir y casi nadie quiso hacerlo.

Yo seguí escuchando su relato sin hacer preguntas. No había necesidad.

—De ahí escapé a México, cuando ya los agentes del FBI estaban deteniendo y haciendo matar directamente a todos los que iban a significar un peligro para el gobierno de la United Fruit. En tierra azteca me volví a encontrar con algunos elementos del 26 de Julio que yo había conocido en Guatemala y trabé amistad con Raúl Castro, el hermano menor de Fidel. Él me presentó al jefe del Movimiento, cuando ya estaban planeando la invasión a Cuba.

Como la pipa se le había apagado, hizo una pausa para encender un tabaco y me convidó a mí con otro. Para señalar que existía aun detrás de la espesa cortina de humo le pregunté cómo se había incorporado a los revolucionarios cubanos.

—Charlé con Fidel toda una noche. Y al amanecer, ya era el médico de una futura expedición. En realidad, después de la experiencia vivida a través de mis caminatas por toda Latinoamérica y del remate de Guatemala, no hacía falta mucho para incitarme a entrar en cualquier revolución contra un tirano, pero Fidel me impresionó como un hombre extraordinario. Las cosas más imposibles eran las que encaraba y resolvía. Tenía una fe excepcional en que una vez que saliese hacia Cuba, iba a llegar. Que una vez llegado iba a pelear. Y que peleando, iba a ganar. Compartí su optimismo. Había que hacer, que luchar, que concretar. Que dejar de llorar y pelear. Y para demostrarle al pueblo de su patria que podía tener fe en él, porque lo que decía lo hacía, lanzó su famoso: "En el 56 o seremos libres o seremos mártires" y anunció que antes de terminar ese año iba a desembarcar en un lugar de Cuba al frente de su ejército expedicionario.

—¿Y qué ocurrió al desembarcar?

Ya la conversación constituía tema para más de treinta auditores. Sentados en el suelo, con el arma entre las rodillas y las gorras protegiendo a los ojos de la reflexión solar, "los hombres del Che" fumaban y escuchaban atentamente sin proferir una sola palabra.

Un joven médico, barbudo, componía un dedo vendándolo perfectamente, sin prestar atención más que a lo que oía. Llibre, apasionado admirador de los jefes de la revolución pero vigilante doctrinario, analizaba cada una de las palabras de Guevara, rascándose los granos del estómago con las uñas marrones de tierra arcillosa. Virelles, escuchaba durmiendo. Guillermito, un muchacho imberbe de melena larguísima, limpiaba un fusil con la misma atención que el médico componía el dedo. Desde algún lugar, llegaba a incorporarse al olor del tabaco, el de un chancho que estaban friendo en una marmita, al aire libre.

Guevara siguió relatando con el tabaco en la boca y las piernas cómodamente estiradas:

—Cuando llegamos nos deshicieron. Tuvimos un viaje atroz en el yate *Granma*, que ocupábamos ochenta y dos expedicionarios, aparte de la tripulación. Una tormenta nos hizo desviar el rumbo y la mayoría de nosotros estábamos descompuestos. El agua y los alimentos se habían terminado y para colmo de males, cuando llegamos a la isla, el yate varó en el barro. Desde el aire y de la costa nos tiraban sin parar y a poco, ya estábamos menos de la mitad con vida –o con media vida si se tiene en cuenta nuestro estado–. En total, de los ochenta y dos, sólo quedábamos, con Fidel, doce. Y en el primer instante, nuestro grupo se reducía a siete, puesto que los otros cinco se habían desperdigado. Eso era lo que quedaba del ambicioso ejército invasor del Movimiento 26 de Julio. Tendidos en la tierra, sin poder hacer fuego para no delatarnos, aguardábamos la decisión final de Fidel, mientras a lo lejos sonaban las baterías navales y las ráfagas de las ametralladoras de la aviación.

Guevara lanzó una corta carcajada al recordar.

—Qué tipo, este Fidel. Vos sabés que aprovechó el ruido de la metralla para ponerse de pie y decirnos: "Oigan cómo nos tiran. Están aterrorizados. Nos temen porque saben que vamos a acabar con ellos". Y sin decir una palabra más, cargó con su fusil y su mochila y encabezó nuestra corta caravana. Íbamos en busca del Turquino, el monte más alto y el más accesible de la Sierra, en el cual fijamos nuestro primer campamento. Los campesinos nos miraban pasar sin ninguna cordialidad. Pero Fidel no se alteraba. Los saludaba sonriendo y lograba a los pocos minutos entablar una conversación más o menos amistosa. Cuando nos negaban comida, seguíamos nuestra marcha sin protestar. Pero a poco el campesinado fue advirtiendo que los barbudos que andábamos "alzados" constituíamos precisamente todo lo contrario de los guardias que nos buscaban. Mientras el ejército de Batista se apropiaba de todo cuanto le conviniese de los bohíos –hasta de las mujeres, por supuesto– la gente de Fidel Castro respetaba las propiedades de los guajiros y pagaba generosamente todo cuanto consumía. Nosotros notábamos no sin asombro que los campesinos se desconcertaban ante nuestro modo de actuar. Estaban acostumbrados al trato del ejército batistiano. Poco a poco se fueron haciendo verdaderos amigos y a medida que librábamos encuentros con los grupos de guardias que podíamos sorprender en las sierras, muchos manifestaban su deseo de unirse a nosotros. Pero esos primeros combates en busca de armas, esas emboscadas que comenzaron a preocupar a los guardias, fueron también el comienzo de la más feroz ola de terrorismo que pueda imaginarse. En todo campesino se veía a un rebelde en potencia y se le daba muerte. Si se enteraban de que habíamos pasado por una zona determinada, incendiaban los bohíos a los que pudimos llegar. Si llegaban a una finca y no encontraban hombres –porque estaban trabajando o en el pueblo– imaginaban o no que se habrían incorporado a nuestras filas, que cada día eran más numerosas, y fusilaban a todos los que quedaban. El terrorismo implantado por el ejército de Batista fue indudablemente nuestro más eficaz aliado en los primeros tiempos. La demostración más brutalmente elocuente para el campesinado de que era necesario terminar con el régimen batistiano.

El ruido del motor de un avión reclamó la atención de todos.

—¡Avión! –gritaron varios y todo el mundo echó a correr hacia el interior de La Otilia. En un segundo desaparecieron del secadero de café los arreos de las bestias y las mochilas y alrededor de la finca no se veía otra cosa que el sol que hacía blancos a los árboles, al secadero de cemento y al rojo camino de arcilla.

Una avioneta gris oscura apareció detrás de una loma e hizo dos amplios giros sobre La Otilia, a bastante altura, pero sin disparar ni una ráfaga. Minutos después desapareció. Salimos todos de la casa, como si hubiésemos estado horas encerrados.

Le recordé a Guevara mi intención de encontrarme lo antes posible con Fidel Castro, para grabar mi reportaje y luego regresar hasta la planta para tratar de transmitirlo directamente a Buenos Aires. En pocos minutos se me encontró un guía que conocía la zona de Jibacoa en donde probablemente estaría operando Fidel y un mulo más o menos fuerte y sin demasiadas mataduras.

—Tenés que salir ahora mismo –me explicó Guevara– para llegar no muy tarde al primer campamento y mañana a la mañana seguís hasta Las Mercedes. Ahí quizá te puedan decir por dónde anda Fidel. Si tenés suerte, en tres días podés ubicarlo.

Monté en el mulo y me despedí de todos, comprometiendo a Guevara para encontrarnos en La Mesa unos días después, cuando yo regresase con el reportaje grabado. Le entregué a Llibre varios rollos de fotos ya usados y dos cintas magnetofónicas, para que las guardase en la planta transmisora.

Era cerca del mediodía y el cerdo comenzaba a freír de nuevo, pasado el susto de la avioneta. El olor a grasa que tanto me descomponía al principio me pareció delicioso. Mi estómago comenzaba a sentir la ofensiva del aire purísimo de la Sierra Maestra. Sorí Marín me acercó media docena de bananas que esta vez –nunca me pude enterar por qué– se llamaban malteños.

Guevara recomendó al guía mucho cuidado al acercarnos a Las Minas.

—Es el primer compatriota que veo en mucho tiempo –gritó riendo– y quiero que dure por lo menos hasta que envíe el reportaje a Buenos Aires.

—Chau –saludé de lejos.

Y como treinta voces contestaron a los gritos y riendo, como si acabase de hacer el saludo más cómico que pueda concebirse.

[…]

Un muchacho uniformado, con la melena rubia que le tapaba los hombros y un armamento que le cubría el pecho y la espalda, nos indicaba con el pulgar hacia abajo el lugar en donde había colocado una mina de gran poder. El *jeep* salió del camino y se metió entre la manigua para eludir el artefacto que iba a pasar la noche esperando a los guardias. Después de cruzar un arroyo, el vehículo frenó ante un edificio de madera y cinc. Más de doscientos rebeldes estaban descansando en el lugar, sentados o acostados en el suelo, todos con sus armas automáticas y las granadas de fabricación casera colgando de la cintura. Sobre el alero de la casona, se lograba leer: "La Fragata".

Mi guía, que había ido en busca del oficial a cargo de esa tropa, volvió decepcionado.

—Fidel no está aquí. Pero yo debo volver a Las Mercedes. Esta noche pueden ocurrir muchas cosas.

Durante el camino, campesinos aterrorizados nos habían hablado de una compañía de guardias que habían incendiado más de veinte casas y bohíos. Era probable que al caer la tarde hubiesen vuelto a su cuartel, pero no había que descuidarse.

—Aquí lo dejo con el capitán Paco. Mañana a la mañana lo hará llegar hasta el comandante, si es que él no viene aquí.

Le agradecí y me despedí. Paco me estrechaba la mano con fuerza y alegría, mientras un grupo de rebeldes me rodeaba.

—¿Eres argentino?

—¿Ya viste al Che?

Y otra vez la serie de preguntas calcadas de todos los otros campamentos: Libertad Lamarque, Fangio, Perón, Frondizi.

—¿Y qué te parece esto?

Nos sentamos en el suelo y yo comencé a hablar. La curiosidad de ellos era insaciable. Todo les interesaba. Pero mucho más les interesaba mi impresión personal sobre su revolución.

Les conté mi viaje por zonas que muchos de ellos aún no conocían, los bombardeos constantes, la generosidad de los campesinos, mi apasionado fervor por el congrí y el potaje de frijoles negros y mi admiración por la sustancia humana de cada rebelde: su desinterés, su modestia, su valentía y su conocimiento de la causa que defienden. Era la primera vez que daba a conocer mis impresiones tan abiertamente y no temía que los rebeldes pudiesen tomar mis palabras como "guataquería". Sabía que, sencillamente, asistían a un relato objetivo de la personalidad de cada rebelde. Ellos eran así. Magníficamente así. Y me explicaron que así los había formado Fidel Castro. Que el ejemplo del comandante era la guía moral para todos ellos. Y nadie hubiese hecho lo que Fidel Castro habría considerado que no se debía hacer. Y tampoco temieron que yo pudiese tomar sus palabras por autopropaganda. Sabían que, sencillamente, ofrecían un relato objetivo de la personalidad de cada rebelde, formada por su comandante.

—¿Y cómo se te ocurrió venir hasta aquí, a reportear a Fidel?

—Existe, con respecto a la Revolución Cubana, un gran misterio –les dije– que aún no ha sido develado. Un gran misterio guardado celosamente por las agencias informativas y por los grandes diarios que se nutren con sus noticias. Y así, mientras toda Latinoamérica odia a Batista, no se decide a apoyar a Fidel Castro, porque no saben quién es, qué quiere, ni quién lo apoya. Y porque no sabe quiénes son ustedes.

Les conté que algunos consideraban a la Revolución Cubana instrumento de Estados Unidos –lo que recibieron con el asombro con que hubiesen asistido al parto de una mula– y al ejército de Fidel Castro, integrado por jóvenes pudientes que jugaban a la guerra. Les dije que era habitual leer en los diarios la noticia de que "los rebeldes cubanos volaron un tren de pasajeros" sin aclarar si el tren de pasajeros estaba ocupado o no, o si ese "tren de pasajeros" era utilizado para el transporte de tropas. Noticias de ese tipo –insistí– daban la impresión de que Fidel Castro no era otra cosa que un asesino terrorista.

Se quedaron un poco apagados por el relato. Sus barbas y melenas me hicieron acordar de que muchas de las notas que había leído sobre los rebeldes de la Sierra Maestra sólo aludían a los atributos capilares de los soldados de Castro y a todo detalle pintoresco utilizable para despertar el interés del lector, de idéntica forma en que aludían a las caras pintadas de los pieles rojas o al mate y al ombú cuando hablaban de la Argentina.

El capitán Paco interrumpió la charla para anunciarme que en mi honor habían cocinado un guanajo. Invité a todos los que estaban conmigo a compartir la cena, pero ellos ya habían comido. Sólo Paco y Duque, un teniente macizo y alegre, me ayudaron a terminar con el enorme bicho. Paco parecía no comer, por hablar. Pero cuando hacía una pausa, devoraba lo que yo había logrado tragar mientras escuchaba. Era un campesino rubio, de unos treinta años. Hablaba de su gente con cariño paternal y me narraba el combate celebrado la noche anterior, en el cuartel de San Ramón, recordando todos los detalles que destacaran el coraje de los muchachos con los cuales yo había hablado. De vez en cuando, su sombrero marrón de fieltro, que llevaba al estilo de los soldados australianos, le caía sobre la frente pero él se apresuraba a volverlo a la nuca, empujándolo con la pata ya pelada del guanajo. Duque fue el encargado de recordar únicamente todos los detalles "jocosos": la granada que cae excesivamente cerca y no estalla, la ametralladora que se encasquilla cuando más hace falta; y el debut fragoroso de dos ametralladoras cincuenta que habían recibido ese mismo día.

—Todos querían estar cerca de ella, para ver cómo lanzaba candela...

El soldado que nos había indicado la posición de la mina cuando llegamos a La Fragata estaba parado al lado nuestro con otro exactamente igual: rubio, con la melena larga hasta más allá de los hombros, y una boina negra con la medalla de la Virgen de la Caridad.

—Es mi hermano –me lo presentó.

—¿Cuántos años tienen ustedes?

—Él dieciséis y yo quince.

Paco los "choteó".

—Estos son los "niños". Un día se le presentaron al comandante Che en su campamento y le dijeron que querían incorporarse. Su compatriota les dijo que se vuelvan a casa, pero lo amenazaron de que si no se incorporaban, iban a suicidarse. Querían morir por la patria –terminó riendo.

Yo los miré atentamente. Pese a su uniforme sucio y al armamento, parecían dos jovencitos delicados.

—La cuestión es que nos quedamos. Y estas armas las ganamos peleando.

El mayor señaló a su hermano con orgullo:

—Éste es bravo. La ametralladora se la quitó a un guardia, en una emboscada...

—El Che –añadió Duque– cada vez que los encuentra les ofrece volver a su casa, pero ya no se los puede sacar de encima. Y tenemos que cuidarlos como a señoritas.

Ninguno de los dos se molestó por la broma. Yo seguí mirándolos, pensando en su madre, en la hermanita –que, según ellos, también había querido incorporarse al 26–, en las granadas que colgaban de sus cinturas...

A las nueve, todo el mundo se echó a dormir en sus hamacas o en el suelo. Al separarme del fogón, sentí frío y recordé a la Bohemia que llevaba en la mochila. Paco, empeñado en su papel de anfitrión, no quiso que durmiese en la tierra, al aire libre, y me envió con un soldado hasta un bohío que se divisaba a unos 500 metros del campamento, extrañamente pintado de blanco, mientras disponía las postas y las dotaciones para atender a las dos ametralladoras cincuenta, emplazadas en las cercanías.

Caminé en la oscuridad hasta el bohío que iba a ser mi dormitorio y me encontré con la sorpresa de que sólo quedaban más o menos en pie dos paredes. En el interior había una gran cruz blanca de madera, y en uno de los costados, un altarcito con la imagen de la virgen y de un señor bigotudo chorreado por el sebo de las velas. Sobre dos bancos había un jergón hecho con alambre de cerco y debajo de él, una familia de puercos negros.

—¿Y esto qué es? –pregunté al que me acompañaba.

—Un templo espiritista. Hace mucho que ya no viene nadie.

Hubiese preferido mil veces pasar la noche al aire libre, ya que ahí el viento helado circulaba ordenada e inexorablemente por la zona donde estaba instalado el jergón.

Me cubrí el estómago y la espalda con los pedazos de revista y me envolví los pies descalzos con una bolsa que las gallinas utilizarían muy a menudo para limpiarse la cola. Los cerdos, impertérritos, seguían masticando debajo mío, sin otorgarme la menor atención. Pese al frío, me sentía bien. Estaba totalmente estirado con las manos cruzadas debajo de la cabeza y con los ojos cerrados, tratando de adivinar el momento en que el más gordo de los chanchos me elevaría con su lomo, pero siempre ocurría cuando me distraía.

Creo que me había dormido, cuando una linterna me enfocó la cara. Yo no sentí deseos de abrir los ojos.

—Déjale… déjale dormir, que luego le veré.

Fue una voz extraña, como la de un chico afónico. No sé por qué, intuí que ése era el hombre por el que había viajado más de 7.000 kilómetros. Salté del jergón y sujetando mis abrigos corrí tras la voz.

—Doctor Castro… –grité.

Una enorme figura, cubierta con una manta a modo de poncho, giró hacia mí.

—Buenas noches –le dije.

—Hola, qué tal… Cómo anda Frondizi, ¿está contento?

—Bueno, yo creo que por ahora sí.

—Así que ya estuvo con su compatriota el Che…

Seguimos caminando y hablando hasta llegar a La Fragata, en donde lo esperaba un *jeep*. Yo recogí la mochila y me ubiqué en la parte trasera del vehículo en donde había dos mujeres y dos hombres, uno de ellos herido, aparte del chofer.

Comenzaba a amanecer, pero el frío no decrecía. El *jeep* subía increíblemente lomas y cruzaba arroyos, sacudiéndonos a todos.

Como nadie me hablaba, yo únicamente me dedicaba a mirar y a procurar que el borde de la puerta trasera del *jeep* no me impidiese montar más adelante en mulo.

En un lugar determinado, el vehículo paró en seco y todos descendimos, inclusive los heridos, a los que ayudaron varios rebeldes que aguardaban allí. Cerca de quinientos hombres recién se descolgaban de sus hamacas, atadas a los postes que sostenían techos de palmeras.

El grupo que había bajado del *jeep* siguió su marcha a pie y yo me sumé a ellos. Fidel Castro, en cambio, quedaba atrás, hablando con varios oficiales. El sol había salido y tuve ocasión de observarlo detenidamente: 2 metros de estatura; no menos de 100 kilos de peso y botas para guardar equipajes. Vestía el mismo uniforme que todos los demás pero su brazalete ostentaba tres estrellas. Su rostro era notable: de impecables líneas romanas y barba escasa que avanzaba hacia delante como el espolón de un acorazado. Los ojos negros y medianos estaban encendidos detrás de dos vidrios gruesos y de la boca de labios carnosos salía un tabaco que sólo desaparecía para dejar lugar a un salivazo cargado de nicotina. Cuando hablaba se movía de un lado a otro, aplanando la tierra con sus botazas y moviendo los brazos continuamente. Nadie hubiese afirmado que tenía sólo treinta y dos años.

A medida que el grupo al que me había incorporado se alejaba, su voz iba perdiendo agudeza hasta convertirse en un bronco murmullo protestón. Trepamos una loma no muy pronunciada y llegamos a un bohío abandonado. Una de las mujeres, flaca y seria como un gendarme, ordenó que nos detuviésemos allí. Lo primero que hice fue poner en lugar seguro mi grabadora y preparé la máquina de fotos.

La mujer uniformada que parecía ser la de mayor autoridad en ese momento se acercó tratando de ser amable.

—Oiga, argentino, pida cuanto necesite, que aquí hay de todo. Fidel llegará dentro de un momento.

Tenía una voz especial, cálida, decididamente amistosa, que desvaneció mi primera mala impresión. Un gendarme no podría jamás tener esa voz. Los ojos me dolían por la falta de estar cerrados varias horas seguidas, pero igual se fijaron en ella con detenimiento.

—Usted es… –dije, tratando de recordar el nombre que aparecía en el epígrafe de una fotografía.

—Celia Sánchez.

Esta vez había sonreído. Y su sonrisa tampoco fue la de un gendarme. Era una sonrisa cansada por más de un año de marcha tras el desplazamiento inquieto y nervioso de las tropas de Fidel Castro, pero bondadosa y muy humana. Decididamente femenina. Demostraba cerca de cuarenta años y no dudé de que un viento no muy fuerte hubiese obligado a los soldados rebeldes a subir a los árboles para descolgarla. Sentí inmediatamente gran simpatía por ella. En pocos minutos, había dispuesto todo lo necesario para que el bohío se convirtiese en la comandancia de Castro. Una radio a pila estaba funcionando y el locutor informaba que ya no quedaban rebeldes en la Sierra y que los últimos restos de las bandas de forajidos armados estaban siendo empujados hacia el mar. Además el gobierno –según el locutor– tenía irrefutables pruebas del comunismo de los miembros del 26, porque en un campamento abandonado, los guardias habían encontrado una bandera de China Roja y un casquillo de fabricación soviética.

—Ojalá tuviésemos miles de balas de fabricación soviética –comentó un soldado que descansaba en el suelo, sin quitarse la gorra que le cubría la cara–. Que las fabrique el diablo, pero que las tiremos nosotros… –concluyó filosóficamente quizá sin despertarse del todo.

Esperé la llegada de Castro fumando un tabaco y bebiendo el café que me había servido la otra mujer del grupo. Era totalmente distinta a Celia, aunque sería sólo unos años menor. Rubia, roja y muda, y no dudé de que un viento muy fuerte hubiese obligado a varios soldados rebeldes a prenderse de ella, para no ser remontados a los árboles. Cuando le agradecía su atención, le pregunté el nombre y lo dijo en un suspiro de cansancio.

—Haydée Santamaría.

Lo recordé enseguida. También hacía muchos meses que estaba en las montañas. Tenía todo el derecho del mundo a ser muda y a su figura descuidada. Su marido, Armando Hart, estaba preso, y su hermano había muerto en el asalto al cuartel Moncada.

El calor hizo que mi camisa se empapase nuevamente, aunque estaba sentado a la sombra. El sol ardía con mayor intensidad segundo a segundo y me vi obligado a entornar los ojos, que adivinaba rojos.

La voz encolerizada de Castro me hizo abrirlos nuevamente, para mirarlo subir hasta el bohío. Varias gallinas huyeron espantadas ante la posibilidad de quedar chatas debajo de sus enormes botas. Venía discutiendo con sus oficiales las alternativas del combate de la noche anterior. El emplazamiento de los morteros no se había ajustado a sus instrucciones y habían comenzado a disparar antes de lo previsto.

Celia se acercó a mí y me comentó que la mayor causa del mal humor del comandante residía en que había tenido dos bajas: un muerto y un herido grave, el capitán Horacio Rodríguez.

Cuando Fidel estuvo cerca me paré y él vino a mi encuentro. Me tomó de un brazo e hizo lo que haría veinte veces más en el día: me paseó de un lado a otro preguntándome qué noticias había tenido en La Habana de la huelga general que se había anunciado, qué impresión había recibido a través de mi viaje por la Sierra, qué se sabía en Argentina de la Revolución Cubana…

Respondí siempre con la mayor sinceridad. Sabía que mis juicios, fuesen cuales fueren, no le iban a molestar. Demostraba ser un hombre que tenía absoluta confianza en los demás y que no rechazaba en principio ninguna opinión. Cualquier referencia jocosa le hacía estallar en carcajadas tan grandes como su estatura, con la misma facilidad que se detenía para hacer rotundas sus maldiciones, cada vez que se enteraba de algún nuevo crimen de los batistianos. Sus treinta y dos años afloraban en su extraversión absoluta y franca.

A las diez de la mañana tuve ocasión de asombrarme por primera vez al verlo devorar. Tragaba de pie, caminando y hablando, grandes trozos de carne y malanga, y cuando se dirigía a mí, me señalaba invariablemente con un chorizo colorado que reemplazaba Celia cada vez que se terminaba.

Su mayor preocupación en ese momento la constituía la huelga general.

—¿Pero qué estarán pensando en La Habana que la retrasan tanto, caballero?

—¿Usted no sabe cuándo va a estallar la huelga?

—Pero óigame, che chico. ¿Cómo cree que yo, metido en las Sierras, todo el día a los tiros, voy a saber cuál es el momento propicio para lanzar una huelga general revolucionaria? Yo me ocupo de esto, de la campaña militar, pero no puedo pretender ser un dios omnisapiente… Eso que lo decidan ellos… los de la Dirección Nacional…

Los chorizos rojos habían sido reemplazados ahora por tabacos que mitad fumaba, mitad masticaba.

Yo le había propuesto realizar esa misma tarde el reportaje grabado, pero él me sugirió, y lo acepté, esperar algunos días más.

—Quiero que vea aún muchas cosas. Que nos acompañe, si quiere, a algún combate. Que nos conozca mejor.

Por la tarde salieron varias patrullas a tender emboscadas. Fidel les indicaba el punto exacto en donde debían ubicarse. Disponía todo sin consultar una sola vez el mapa que, por otra parte, no sé si lo tendría. Y luego se dedicó a dirigir una práctica de tiro, con un libro de Camus bajo el brazo sudado. Los blancos habían sido dispuestos en un valle, a unos 250 metros abajo, y al principio me costó ubicarlos. Eran pequeñas botellas.

El comandante, con toda su exuberancia juvenil, gritaba órdenes, y bromeaba y protestaba a la vez. Y demostró una puntería excepcional. Las cargas cerradas sobre las botellas, que se renovaban constantemente, iban precedidas de entusiastas exhortaciones:

—A ver, caballeros. A ese carro cargado de guardias… ahí pasan por la carretera… atención… apunten… ¡fuego!

Y la hilera de botellas desaparecía como borrada de improviso.

—Yo no sé cómo tirando así –gritaba– aún quedan guardias batistianos en el ejército… A ver tú. Allí tienes un pomito prieto. Listo: ¡fuego!… ¡Pero qué bruto… caballero!… Eso se hace así.

Y con su pistola hacía desaparecer la botellita negra.

Tirados al lado mío, presenciando las pruebas, se habían colocado los dos médicos que hacía unas horas habían compuesto el estómago abierto del capitán Horacio Rodríguez, en una operación al aire libre, sobre la mesa de un bohío: los doctores Fajardo y De la O.

Llevaban poco tiempo incorporados a la gente de Fidel Castro y todavía mantenían su empaque profesional. Ignoro de qué forma se mantenían limpitos y con olor a desinfectante. Como nadie nos había presentado, lo hicieron ellos mismos, con una corrección ciudadana que me pareció insólita.

Al caer la tarde me invitaron a tender la hamaca que me había conseguido Celia, en árboles cercanos a los que ellos utilizaban. Subimos una loma corta, pero muy empinada, y nos disponíamos a cenar cuando Delio Ochoa, uno de los capitanes de Castro, apareció guiando a dos personas sin uniforme: uno de ellos, el mayor, con barba negra y cara de enojo; el otro, perfectamente afeitado y sonriente, se me presentó enseguida:

—¿Tú eres el argentino?… Carlos Bastidas, para servirte… Soy periodista ecuatoriano.

Cuando me acerqué para estrecharle la mano, calculé que tendría no más de 22 años.

—Me alegro de encontrar un colega –le dije.

—Dos colegas. Éste es Paquito, camarógrafo cubano.

El barbudo enojado, me dijo, imitando el acento argentino:

—Qué decís… cheeee…

Los dos médicos, que habían sacado unas galletas y un poco de queso, miraron con aprensión a la concentración de periodistas hambrientos que se había formado, pero suspiraron cuando Ochoa anunció que se nos iba a mandar potaje, que llegó enseguida, junto con tabacos.

Pese a que la oscuridad era total, nos quedamos levantados hasta la madrugada, fumando y charlando sobre la guerra que nos había juntado en ese momento para comer potaje sentados en el suelo y beber agua de un cubo común, mientras a lo lejos se escuchaban las descargas nocturnas de los encuentros o del terror de los guardias de Batista batiendo constantemente la manigua desierta. El doctor Fajardo había abandonado Manzanillo luego de una larga tarea subversiva. Era muy joven, cobrizo y reposado. La mujer estaba esperando el primer hijo. De la O tendría unos cuarenta años y era la representación física del hombre que no quiere problemas en ningún terreno. Bajo, ligeramente obeso y de piel quemada, hablaba de manera impersonal de su incorporación a las tropas rebeldes y sólo su voz se alteraba apenas perceptiblemente para algún: "qué cabrones" o "qué hijo'e puta, caballero", cuando hablaba de los crímenes del ejército o de Batista. Había abandonado el hospital en que trabajaba en Pinar del Río, anunciando que iba a participar en un congreso médico en los Estados Unidos, por si no lograba llegar a tomar contacto con las tropas de Castro.

Aunque la noche no nos dejaba vernos, yo sabía que Paquito seguía con su cara de enojo.

—¿Hace mucho que estás en la Sierra?

Fue como preguntarle a una vieja mañera si tenía alguna enfermedad.

De improviso comenzó a soltar carajos en repetición:

—Pero chico… Ya va para un mes que debía estar en La Habana con el material. Todas las combinaciones que tenía para sacarlo del país se han perdido.

—¿Y por qué no te fuiste?

—Es que encargaron unas escenas de combates… Y hasta ahora no hubo ninguno de día. Y de noche no puedo filmar…

El ritmo nervioso de la protesta era marcado en la oscuridad, por el redondel rojo de su tabaco.

—¿Y por qué no filmas con reflectores? –saltó el ecuatoriano.

Paquito no contestó a la broma, lo que nos hizo reír a todos.

Un rato después, ya tendidos en las hamacas, seguimos fumando y charlando.

Bastidas había subido a la Sierra hacía cerca de un mes. Y no se decidía a volver. No había mandado una sola crónica a su diario y aún no había realizado ningún reportaje. Simplemente miraba y participaba de todo. Su espíritu juvenil había sido ganado por completo por la revolución y la vivía como un revolucionario más. Hablaba constantemente salpicando de risas cualquier relato, y creo que aún seguía hablando cuando me dormí.

[…]

—¡Eh!… argentino… ¿qué haces de vuelta por aquí?…

Guevara me saludaba riendo, mientras yo desmontaba frente a la tienda en donde había instalado su comandancia, en Las Vegas. Le conté la pérdida de mis reportajes y lo celebró como el chiste más gracioso que hubiese escuchado en su vida.

—Mejor, así nos hacés otro… Fidel anda con unas ganas de hablar que nadie lo contiene… Se enteró de la "cantada" del gallego en La Habana y la muerte de Bastidas… Además está el asunto de la huelga…

Mientras almorzábamos junto a Celia Sánchez, que ahora estaba encargada del suministro de víveres y semillas a los campesinos de esa zona, hablamos de los últimos acontecimientos y del relevo de Faustino Pérez. Le conté también mi entrevista con Aguilera y mis impresiones acerca del fracaso de la huelga. Era evidente que estaba perfectamente informado de todo y que lo que quería era un cotejo entre sus corresponsales, miembros del Movimiento y parte interesada, y yo, simple observador.

No habíamos terminado de comer, cuando se sumó a nosotros el capitán Horacio Rodríguez. Yo lo desconocí. Lo había visto recién operado en el hospital de campaña y a la luz de una lámpara. Ahora se me presentaba robusto y de aspecto saludable, pese a su ligera palidez.

—¿Ya está bien? –le pregunté asombrado.

—Me tuvieron a cura de malanga. Día y noche malanga, hasta que dije basta y me levanté.

Como una excepción increíble para esa época, el cielo estaba despejado y brillaba el sol. A la tarde, salimos con Guevara a caballo rumbo al campamento de Fidel, distante apenas unas horas. El comandante en jefe había cesado en su endemoniada carrera por las lomas de la Maestra y ordenado acampar en una zona desde donde la planta transmisora de radio tuviese mejores probabilidades de emisión. De las palabras de Guevara se desprendía que el fracaso de la huelga había hecho comprender a Castro que debía manejar personalmente la marcha política del Movimiento y que para ello tendría que abandonar al menos parcialmente las actividades bélicas, limitándose únicamente a dirigir las operaciones desde la comandancia. Esa situación, a la que Fidel se avino de muy mala gana, se la habían planteado los miembros de su Estado Mayor en varias oportunidades.

Fidel Castro tuvo la misma sorpresa que Guevara al verme llegar. Alegre por la visita, me estrechó en un abrazo de oso.

—Advierto que me voy mañana mismo –dije bromeando–. Así que les pido que ya mismo grabemos los reportajes. Esta vez, los llevaré conmigo.

Los truenos indicaron de improviso que la temporada de las lluvias había arreglado sus desperfectos y seguía su marcha. Los caminos sometidos al fuerte sol de la tarde fueron apenas transitables, pero si seguían las lluvias, iba a ser prácticamente imposible retornar a caballo.

—Pero che… usted siempre apurado… Si con estas lluvias no va a poder salir de aquí ni en buque…

Fidel se había tirado en un jergón apoyado sobre cajones, y su mole hizo descuajeringar la improvisada cama.

Encendimos tabacos y conversamos horas, durante las que Guevara se encargó de matizar cualquier situación en que Fidel se violentaba, con bromas de todo calibre. Hacía bastante tiempo que no se veían y era evidente que estaban contentos de volver a charlar.

—Quisiera hacerle una pregunta, fuera del reportaje…

—Sí…

—He leído en La Habana la versión completa de su autodefensa. ¿Es la versión taquigráfica de los jueces o una reconstrucción más o menos aproximada?

—Cuando fui encerrado en Isla de Pinos, me dediqué a reconstruir en la forma más textual que me fue posible la improvisación que pronuncié ante el tribunal. Como no me dejaban escribir más que cartas a mis familiares, y éstas eran censuradas, me convertí en el pariente más cariñoso del mundo. Dirigí cartas hasta a mi difunta bisabuela… porque detrás de la carilla escrita con tinta, escribía con limón el texto de la autodefensa. Sólo podía hacerlo durante una hora por día, porque ése era el lapso en que el sol penetraba por la ventana y me permitía ver más o menos lo que estaba escribiendo. Por supuesto que un escrito del volumen que me proponía no podía realizarlo sólo en las cartas, así que también escribía en trozos de papel, que luego envolvía y arrojaba por la ventana de la celda, al pabellón en donde estaban Ramiro Valdéz y los demás compañeros. Así, una a una, fueron saliendo todas las páginas de la autodefensa, lo mismo que manifiestos y planteos al gobierno. Hubo una época en que estaban desconcertados y me vigilaban constantemente, pero ni bien se descuidaban media hora, era media hora que dedicaba a confeccionar más cartas y proclamas…

—¿Y no tomaron represalias?

—Por supuesto. Como no se atrevían a golpearme, porque sabían que los ojos del país estaban puestos en los revolucionarios en Isla de Pinos, me sometieron a cuanto daño podían concebir. Me quitaron el bombillo de luz, para no permitirme leer y se negaron a reparar el vidrio de la ventana por el que se colaba la lluvia sobre el camastro. Y cuando no llovía, los famosos mosquitos de Isla de Pinos no me dejaban tranquilo de día ni de noche. Hubo una temporada en que con varios fósforos hacía una mecha y la empapaba en grasa o aceite. Mientras duraba el olor y el humo, los mosquitos se alejaban, pero cada media o tres cuartos de hora, tenía que volver a confeccionar la mecha y a quemar grasa. ¡Qué crueldad absurda y pequeña! No les bastaba haberme condenado a veintiséis años de cárcel y tenerme bien seguro. Ellos querían los veintiséis años de cárcel y además, los mosquitos.

Mientras Fidel contaba su odisea en aceite y grasa, Guevara reía a carcajadas.

A la mañana siguiente, grabamos los reportajes. Más o menos, fueron las mismas preguntas e idénticas respuestas que en la ocasión anterior, con el agregado de la huelga.

Fidel justificó el fracaso, expresando únicamente que se había fallado por cuestiones tácticas y anunciaba el cambio de la mayoría de los dirigentes de la Dirección Nacional del Movimiento.

Llovió durante todo el día y la noche siguiente, y la tierra arcillosa era chocolate espeso bajo las botas que resbalaban. Decidí partir igual.

—Quédese un poco más, che… Total, no va a poder salir de la Sierra a menos que vuelva por La Mesa. Y con este tiempo es imposible.

—Pienso salir por Veguitas…

Guevara rió.

—Estás loco… hay una concentración de tanques y por lo menos dos mil hombres del ejército.

Yo insistí en salir por esa vía. En dos días, podría estar de regreso en La Habana.

A las siete de la mañana, partí en mulo de retorno a Las Vegas. Guevara prometió encontrarse conmigo esa misma noche y Fidel no quiso despedirse.

—¡Vamos, che!… Si lo voy a encontrar en Las Vegas un día de éstos… No va a poder salir…

Por supuesto que no lo dijo como un desafío. Pero yo lo tomé así.

—Bueno. Pues será hasta cuando caiga Batista. Lo invitaré a un daiquiri en La Habana…

Los mulos en los cuales viajábamos se negaron muy pronto a lanzarse por las lomas chirles. Y después de un duelo a mordiscones y patadas por parte de ellos y a espuelazos y palazos por la nuestra, decidimos que tendríamos que llevarlos de la brida. No obstante, a las dos de la tarde estábamos en Las Vegas.

Como no tenía nada que hacer, mientras esperaba el regreso de Guevara que me proporcionaría un guía hasta un campamento de Veguitas, me fui al flamante "Palacio de Justicia", instalado por Sorí Marín.

Encontré al auditor general mucho más viejo que el mes anterior y con varios kilos menos de peso.

Con toda cortesía me invitó a pasar a su despacho, un rincón del bohío en donde había colocado una mesa y un camastro, y me sirvió café. Con él no se podía hablar de otra cosa que de su trabajo.

Tenía mil procesos pendientes y en especial uno que le preocupaba hasta la obsesión. Estaba convencido de que tendría que aplicar la pena de muerte a un asesino reincidente, que había practicado bandolerismo en la Sierra, un tal Walter, contra el que habían declarado decenas de personas. En otros tiempos había querido cooperar con el Movimiento 26 de Julio y se le confió una patrulla.

Sorí Marín me enseñó el texto del Reglamento Penal por el que se regía la justicia revolucionaria. En el artículo 12 se indicaba: "Serán castigados con la pena de muerte los delitos de asesinato, traición, espionaje y violación". Salvo el de espionaje, Walter había cometido todos los demás.

Un enorme legajo, integrado por actas y cartas, comprobaba que el acusado estaba ejercitando su derecho de defensa. Cuando se le ocurría que alguien pudiese justificar alguno de sus actos, lo señalaba y el juez enviaba en busca del testigo a una patrulla, que a veces tardaba más de una semana en regresar.

—¿Hubo otros casos en que se debió aplicar la pena de muerte?

—Desgraciadamente sí. La primera pena de muerte ordenada por el tribunal revolucionario se le aplicó a un grupo de bandoleros que asaltaban a los campesinos y les robaban, en nombre del Movimiento 26 de Julio. Después de varias emboscadas, se logró apresar a los culpables, a los que encabezaba uno a quien llamaban el Chino Chan. Recuerdo que las horas previas a la ejecución fueron terribles para todos los que habíamos firmado la primera sentencia de muerte. Y el más afectado era Fidel, quien podía, en su condición de comandante en Jefe, dictar el indulto. Cuando se iba a ejecutar la sentencia, fue hasta donde estaba prisionero Chan y conversó con él. Le preguntó si no comprendía el mal que había causado al Movimiento su bandolerismo y si no creía que su muerte era necesaria, como un ejemplo, para todos aquellos que sientan la tentación de "alzarse" por su cuenta, con el único fin de delinquir. El Chino Chan sólo respondió que estaba completamente seguro de que su muerte era necesaria.

Mientras hablábamos, aguardaba en la puerta un guajiro de unos dieciséis años. Venía a averiguar cómo había que hacer para casarse. Había caminado cuatro días para llegar hasta el juez.

—Esto –dijo Sorí Marín con convicción– me emociona. Prácticamente ningún guajiro que no haya salido de la Sierra, está casado ante la ley. Y tienen por lo regular más de diez hijos, sin registrar en ningún documento público. Esta gente, para el gobierno cubano no existe. Y sin embargo, trabaja y produce. Y ya ve usted. El Ejército Revolucionario fue haciendo comprender al pueblo campesino de la zona rebelde la necesidad de otra forma de vida más civilizada, por la patria y por cada uno de sus habitantes. Y son capaces de caminar cuatro días para llegar hasta el juez, con tal de utilizar el instrumento que los acerca un poco más a la vida de la república, de la que siempre permanecieron ignorados y alejados.

Eran las 5 de la tarde cuando llegó Guevara. Me preguntó si aún quería irme por Veguitas y se lo ratifiqué.

—Es una lástima... Si pudieses quedarte unos días más, te iba a llevar a la academia militar que fundamos hace poco. Todos los reclutas jóvenes que no podemos incorporar por falta de armas y que quieren quedarse con nosotros ingresan a la academia. Están sometidos a un régimen de disciplina estricto y a entrenamientos muy severos. De ahí esperamos sacar en breve buenos oficiales.

—¿Y quiénes los entrenan?

—El director es el capitán Lafferté. Hasta hace algunos meses era oficial del Ejército de Batista. De la Academia, lo mandaron al frente y en el primer encuentro con nosotros, cayó prisionero. Lo menos que esperaba era que lo torturasen. Pero poco a poco se fue convenciendo de que "los forajidos" no éramos como les contaban a ellos sus oficiales. Un día, resolvió incorporarse a nuestras fuerzas y luego de un período de tiempo, para que reflexionase sobre su actitud, lo aceptamos. Está seguro de que si muchos de sus antiguos compañeros supiesen la verdad con respecto a los rebeldes, la guerra terminaría en pocas semanas. Como militar de academia, no puede dejar de despreciar a superiores como Fernández Miranda, el cuñado de Batista, a quien se le regaló graciosamente el grado de general por simple parentesco. Y muchos de los que ostentan galones de mayor en adelante han logrado el puesto pasando por sobre todas las jerarquías anteriores.

Después de la comida, nos echamos en las hamacas a fumar y a conversar. Poco a poco, todos se fueron retirando y quedamos solos Guevara y yo. Hablamos sobre el futuro del Movimiento 26 de Julio, sobre sus posibilidades militares y políticas…

—La única posibilidad es la de pelear. Y hay que seguir peleando, que es la única manera de ganar.

…Y sobre su vida ahí, metido en la Sierra Maestra, lejos de todo lo suyo…

—Esto es lo mío. La lucha por un pueblo que quiere ser libre. La satisfacción de ver ir creciendo a esa pequeña criatura inimaginada que se convirtió en la fuerte y ágil revolución que sin quitar el ojo de la mira entregó tierras a los campesinos, proveyó un instrumento judicial a sesenta mil almas, enseñó a leer y escribir a miles de niños y jóvenes…

…Y con los enormes problemas de la hora del triunfo, cuando el héroe de la guerra no sea nada más que una reliquia de museo o una molestia política…

—Los problemas del triunfo no son consecuencia de la lucha, sino la lucha que continúa. Si el pueblo cubano quiere que yo siga ayudando en otro terreno que no sea en el que ahora estoy, seguiré… Y si no, me iré… Luchamos para que el pueblo decida.

…Y la constante puja contra los que sólo adhieren al Movimiento porque esa es la expresión más concreta de la lucha contra Batista, sin enterarse de que se está realizando una revolución, a la que no quieren…

—Tenemos también lo que podría calificarse de "ala derecha", especialmente en La Habana, netamente conservadora. Por supuesto, muchos se convertirán en detractores. Es lógico que así suceda. Ocurre en todas las revoluciones…

Me dormí pensando en la jornada del día siguiente, mientras la lluvia trataba de romper el techo de cinc de la tienda.

[…]

Al amanecer había escampado y mientras marchábamos a caballo hacia Providencia, el sol se hacía más fuerte a cada tranco. Fidel no había ido a Las Vegas y no me había podido despedir de él. A Guevara lo dejé escribiendo a máquina mensajes a todos sus capitanes, preparando las patrullas para la ofensiva que el ejército iba a lanzar de un momento a otro.

Escondiéndonos de los aviones que sobrevolaban constantemente la zona, pudimos llegar hasta un caserío incendiado. Por las características de los escombros ennegrecidos, era claro que habían regado fósforo vivo.

El panorama era familiar, pero no reconocí a los restos del pueblo.

—Yo pasé por aquí… –le dije dubitativo al guía.

—Es claro. Para ir a Jibacoa a entrevistar a Fidel. No hay camino mejor.

—Pero no recuerdo este pueblo incendiado.

—Porque lo quemaron hace dos semanas…

El latón retorcido de lo que había sido una heladera de gran tamaño me hizo comprender dónde estaba. El guía siguió hablando.

—Ésta era la bodega del turco Nassim. Él se salvó, pero mataron al niño y a una criada… El ejército saqueó todo el pueblo. Lo único que no pudieron llevarse fue la heladera… Después metieron candela…

Estaba por caer la noche cuando llegué al campamento de Víctor Mora.

Era mi última etapa, antes de intentar la salida por Veguitas.

Varios rebeldes partieron en busca de ropas civiles de mis medidas por los bohíos vecinos. Sólo me faltaban zapatos.

Convinimos con Mora que yo iba a ir con una patrulla hasta las cercanías de la carretera y me quedaría ahí escondido mientras una muchacha que bajaría conmigo iba hasta Veguitas a comprarme zapatos y conseguir una máquina que me llevase hasta Bayamo.

A las cuatro de la madrugada, me afeité con todo cuidado –estar rasurado es una relativa garantía en Oriente– y marché con la patrulla. A mitad de camino se nos unió la muchacha que tendría que cumplir su cometido en Veguitas y luego acompañarme fingiéndose mi esposa, hasta Bayamo. Cuando salió el sol y la vi bien, cambié los planes. Era gorda y colorada y no tenía un solo diente que lucir. Decidí entonces que si éramos interrogados en la carretera, ella aseguraría viajar sola, mientras que el chofer me presentaría a mí como a un técnico alemán en ganado cebú. Estaba seguro de que ningún guardia de Batista, en la Maestra y sus alrededores, sabría una sola palabra alemana, y como la zona era ganadera por excelencia, la excusa podría ser válida, si la suerte me seguía acompañando.

La patrulla llegó a destino y fue a tender una emboscada. Y mi robusta compañera y yo quedamos tendidos entre la manigua. A las ocho de la mañana un automóvil se acercó a marcha reducida y ella corrió hasta el camino. La gente de Mora había coordinado bastante bien las cosas.

Pero, pasaron horas y la enviada no retornaba con los zapatos y el vehículo que me sacaría de allí.

Cuando ya desesperaba, un coche pasó por la carretera desierta a gran velocidad. En el asiento trasero iba la que debía ser mi compañera. Creí que seguiría de largo porque habría sido descubierta, pero en cambio transcurrió otra hora y ningún vehículo pasó por el lugar, salvo un *jeep* del ejército que iba en sentido contrario. Y yo seguía tirado en el suelo, con el uniforme fidelista y mi atado de ropas civiles esperando uso inmediato.

Eran las tres de la tarde, cuando volvió a aparecer la máquina esperada. Mi acompañante se había olvidado el lugar en donde me había dejado, y por temor al *jeep* militar que habían cruzado por el camino, siguieron viaje muchos kilómetros antes de regresar. Me traía unos zapatos enormes, más colorados que su cara sudada. Sentado en el suelo me cambié los pantalones y la camisa y recién en el coche apoyé los pies dentro de los zapatos que muy bien le hubiesen quedado al mismísimo Fidel Castro.

Entramos en Veguitas en medio de uniformes batistianos, pero nadie detuvo al coche. Todos los soldados parecían haberse volcado en las calles y en las esquinas de las bodegas las concentraciones eran mayores.

—Esta noche va a correr la marihuana entre los guardias –anunció el chofer mientras tomábamos la carretera hacia Bayamo. La ofensiva es al amanecer.

Un día más que me hubiese quedado y mis reportajes habrían tenido que esperar un tiempo bastante prolongado antes de llegar a Buenos Aires. No obstante, lamenté no estar presente en las que creí serían acciones en gran escala. Afortunadamente, no tuve que arrepentirme, porque el ataque que los batistianos habían preparado durante meses y para el que habían adiestrado oficiales en los Estados Unidos duró cuatro días, en los que sufrieron los reveses más severos que habían tenido hasta entonces.

La gente de Bayamo me recibió con la cordialidad de las dos ocasiones anteriores y con la misma eficiencia organizaron el traslado a Santiago de Cuba. Esa noche, con mi portafolio lleno de libros y mi identificación italiana, tomé el avión de las 12, rumbo a La Habana. Alguna de las mujeres que viajaban en la misma máquina, llevaba ocultas mis cintas grabadas.

Estaba sentado en el avión que ya correteaba rumbo a Buenos Aires y todavía sentía en las sienes el bullir de la sangre. Lo que parecía imposible, al intentarlo no lo fue. Me había escurrido una vez más entre los hilos de la red de Rancho Boyeros.

Me ajusté el cinturón de seguridad, sin dejar de apretar contra mí el impermeable en cuyo bolsillo habían deslizado en el último segundo las cintas grabadas y las películas fotográficas. Por la ventana del avión me parecía ver, todavía, las caras asombradas de los que me habían acompañado en el intento, teniendo la absoluta seguridad de que fracasaría.

La Habana se fue quedando abajo, atrás, pequeña, con sus rascacielos y su cimbreante malecón. La gran ciudad parecía mínima, indefensa y querida, como una paloma enferma que pudiese cobijar en el cuenco de las manos. Allí quedaba la cúpula del Palacio, protegiendo a Batista y su cohorte de gángsters; La Habana vieja con sus calles de nombres españoles y las patrullas de hombres vestidos de azul; el Vedado brillante con las avenidas numeradas y las patrullas de hombres vestidos de azul; Marianao, con sus casas con jardines y sus aviadores gringos que mascan chiclets; Regla con sus barcas viejas y las paredes que gritan "Fidel".

La Habana se fue quedando abajo, atrás, pequeña, con sus rascacielos y su cimbreante malecón. Creí que una vez fuera de ella, sin policías secretos, ni chivatos, ni agentes del FBI debajo de las alfombras, me sentiría alegre, satisfecho. Pero no era así. Me encontré dentro de mí con una extraña, indefinible sensación de que desertaba...

La máquina había dejado de trepar y un cartel me indicó que podía quitarme el cinturón de seguridad y fumar. Apreté con fuerza un tabaco entre los dientes.

Debajo, seguía desdibujándose Cuba, en el verde fuerte de la cordillera de la Maestra.

Ahí quedaba el ejército de niños hombres que celebraba a gritos y carcajadas la llegada de un fusil o una ametralladora; Cayo Espino con su chico muerto y sus casas agujereadas; El Dorado,

con Guillermito revolcándose en el suelo calculando la última
bala; los aviones plateados que en giros hermosos regaban metralla; el Che Guevara con su pipa mezclada en la eterna sonrisa;
Fidel Castro con su cuerpo enorme y su voz de niño afónico...

Y volví a encontrar dentro de mí una extraña, indefinible sensación de que desertaba, de que retornaba al mundo de los que
lloran...

Ezequiel Martínez Estrada
Mi experiencia cubana*

Por qué estoy en Cuba y no en otra parte

Gustavo Roca quiere llevar, de regreso a la patria, algunas palabras mías, destinadas a los que extrañan mi ausencia. Gustavo ha presenciado lo que yo pudiera narrar, y su testimonio disipará cualquier duda acerca de la veracidad de lo que parece increíble.

Él ha visto la realidad de lo que en Cuba se ha hecho en veinte meses y de lo que se está haciendo para organizar una vida común de paz y de progreso. Vio lo que puede un pueblo que se levanta de su postración y adquiere conciencia cabal de sus derechos y deberes. Les contará lo que es posible hacer cuando un pueblo entero se une para defender un ideal, y les dirá de la integridad y capacidad extraordinarias de sus líderes, de los poderes insospechables de las fuerzas morales.

Les dirá asimismo que me entristece infinitamente la brutalidad y la insolencia con que los caudillos de todo género sojuzgan a nuestro pueblo, lo esquilman, lo castigan y lo escarnecen. Les dirá que

* Primera publicación en Montevideo, El Siglo Ilustrado, 1965. Prólogo de Leónidas Barletta.

si sigo creyendo que tantos esfuerzos y sacrificios han sido estériles, ello se debe a que los usurpadores y embaucadores han gobernado casi siempre al país, y a que los llamados intelectuales están enrolados, voluntaria o complacidamente, en la causa de los enemigos del pueblo. Pero sobre este aspecto de la gran traición nacional de que pocos están exentos de culpa prefiero no insistir.

Estoy en Cuba para servir a la revolución, que es también la causa humanitaria de los pueblos expoliados por los *racketers* de la Banca internacional, amedrentados y escarnecidos por los esbirros de la policía militar interamericana, y torturados y perseguidos por los verdugos y delatores en sus propios países. ¿Qué se piensa de este gran pueblo cubano en Argentina, manejada por camarillas estipendiadas y ofuscada la opinión pública por las informaciones insidiosas de la prensa asociada? ¿Qué esperan allí del mañana?

En Cuba se espera lo que es correcto y lógico; se espera cosechar mañana lo que se siembra hoy, y no se esperan mercedes ni gratificaciones, menos de los cazadores con halcón que de los de escopeta. Lo declaró Fidel Castro en la ONU con el lenguaje de los hombres libres y honrados: "el Capitalismo es una ramera que no nos seduce".

Aquí cada día esperamos la llegada de los bombarderos norteamericanos apostados en Guatemala, y sin duda en otros lugares estratégicos, y no hay un ciudadano que no esté dispuesto a repelerlos hasta morir. Esperamos de un momento a otro a los bombarderos tripulados por criminales recolectados como desperdicios de los bajos fondos morales de toda América, adiestrados, equipados y asalariados por el Departamento de Estado, el Pentágono y la FBI, para asesinar en masa a hombres, mujeres y niños que trabajan, estudian, y miran con la cabeza alta al porvenir.

Estoy en la tierra reconquistada por el pueblo a sus enemigos inmediatos, a los que estaban atrincherados aquí como ahora allá, convertidos los Poderes Públicos en casamatas. Destruidas fueron sus fortalezas y convertidas en escuelas, con sólo la fuerza de los corazones ansiosos de justicia y de las manos cansadas de trabajar sin provecho. Ésas son también las armas invencibles que posee el pueblo argentino para su liberación. Las otras las tienen los ejércitos de ocupación y sus servicios auxiliares.

Yo no soy especialista en revoluciones, ni siquiera un agitador, mas debo dar mi parecer sobre lo que puede hacerse ahora. Hay en Argentina asociaciones sindicales y profesionales, cooperativas e institutos de defensa de la dignidad nacional, como la Liga Argentina por los Derechos del Hombre, que, sin intervención de los dirigentes políticos y sin asesoría de los abogados del diablo, pueden levantar un gran movimiento de liberación. Creo que las bases, la conciencia real de la situación del país, la localización de los focos de agresión y de espionaje y el conocimiento de los enmascarados traidores a la patria, están puestas firmemente en todos los sectores de la ciudadanía. Únicamente falta, en este momento de quiebra fraudulenta declarada por los Poderes Públicos, un ente coordinador que concentre las fuerzas diseminadas, les infunda un sentido patriótico de solidaridad y encienda en ellas la fe en el triunfo.

Cómo se puede hacer esto lo demuestra el ejemplo de Cuba. Y volverá a demostrarlo cuando lleguen los asaltantes mercenarios, aunque el resto de América la abandone a su suerte. Pero ¿acaso permanecerán impasibles ante un atropello que decidiría a la vez la suerte de todos los demás países víctimas del mismo agresor?

La cooperación consiste, ahora mismo, en despertar en todas partes el repudio y el desprecio a los que sirven en las filas de los enemigos de la libertad y la justicia. La suerte está echada para los cazadores de esclavos y para los capataces de sus plantaciones. En América y en todo el mundo; a corto o largo plazo; por la razón o por la fuerza.

Che Guevara, capitán del pueblo

Fui a escuchar al comandante Guevara en la plaza Cadenas de la Universidad de La Habana. Hablaría sobre *El papel de la Universidad en el desarrollo económico de Cuba,* tópico que coincidía con el principal objeto de mi viaje a ese país. Empero, más me acució, determinándome a afrontar la posibilidad de permanecer en pie varias horas, el interés por observar y estudiar a este prócer de la Revolución, sobre quien se ha formado ya una leyenda. Era excelente oportunidad para explicarme en alguna forma el hecho, perceptible desde mi llegada a Cuba, de que el movimiento popular de liberación está vigorizado por un *élan* religioso. Yo lo he sentido así, y declaro que no me noto capaz de explicarlo por simple razonamiento sin acudir a un lenguaje que no me es extraño aunque tampoco agradable. Un lenguaje alegórico.

Al presentarse en público iluminado por concentrados focos de luz, la asamblea prorrumpió en un aplauso efusivo que evidenció el fervor que Guevara ha despertado en los jóvenes. Lo escuché con intensa atención, en actitud crítica, para captar en sus palabras y en sus gestos lo que pudiera haber de escénico, ya que la prensa asalariada lo presenta, lo mismo que a Fidel Castro, como a un mistagogo demagógico. Tengo alguna experiencia de esa clase de histriones de la democracia, producto aborigen de nuestras tierras, y cierta pericia de sus artilugios. Mi posición era, pues, de simpatía desconfiada.

Habló con elocución tranquila, sin ademanes ni patetismo en la inflexión de la voz, sin énfasis ni recursos oratorios. Habló con dominio del tema y con seguridad de sí. No se dirigió a un auditorio sino a una familia numerosa: llano, con dignidad. Dijo primeramente cuál era la situación de las industrias nacionales, mantenidas en estado de dependencia con respecto a la producción primaria de azúcar, tal como conviene que sea a los países capitalistas que así estancaron a Cuba en condición de país subdesarrollado. Se refirió asimismo a la falta de técnicos para desarrollar otras actividades que esas del monocultivo, sobre cuyas bases iniciar la liberación del mercado fabril extranjero, y entró en el tema de la función que tuvo la Universidad con respecto a las necesidades de la nación y el pueblo, y de cuál ha sido el provecho que ambos obtuvieron de la enseñanza que a los egresados costeó el erario público. Declaró la necesidad urgente de coordinar esa enseñanza universitaria de los tres institutos nacionales con la acción del gobierno revolucionario, empeñado en colocarla al nivel de otras actividades sociales que se le van adelantando.

Pronto lo escuché con unción más que con curiosidad, lo confieso, y lo admiré en su actitud de tribuno de la plebe, docto y circunspecto como un patricio. La palabra engarza perfectamente en la persona: por lo que dice se sabe lo que es. Exteriormente su figura es la de un personaje bíblico que viste uniforme de fajinas en vez de túnica; el cabello y la barba intensos encuadrándole un rostro de adolescente fatigado, los hombros altos y el torso aplanado, sin ninguna robustez corporal, y sin embargo, resistente y poseedor de fuerza comunicativa, de dominio sobre los demás. En todo da la impresión de poder más que de fuerza.

He leído después su discurso y he advertido que la fría letra impresa conservaba el influjo suasorio de su voz, y que, efectivamente, como él lo dijo con simple convicción, los dirigentes del movimiento revolucionario "son, sin discusión de ninguna clase, los líderes del pueblo", y que

> representan para los amos poderosos todo lo que hay de absurdo, de negativo, de irreverente y de convulso en esta América que ellos desprecian, pero que representan, por otro lado, para la gran masa del pueblo americano (del americano nuestro, del que empieza al sur del río Bravo) todo lo que hay de noble, todo lo que hay de sincero y combativo en estos pueblos llamados despectivamente "mestizos".

Verdad fundamental, inciso de un credo efectivamente revolucionario expresado en pocas palabras, pues desprecio tanto como codicia es lo que hay en los dominadores de los indefensos. En la voz de este hombre resuena otra voz más fuerte que habla por su boca, y esto es lo que indigna a los que usan de la palabra para embaucar y difamar. La voz del pueblo –*vox Dei*– pocas veces se oye sino por altoparlantes estridentes, y entonces no es la voz de Dios sino de los megáfonos. ¿Cómo no comprender que la Revolución Cubana es la de los macabeos, y que renueva el lema de su caudillo, de que "quien combate a los tiranos sirve a Dios"? Si han llevado consigo, no tras de sí como los jefes de regimiento, a poblaciones enteras que abandonaron sus hogares por un albur dudoso en que la muerte era lo cierto; si hombres, mujeres y hasta niños han combatido afrontando los más crueles sacrificios y penalidades, es porque ese pueblo enfervorizado posee la fe que puede trasladar montañas, meter la montaña en la ciudad, como lo han demostrado los hombres y los hechos increíbles.

Guevara es testimonio de que estamos en presencia de hechos y de seres nuevos, que se apartan de los caminos de recua (pavimentados, por supuesto) y abren una brecha en el monte por donde iban los esclavos fugitivos y los animales acosados. Hechos y seres que revelan a los ojos más escépticos la existencia de un carisma histórico, cualquiera sea el nombre que se le dé, cualquiera sea la fórmula con que se le exprese.

Este argentino que es ya americano más que cubano ha encontrado lejos de su patria, como Jonás, la patria en que cumplir con un gran deber de humanidad. Aquella noche nos dio la explicación, al referirse a la vocación como impulso de liberación en busca de sí en quien está cautivo. (Él se refirió a la vocación, sin darle el sentido que para mí tiene de destino.) Su profesión es la de devolver la salud y defender la vida de los demás; y esto es lo que no constituyó en él una profesión sino un destino, al proyectarse en dimensiones continentales. Un saber terapéutico personal se convirtió en una potestad salutífera mundial. Así Albert Schweitzer.

Me preguntaba yo, oyéndolo: "¿Por qué este cubano tan auténtico, este peregrino no habla mi lenguaje de hombre que todavía está retenido por cadenas impalpables; por qué todos los cubanos saben que, positivamente, nació en Cuba?". Comprendo que se le obedezca y se le ame como a quien dejó patria y familia para unirse a los suyos, a quien de lejanas tierras vino para cumplir un deber humano tan grande como era el redimir a una de las naciones más castigadas de la familia hispánica. Aquí estaba su patria porque aquí estaba su deber. Nuestra patria está donde es necesario que estemos, nuestros hermanos están donde los encontramos esperándonos. Cuba es el hogar de los desterrados, la casa solariega de los huérfanos.

Guevara es un símbolo en su persona y en su vida: representa al hombre liberado tanto como al libertador. Nos enseña que antes que nada debemos liberarnos de nosotros mismos y servir a un ideal y no a un dogma. Hombres así (me dicen que nacieron y se multiplicaron en la guerra) retrotraen la historia industrial a la historia humana; de la noción de guerra entre naciones venales que defienden intereses mercenarios saltamos a la mitología, a la guerra de los ángeles contra los demonios, de la luz contra las tinieblas, a la concepción de "la historia como hazaña de la libertad" (Croce). ¿No fueron derrotados tácticos de escuela y ejércitos motorizados por la fe y la voluntad de vencer al mal? El lema de la bandera victoriosa ¿no era "vergüenza contra dinero"? *In hoc signo vinces.* ¿Qué intereses defendían los labradores, los nietos de los esclavos de las plantaciones de caña, sino alcanzar para ellos y sus hijos, y para nosotros, una vida honrada de paz y de bienestar? ¿Es que están venciéndolos hoy, cuando se les incendian implacablemente los cañaverales, o es que están matándose entre sí de rabia, como alacranes con su picadura? ¿No se ha realizado el prodigio de un pueblo entero que se levanta de su abatimiento y mira a sus enemigos con altivez y dignidad? ¿Con quiénes estamos nosotros?

Nunca, hasta los días trágicos que viví en Cuba, entendí sino como blasfemia que se llamara santo "al Señor Dios de los ejércitos"; pero lo comprendí al contemplar la humildad llena de fuerza de un capitán del pueblo, y al pueblo que es su tropa. Asediado por atentados y sabotajes comprendí que se está librando en el mundo la batalla contra los falsos ídolos; la de los pueblos irredentos contra los déspotas satánicos que mienten y asesinan. Así debieron ser los patriarcas, los jueces y los caudillos, así los profetas, así los héroes de la independencia americana antes de engalanarse con entorchados y charreteras.

Este hombre pálido, de semblante doliente, que abandonó las filas de la marina de guerra para alistarse en las falanges del pueblo, con los campesinos y obreros contra los militares corrompidos, dejó el uniforme de los mercaderes de la patria para combatir por los débiles y los vencidos, transformándolos en poderosos y triunfantes.

Ha sido para mí, cansado y lejos de la patria, un bien reconstituyente platicar más tarde con a quien puedo también yo nombrar Che Guevara. ¿De qué conversamos? De Argentina, de personas, lugares y cosas que ambos conocimos y que están donde estaban. Los dos conservamos de allá una bandera no mancillada que podemos desplegar en cualquier parte. Che Guevara me transmite la sensación de que también yo puedo hacer algo por mis hermanos y mis hijos desconocidos dondequiera que me lleve el destino.

El escritorio está atestado de papeles; sobre una mesita hay un mate con bombilla, especie de amuleto que únicamente conmueve a los iniciados. Rubén Darío lo llamó "calumet de la paz", porque se bebe en común. Es símbolo de la amistad. El mate, que indefectiblemente nos acompaña cuando hemos partido, es lo último que conserva para el paladar el sabor de la tierra nativa. Nos reconocemos sin habernos conocido. Dialogamos como si bebiéramos mate. No hay ningún desnivel entre su altura y mi pequeñez. Estamos juntos, codo con codo, platicando de igual a igual, pues la condición humana oblitera a todas las otras. En su compañía descanso. Insensiblemente el diálogo toma cariz confidencial y sin advertirlo nos hallamos cambiándonos recuerdos como prendas de amistad. Oigo a un hombre de ingénita sinceridad, llano y transparente, que cautiva entregándose y que inspira seguridad. Guevara olvidó cuanto aprendió y sabe y vive de nuevo una vida que no le pertenece. Ojalá pueda yo hacer lo mismo.

Che Guevara le llama el pueblo que ignora que en guaraní quiere decir "mi" Guevara. Es del pueblo, efectivamente, y se ha recuperado entregándose a él. Huyendo, como Jonás, ha cumplido un deber imperativo. La mano que lo conduce es visible en el camino que anda.

Me ayuda a incorporarme y paternalmente, él que puede ser mi hijo, me conduce del brazo como si cumpliera conmigo su misión de amparar y guiar. Así nos despedimos y no nos separamos. Lo miro fijo para no olvidarlo; abarco toda su faz de Judas Macabeo, y siento en mi brazo una energía que me hace sentirme más libre y más resuelto. Comprendo que debo contar, lo mejor que pueda y en la forma más fiel, lo que me ha sido revelado. Cumpliré ese deber hasta el fin. Le digo: "En sus manos hay muchas vidas, y también usted está en otras manos". Las manos del buen Dios, a quienes sirven, sépanlo o no, cuantos combaten a los tiranos.

Leopoldo Marechal
La isla de Fidel*

"¡Cuba, qué linda es Cuba! Quien la defiende la quiere más." Esta canción popular nos siguió, a mi mujer y a mí, durante los 40 días en que fuimos huéspedes de la isla de Fidel Castro, donde transcurre la experiencia económico-social más fascinante de esta segunda mitad del siglo.

Cuando la Casa de las Américas me invitó a visitar la patria de Martí, como jurado de su certamen anual de literatura, me asombré:

—¿Cómo puede ser —me dije— que un Estado marxista-leninista invite a un cristiano viejo, como yo, que además es un antiguo "justicialista", hombre de tercera posición?

Y decidí viajar a la isla en busca de respuestas a esa pregunta, y a otras que yo me había formulado acerca de un pequeño país del Caribe sobre el cual gravitan leyendas negras y leyendas blancas, miedos y amores tal vez prefabricados. Entre las cosas de mi equipaje llevaba dos aforismos de mi cosecha, útiles para estos casos: 1° "Hombre soy, y nada que sea humano me asusta", y 2° "El miedo nace de la ignorancia: es necesario conocer para no temer".

* Extraído de *Obras completas*, t. V: *Cuentos y otros escritos*, Buenos Aires, Perfil, 1998. Prólogo de Pedro Luis Barcia; edición coordinada por María de los Ángeles Marechal.

Cuba, nación bloqueada, tiene aún dos puertas exteriores de acceso a su territorio: una es Praga y la otra, México. Las "Líneas Cubanas de Aviación" cumplen el esfuerzo heroico de unir la isla con esos dos puntos; dispone de sólo cuatro aviones Britannia, de 1958, que hacen prodigios con sus cuatro turbohélices, evitando los cielos hostiles del "mundo libre".

A mí me tocó entrar por México. En el aeropuerto de la capital azteca, tras esperar algunos días el azaroso avión de la Cubana, me topo con un colega del Perú y otro de Guatemala que también se dirigen a Cuba. Un agente del aeropuerto adorna nuestros pasaportes con un gran sello que dice: "Salió a Cuba", inscripción insólita que atribuyo a un bizantinismo de la burocracia. Otro agente, lleno de cordialidad, nos toma fotografías individuales, hecho que confundo con un rasgo de la proverbial donosura mexicana.

—Esas fotografías –me aclara el guatemalteco– son para el FBI de los Estados Unidos.

—Ignoraba que el FBI se interesase tanto por un certamen de literatura –comento.

Y ya estamos en vuelo, sobre el Golfo de México, rumbo a una isla sospechada, sospechosa. Es, sin duda, un país socialista, sudoroso de planes quinquenales, con músculos tensos y frentes deslustradas por el materialismo histórico. Una de las azafatas distribuye bocadillos de caviar: ¿no es una referencia evidente a la Cortina de Hierro? Pero, a manera de un desmentido, vienen los daiquiris espirituosos y la fragante caja de habanos.

¡Cuba, qué linda es Cuba! Y, mirándolo bien, ¿las mismas azafatas no tienen el ritmo cimbreante de las palmeras y la frescura de los bananos en flor?

Horas más tarde aterrizamos en el aeropuerto José Martí. En el atardecer de invierno, advertimos cierto calor y cierta humedad del trópico. Nos aguardan allá Ricardo y Norma, jóvenes, eficientes y plácidos en cierta madurez acelerada: se anuncia en ellos la "efebocracia" o gobierno de los jóvenes; así me definió más tarde don Pedro González, profesor jubilado de la Universidad de California, el régimen de Cuba revolucionaria, régimen sin ancianos visibles, de jóvenes, adolescentes y niños.

Los "carros" nos conducen a La Habana por un camino bordeado de palmeras: la ciudad no está lejos, y poco después vemos erguirse sus grandes monobloques, en cuyas ventanas empiezan a brillar las luces de la noche. Llegamos, por fin, al Hotel Nacional, que será nuestra casa durante cuarenta días. Es un edificio monumental, concebido por la imaginación lujosa que requerían los fines a que se lo destinaba, lugar de *weekend* para millonarios en exaltación, tahúres internacionales, actores famosos de la cinematografía. Lo asombroso es que la revolución lo haya conservado, como los demás hoteles, restaurantes y *cabarets* de Cuba, en la plenitud de sus actividades, con personal y servicios completos.

Ya en nuestra habitación, abrimos las ventanas que dan al mar y vemos la bahía de La Habana, con su antiguo morro, a cuyos pies festonea la espuma. En otra parte del hotel, y entre palmeras, una gran piscina de natación que abandonan ya unos bañistas corridos por la noche.

Pero, ¿qué formas se yerguen allá, en aquel terreno vecino al parque? Son dos pequeñas baterías antiaéreas, cuyas bocas de fuego apuntan al Norte.

La mucama de nuestro piso, joven y hermosa, entra en nuestra habitación y lo prepara todo con una meticulosidad tranquila de mansión solariega.

—Mercedes es mi nombre –le dice a Elbiamor con un despunte de risa–. ¿De dónde eres tú?

—De la Argentina –responde.

—¡La patria del Che! –recuerda Mercedes.

Nos pide que cuidemos los materiales del hotel. Ahora son del pueblo todo: ella lo sabe porque no hace mucho que fue "alfabetizada" y ya tiene una "conciencia social".

—Antes de la revolución –aclara–, yo no podía entrar en este hotel.

—¿Por qué no? –interrogo.

—Soy una mujer de color.

Vuelve a reír con su blanca dentadura de choclo. Elbiamor, entre lágrimas, besa su mejilla de ébano.

Bajamos al comedor. Luego de la cena nos llevarán a Varadero, donde se realiza la última sesión del Encuentro de Poetas, organizado en homenaje a Rubén Darío al cumplirse el centenario de su nacimiento. En el comedor me encuentro con Julio Cortázar: hace veinte años que no nos vemos. Abrazo su fuerte y magro esqueleto de alambre. Su melena y sus patillas le dan el aspecto de un *beatle*. Hemos de actuar en el mismo jurado de novela. Antes de separarnos me anuncia, en voz baja, con cierto humor perverso:

—Han llegado cuarenta y dos originales de gran envergadura.

Arañas de cristal, manteles lujosos, vajillas resplandecientes, flores y músicas evocan en el gran comedor los esplendores del antiguo régimen. Son los mismos camareros de ayer, con los mismos *smokings* y la misma eficiencia; sirven *cocktails* de frutas tropicales, langostas y otros manjares a una concurrencia visiblemente internacional, de la que formamos parte. Sí, son los mismos; pero ahora trabajan en una revolución. No tardaremos en tutearnos con ellos y llamarnos "compañeros", diferentes en la función social que cumplimos, iguales en cierta dignidad niveladora.

En los días que seguirán, repetiremos esa experiencia extraña con todos los hombres de la isla; la aprenderemos y sabremos que la palabra "humanidad" puede recobrar aún su antiguo calor solidario.

Esa misma noche, en una suite fantástica, llegamos a las playas de Varadero, a 150 kilómetros de la capital. A quién se le ocurrió la idea de reunir a una pléyade de poetas iberoamericanos con el solo fin de celebrar a Rubén Darío. ¿Se perseguía un objetivo puramente poético? ¿Por qué no?, me dije antes de llegar. Cuba fue siempre vivero de poetas.

Y recordé aquellos versos de Darío que figuran en su poema dedicado a Roosevelt: "Eres los Estados Unidos,/ eres el futuro invasor/ de la América ingenua que tiene sangre indígena/ que aún reza a Jesucristo y aún habla en español". ¡Qué resonancia profética tenían esos versos del nicaragüense, junto al mar de las Antillas, y en Cuba, que aún tiene la pretensión exorbitante de ser libre, de edificar en libertad sus estructuras nacionales!

Varadero está de fiesta por un poeta muerto y una nación viva. Entre las mesas ubicadas al aire libre, veo de pronto a Nicolás Guillén: también él me ha reconocido, y éste es mi segundo abrazo demorado, en una noche de iniciación. Después correrá el buen ron de la isla, cantarán los improvisadores de décimas, bailarán los litúrgicos danzarines afrocubanos, y la señora del poeta Fernández Retamar ha de brindarle a Elbiamor una enorme caracola del Caribe.

Diálogo con guayaberas

A la mañana siguiente nos bañamos en aquel mar de colores cambiantes, o discurrimos con los compañeros, en blancas y finísimas arenas, como vidrio molido. Por la noche, dando fin al Encuentro de Poetas, cenamos en la gran morada que fue de *mister* Dupont, el financista internacional que apuraba en ella sus *weekend* para contrarrestar el frío de sus computadoras instaladas en Nueva York. Cierto, la casa es monumental, con su embarcadero propio, su piscina y su jungla; pero adolece de un mal gusto que parecería insanable en la mentalidad de los Cresos. El hall, verbigracia, en conjunto inarmónico, reúne un piano de cola, un órgano Hammond, muebles en anarquía, cuadros y tapices anónimos que parecen salidos de una casa de remate.

Afortunadamente, aquella noche una revolución socialista consigue hacer el milagro de dignificar la casa y sus tristes objetos: poetas y escritores de Iberoamérica están sentados a la mesa de los periclitados banqueros: nalgas líricas o filosóficas sustituyen en los sillones dorados a las nalgas macizas del capitalismo. Se come, se bebe, se recita, se canta. Por un instante me asalta la idea curiosa de que me estoy bebiendo los estacionados vinos del opulento y alegre pirata. Mister Dupont, disculpe: la Historia no se detiene.

Han entrado los danzarines negros y los cantores que eternizan su África. Discutimos o bailamos, ¿qué importa la distinción en esta primera noche del mundo? Desde su mesa, un grupo de cubanos entona en mi honor "Los muchachos peronistas".

Lo peor es el regreso, claro está. Entre un poeta de guayabera blanca y un sociólogo de guayabera gris, camino junto al mar feérico, bajo el plenilunio. Y mi inquietud toma la forma de un remordimiento: ¿seremos nosotros, una minoría, los únicos usufructuantes de una herencia reciente? El de guayabera blanca me responde:

—Tranquilízate, alma buena. En Cuba no hay ahora ningún hambriento; no hay desnudos ni descalzos; no hay desocupación, ni despidos, ni embargos; no hay mendigos ni analfabetos.

En cuarenta días de viajes, estudios e inquisiciones, pude comprobar, más tarde, la verdad que había en las aseveraciones del poeta, y lo fácil que es resolver un problema de justicia social cuando un pueblo se decide a tomar el toro por las astas. Pero en aquella noche de Varadero, las preguntas afluyen a mis labios de recién venido:

—¿Pero el marxismo-leninismo es esto? ¿Nada más que esto?

El sociólogo se vuelve al poeta y le dice con ese tono inimitable de la travesura cubana:

—No creo que Fidel haya leído ni ochenta páginas de *El Capital*.

—¿Es que pueden leerse más de ochenta páginas? –reflexiona el poeta.

—Sin embargo –insisto–, el propio Fidel se ha declarado marxista.

—¿Y por qué no? –argumenta el sociólogo–. A juzgar por algunas *Encíclicas*, más de un Papa está en ese riesgo. ¿Y sabes por qué? Porque el marxismo se resuelve al fin en una "dialéctica" que se adapta muy bien a cualquier forma de lo contingente social. Quiero decir que sirve tanto para un barrido como para un fregado, si se trata de barrer o fregar en una vieja estructura político económica.

Yo me río:

—El viejo Marx –arguyo– ha prolongado su gloria merced a esa flexibilidad de su dialéctica. Pero, en cambio, lanzó al mundo una "logofobia" retardante de muchos procesos revolucionarios.

—¿Qué es una "logofobia"? –inquiere el de la guayabera blanca.

—Logofobia –respondo– es el terror a ciertas palabras. Y el término "marxismo", una de las más actuales.

—¡Eso merece un extra seco en las rocas! –ruge el sociólogo entusiasmado.

—Lo tomaremos en cuanto exponga mi enseñanza paralela sobre la "logolatría".

—¿Y qué diablo es una "logolatría"?

—Es una adoración de la palabra por la palabra misma –le contesto–. Generalmente, se toma una logolatría para defenderse de una logofobia.

—¿Ejemplos de logolatrías?

—Los términos "democracia", "liberalismo", "civilización occidental y cristiana" o "defender nuestro estilo de vida", esto último, naturalmente, a costa de los estilos ajenos.

—¿No es ésa una muletilla del Tío Sam?

—El Tío Sam, ¡qué tío!

Suenan tres carcajadas en la noche del trópico. Pero el sociólogo de guayabera gris tiende una mano al horizonte marítimo:

—¡Silencio! –dice–. El Tío Sam está desvelado, a noventa millas náuticas de aquí.

—¿Qué hace?

—Está revisando su cuadragésimo submarino atómico.

—¿Con qué fin?

—Le quita el sueño, entre otras cosas, una islita de siete millones de habitantes que ha tenido el tupé de ensayar un régimen socialista en sus propias barbas.

La madre del borrego

De regreso en La Habana, es necesario leer los voluminosos originales del concurso. Así lo hago, y así lo hacen conmigo el guatemalteco Mario Monteforte Toledo, el argentino Julio Cortázar, el joven español Juan Marsé, y el veterano escritor de Cuba, José Lezama Lima. Pero hay que cumplir otras actividades paralelas: visitar institutos, conceder reportajes, dialogar con estudiantes y obreros, asistir a teatros y cines, donde se cumple una actividad febril.

Cuba, en su bloqueo, necesita mostrar lo que hizo en ocho años de revolución; porque sabe que el mejor alegato en favor de la Revolución Cubana es Cuba misma. Esos trajines y contactos me han permitido conocer a la gente de pueblo en su intimidad.

El pueblo cubano es de la más pura fibra española (casi andaluza, yo diría), entretejida con más que abundantes hebras africanas, que le añaden una soltura de ritmos y una sensibilidad en lo mágico, por la cual ha de convertir en "rituales" casi todos sus gestos, desde un baile folclórico a una revolución. Libre ya de opresiones de "factoría" —y de sus "mimesis" consiguientes—, reintegrado a su natural esencia, el hombre cubano es un ser extrovertido y alegre, con imaginación creadora y voluntad para los combates necesarios, incapaz de resentimientos, fácil a los olvidos, propenso al diálogo y a la autocrítica.

Todo esto deberán tener muy en cuenta los que intenten alargar un brazo amenazador sobre la tierra de Martí; porque no es difícil advertir allá que si el cubano entona pacíficamente una copla en la Bodeguita del Medio, o baila displicentemente una guaracha en El Rancho, de Santiago, tiene siempre en una mano el machete de cortar caña de azúcar y en la otra la culata invisible de una metralleta.

Cierta mañana, y a mi pedido, un arquitecto arqueólogo, joven como todo el mundo en la isla, me hace recorrer la vieja Habana: su catedral, en el más puro estilo de la colonia, es la más bella que conozco, incluyendo la de México; los palacios condales, al enmarcar la plaza de la catedral, integran un conjunto arquitectónico de sobria pureza.

Mi acompañante y mentor me conduce luego al Castillo de la Fuerza, reducto castrense que los españoles erigieron antaño contra los invasores de la isla, reales algunos y hasta hoy siempre posibles. Cruzamos el puente levadizo, recorremos los oscuros pasillos, nos asomamos a las troneras y almenares.

—Esta fortaleza –dice mi guía– es un símbolo perfecto de
Cuba.

—¿Por qué?

—Sus constructores y defensores representaron al colonialismo;
sus atacantes representaron a la piratería. Y, hasta Fidel, Cuba se
ha debatido entre colonialistas y piratas.

—¿Ya no? –insisto.

—El riesgo subsiste en potencia. ¿Tú eres argentino?

—Sí.

—Entonces has de saber, en carne propia, que hay nuevas
formas de colonialismo y nuevas formas de piratería.

"¡Tocado!", me digo en mi alma. Y el arqueólogo concluye:

—La Revolución Cubana sólo tiene su explicación entera en
la Historia Nacional de Cuba.

Regreso al hotel, en cuyos ámbitos empiezo a conocer la naturaleza de sus huéspedes. Ya me topé con los tenistas polacos, tan
elegantes con sus conjuntos rojos de pantalón y remera. Eludo
ahora a los ciclistas hispanoamericanos que han de correr la Vuelta
de Cuba: llevan siempre consigo sus bicicletas, en el comedor y
en los ascensores; Cortázar me comunica su sospecha de que los
corredores duermen con sus máquinas y tienen con ellas relaciones extraconyugales (¡diablo de novelista!).

Luego me voy a la piscina: es un gran espejo de agua entre
palmeras y bajo el sol de Cáncer, que acaricia y muerde a la vez
como un ungüento. ¿Quiénes han invadido la piscina, tan solitaria otras veces? Porque la gente de Cuba sólo nada en verano, y
la isla está en la mitad de su invierno.

Estudio a los invasores: no hay duda, son caras y pelambres
del mundo eslavo. Y al fin identifico a los deportistas soviéticos,
entre los cuales alza su mole ciclópea el campeón olímpico de levan-
tamiento de pesas. Paseándose en torno de la piscina muy a lo peri-

patético, Dalmiro Sáenz, *jury* en el certamen de cuento, lee originales con toda la gravedad que le consiente su pantalón de baño.

—¿Qué hacen aquí los rusos? –me pregunta, indicando a los
Invasores.

—Vienen a descansar, después de su zafra –le respondo.

—¿Qué zafra?

—La del Uranio 235.

Dalmiro estudia mi respuesta. Y, sin embargo, su atención está
fija en el cíclope ruso.

—Un gran levantador –me dice.

—No hay duda –le contesto–: ahora me crucé con él en la cafe-
tería, y lo estudié en el fondo de los ojos.

—¿Qué viste?

—Una caverna del paleolítico y un gran desfile de bronto-
saurios.

Naturalmente, hay rusos en Cuba, y checos, y búlgaros, y polacos, técnicos, hombres de deportes y hasta turistas. ¿Por qué "naturalmente"? Se dice que cuando, triunfante su revolución, Fidel
Castro se dirigía a la capital, llevaba in mente dos preocupaciones: evitar que la burguesía local, dúctil actriz de la historia cubana,
intentase usufructuar *pro domo sua*, como lo hizo tantas veces
desde la colonia, un triunfo que había costado sangre y lágrimas;
y evitar que hiciese lo propio el marxismo intelectual y minoritario, que también alentaba en la isla, como sucede aquí y en todas
partes. Fácil es deducir que una "tercera posición" equilibrante
maduraba en la cabeza del líder. Y se produjo entonces la intervención y bloqueo contra una pequeña y esforzada nación que
sólo buscaba una reforma de sus estructuras para lograr su propio estilo de vida.

Claro está, bloqueada y amenazada, la isla de Fidel, sin com-
bustibles, sin industrias básicas y sin comunicaciones, habría tenido

que declinar su revolución; los norteamericanos, que no tienen
experiencia ni prudencia históricas, la arrojaron a la órbita de
Rusia, que tiene todo eso y, además, un estilo y método revolucionarios.

Por aquellos días, los cubanos entonaban el estribillo siguiente:
"Los rusos nos dan,/ los yanquis nos quitan:/ por eso lo queremos a Nikita". Cierto es que más tarde, cuando los rusos, movidos por la estrategia de la hora, retiraron los cohetes cedidos a Cuba,
se cantó este estribillo: "Nikita, Nikita,/ lo que se da no se quita".

Un oyente que escuchaba esta explicación, me dijo:

—No puede ser: es demasiado ingenuo, demasiado "simplista".

—Compañero –intervine yo–, ahí está la madre del borrego,
como decimos en Argentina. Desde hace muchos años observo una
tendencia universal a desconfiar de las explicaciones "simplistas";
en cambio, se prefiere complicar los esquemas en lo político, en lo
social, en lo económico, y hacer una metafísica inextricable de lo
que es naturalmente "simple". A mi entender, toda esa complejo-
manía proviene de los interesados en "enturbiar las aguas".

Pero, impuesta o no por las circunstancias, es de imaginar lo
que una teoría filosófico-social, como el marxismo, logra o puede
lograr en un pueblo que, como el cubano, tiene toda la soltura,
toda la imaginación y, además, todas las alegres contradicciones
del mundo latino. Está dándose aquí, evidentemente, un comunismo *sui generis*, o más bien una empresa nacional "comunita-
ria" que deja perplejos a los otros Estados marxistas, en razón de
su originalidad fuera de serie.

Un soviético, un checoslovaco, un búlgaro, de los que fre-
cuentemente visitan a Cuba, no dejan de preguntarse, vista la
espontánea y confesa "heterodoxia" cubana:

—¿Qué desconcertante flor latina estará brotando en las viejas y teóricas barbas de Marx?

La "primera" y la "segunda"

De pronto nos anuncian que Fidel Castro ha de asistir, en San Andrés, provincia de Pinar del Río, a la inauguración de una comunidad erigida en plena montaña.

Llegamos al atardecer en un ómnibus (allá le dicen guagua) de construcción checa, atravesando villas coloreadas y paisajes de sueño. Una concentración multitudinaria se ha instalado allá: son hombres y mujeres de toda la isla, que quieren oír a Fidel. Además, está jugándose allí mismo un trascendente partido de *baseball*, el de los "industriales" contra los "granjeros": el *baseball* es el deporte nacional, como el fútbol entre nosotros, y suscita en las tribunas populares las mismas discusiones y trompadas que se dan en la "bombonera", por ejemplo; el mismo Fidel Castro es un "bateador" satisfactorio. El partido concluye: ganaron los "industriales". Risas y broncas. Pero la noche ha caído; se oye un helicóptero; y poco después una gran figura barbada sube a la plataforma.

Déjenme ahora esbozar un retrato del líder.

Fidel Castro es un hombre joven, apenas cuarentón, fuerte y sólido en su uniforme verdeoliva; cariñosamente lo llaman El Caballo, en razón de su fortaleza militante. Bien plantado en la tribuna, deja oír su alocución directa, con una voz resonante y a la vez culta, que traiciona en él al universitario metido por las circunstancias en un uniforme castrense. Al hablar acaricia los micrófonos; y en algún instante de pausa dubitativa se rasca la cabeza con un índice crítico, lo cual hace sonreír a sus oyentes.

Reúne a los "compañeros", les habla de asuntos concretos: planes de trabajo, análisis y crítica de lo ya realizado, exhortaciones de conducta civil, palabras de aliento y de censura según el caso. Nunca se dirige a ellos en primera persona del singular –"yo"–, sino en la primera y segunda del plural –"nosotros" y "ustedes"–, lo cual le confiere un tono de entrecasa, humano y familiar, que borra en él cualquier arista de demagogia o se resuelve en una demagogia tan sutil que nadie la advierte. Dialoga con el pueblo que lo interroga y le sirve de coro, lo cual me trae algunas reminiscencias argentinas: "Oye, Fidel, ¿y esto? Oye, Fidel, ¿y aquello?". Y Fidel Castro recoge las preguntas en el aire y las contesta, rápido, certero y a menudo incisivo.

Una de sus preocupaciones actuales es el "burocratismo" en que suelen aletargarse y morir las revoluciones. Informa en un discurso que se ha creado la Comisión Nacional contra el Burocratismo; y una quincena más tarde anunciará en otro:

—Compañeros, la Comisión Nacional contra el Burocratismo se ha burocratizado.

Conoce a fondo los problemas generales de su pueblo, y hasta los particulares de sus individuos, tanto en el bien como en el mal. Durante el huracán "Flora", que asoló a la isla, condujo un tanque anfibio de salvataje y estuvo a punto de morir ahogado. En el corte de caña de azúcar, empresa nacional que moviliza hoy a todos los habitantes, Fidel Castro interviene, como todos, y no cortando algunas cañas simbólicas, sino trabajando jornadas enteras a razón de ocho horas cada una.

Esta noche lo escucho en San Andrés: hace frío en la montaña, vinimos desprevenidos y nos abrigamos con mantas del ejército. Fidel no es ya el orador "larguero" y teatral, imagen con la que aún se lo ridiculiza fuera: sus apariciones en público son cada vez más escasas y sus discursos cada vez más cortos. En esta oportunidad, además de referirse al asunto concreto de la reunión, toca dos puntos que me interesan como escucha foráneo: define a la suya como la "primera revolución socialista de América", y es verdad que lo ha dicho muchas veces. Pero, a continuación, la identifica con una "segunda independencia de Cuba", y me acuerdo entonces de lo que dijo el arqueólogo en el Castillo de la Fuerza: "La Revolución Cubana sólo tiene su explicación entera en la Historia Nacional de Cuba". Ya en el ómnibus o guagua, que a través de la noche nos devuelve a la capital, y mientras Ricardo y Ernesto cantan aquello de "¿Cuándo volveré al bohío?", sin duda para que no se duerma el compañero chofer en el volante, doy cuenta de mis observaciones al sociólogo en guayabera gris que compartió con nosotros la bodega ilustre de *mister* Dupont.

—Evidentemente –me dice–, el movimiento revolucionario de Fidel en pro de la "segunda independencia" no es más ni menos que una continuación inevitable del movimiento de José Martí en favor de la "primera".

—Es tan verdad –asiento yo–, que la figura de Martí está hoy en Cuba tan presente y es tan actual como la del mismo Fidel, y los escritos de Martí abundan en la formulación teórica del movimiento castrista.

Los cantantes del ómnibus han pasado en este momento a la canción "No la llores", y el de la guayabera gris insiste:

—Esa continuidad revolucionaria está favorecida por el hecho de que la pasada historia de Cuba y la presente casi se tocan. Y si no, recapitulemos: la gesta de Martí comienza en 1895; el primer Presidente de Cuba, Tomás Estrada Cabrera, es reconocido por "ellos" en 1902; luego, dos gobernadores norteamericanos, con el pretexto de pacificar la isla, se mantienen en el poder hasta 1909; después, una serie de gobiernos, electos o dictatoriales, que duran o no según el apoyo de los Estados Unidos, cuyos intereses económicos en la isla son cada vez más fuertes. La primera independencia (José Martí) y la segunda (Fidel Castro) se parecen como dos gotas de agua. Tienen los mismos opositores: un imperialismo exterior, ávido y prepotente, y una oligarquía local en colaboración con el primero. Uno y otro líder se parecen hasta en el modus operandi que utilizan: desembarcos furtivos en la costa cubana, internación en los montes, actividad de guerrillas. Lo único que añade Fidel a esa empresa insistente de Cuba es el acento de lo social económico, que, por otra parte, resuena hoy universalmente.

Las luces de La Habana se nos vienen encima. En el recibimiento del hotel (que allá se llama "carpeta") encuentro una nota de *Granma*, órgano del Partido, en la cual se me solicita un reportaje. *Granma* es el nombre del yate que, en 1956, trajo a Fidel Castro y a sus 82 compañeros desde México a la provincia de Oriente, donde la Sierra Maestra ofrecía un camino ya histórico de operaciones.

Al día siguiente respondo a las dos preguntas del reportaje:

—Usted –inquiere mi *reporter*–, que ha sido testigo y partícipe de la historia de nuestro continente a lo largo de este siglo, ¿cómo definiría este momento de América Latina?

—Desde hace tiempo –respondo–, América Latina vive en estado "agónico", vale decir de lucha, según el significado etimológico de la palabra. Y esa lucha tiende, o debe tender, a lo que Fidel Castro llamó anoche "segunda independencia". Yo diría que nuestro continente pugna por entrar en su verdadero "tiempo histórico": lo que vivió hasta hoy es una suerte de prehistoria.

—¿Qué impresiones tiene usted de su primer viaje a Cuba?

—A primera vista, y mirada con ojos imparciales, Cuba me parece un laboratorio donde se plasma la primera experiencia socialista de Iberoamérica. Por encima de cualquier "parnaso teórico" de ideas, entiendo que Cuba está realizando una revolución nacional y popular, típicamente cubana e iberoamericana, que puede servir no de patrón, sino de ejemplo a otras que, sin duda, se darán en nuestro continente, cada una con su estilo propio y su propia originalidad.

Resuelto ya el certamen literario de la Casa de las Américas, hemos de viajar al interior de la isla con el propósito de visitar la base militar de Guantánamo y después Minas de Frío.

Desde la ventana de mi cuarto estudio las dos pequeñas baterías antiaéreas que, según dije, apuntan al norte marinero. Porque a 90 millas de aquí está un enemigo al que no se odia ni se teme pero se lo vigila en un tranquilo alerta. Esas dos baterías tienen, ante mis ojos, la puerilidad de la honda de David ante la cara inmensa de un Goliath en acecho. Regularmente, el crucero *Oxford* entra en las aguas territoriales de Cuba, y su blanca silueta se recorta en el horizonte marítimo.

Desde Miami, las emisoras difunden noticias truculentas: el malecón de La Habana está lleno de fusilados que hieden al sol; faltan alimentos en la isla; Fidel Castro ha desaparecido misteriosamente. Yo estoy ahora observando el malecón lleno de paseantes alegres y de tranquilos pescadores; todos comen bien en la isla, y hace unas horas vi a Fidel Castro en una reunión de metalúrgicos.

Pero en otro lugar del territorio, el enemigo está más cerca y se hace visible. ¿Dónde? En Guantánamo. Yo estoy en Guantánamo, junto al mar del Caribe, donde los norteamericanos tienen la base conocida, separados de los cubanos por una cortina de alambre tejido. Ese límite somero es el lugar de las "provocaciones". Converso con la tropa del destacamento cubano, miro fotografías y documentales cinematográficos.

—A veces –me dice un oficial–, los marines yanquis arrojan piedras al destacamento, con las mismas actitudes y el furor de un *peacher* de *baseball*; otras, en son de burla, parodian ante los centinelas de Cuba los movimientos de los bailes afrocubanos, u orinan ostensiblemente cuando izamos nuestra bandera.

—Y ustedes ¿qué hacen? –pregunto.

—La consigna es no responder a las provocaciones. Uno de nuestros centinelas les volvió la espalda, sólo para no verlos.

—¿Y ellos qué hicieron?

—Lo mataron de un tiro en la nuca. Vea usted las fotografías del cadáver.

Desde Guantánamo, tras regresar a nuestra base de Santiago de Cuba, nos dirigimos a la Sierra Maestra con el propósito de subir a Minas de Frío, cumbre donde el comandante Ernesto Che Guevara tuvo su cuartel de operaciones. Siguiendo la norma revolucionaria de instalar escuelas donde hubo cuarteles y escenarios de lucha, se ha fundado un centro educacional, donde se preparan los maestros del futuro.

La subida es difícil, ya que se hace por una cuesta empinada, rica en torrenteras y despeñaderos, que hasta no hace mucho sólo era transitable a pie o a lomo de mula. Nosotros la franqueamos en un camión de guerra soviético, que en dos horas de trajín, sacudones y patinadas nos deja en la cima, algo así como un altiplano donde conviven 7.000 alumnos, muchachas y muchachos de todas las pieles, bien alojados y guarnecidos.

—¿Por qué instalar esa escuela en una cumbre sometida a todos los rigores climáticos?

—Para fortalecer y templar –responden– a los jóvenes que han de ejercer el magisterio en los más duros rincones de la isla. Nuestra campaña de alfabetización, iniciada en 1961, redujo el índice de analfabetos a un 3,5 por ciento. Ahora, Fidel quiere que toda Cuba sea una escuela.

Y abordamos a los alumnos, con su ropa y zapatos de montaña (ellas, naturalmente, con ruleros en la cabeza). Blancos, negros y mulatos tienen la conversación fácil y una seguridad alegre que anula toda ostentación o dramatismo. Quieren saber de nosotros: los fascinan nuestros diversos tonos del idioma español. Al fin,

piden que cantemos; yo berreo una vidalita sureña, y Juan Marsé
arriesga una sardana de su terruño catalán.

A la caña

¡Tendría tantas cosas que referir! Sólo puedo hacerlo en síntesis
rapsódicas o en pantallazos de cinematografía. Estamos ahora en
un grande y viejo taller metalúrgico, donde Fidel Castro reúne a
trabajadores y estudiantes de escuelas tecnológicas.

Tras un intento inicial de industrialización, la isla entera se
vuelca hoy a los afanes de la agricultura. Pero hay que pensar en
el futuro, y el conductor habla: se refiere a la explotación de los
minerales que abundan en las sierras, a sus aleaciones posibles, a
los futuros altos hornos y acerías, a la perfección técnica de los
obreros. Un químico visitante, que tengo a mi costado, musita:

—¡Sueña! ¡Está soñando en alta voz!

—¿Qué importa? –le contesto–. ¿Qué importa, si todo este
pueblo que lo escucha está soñando con él? Al fin y al cabo, ¿qué
sueña? La ilusión de una felicidad en la soberanía, siempre posible y siempre demorada. ¿No están, acaso, en ese mismo sueño
todas las otras repúblicas de Iberoamérica?

Y Fidel sigue hablando, frente a los rostros encendidos; Fidel
está soñando: ¡pobre del que se ría!

Esta mañana, Elbiamor y yo estamos a solas con Haydée
Santamaría, heroína de la Revolución Cubana en sus preparati-
vos y combates. Su hermano y su prometido fueron torturados
hasta morir, frente a ella misma, para que revelara el paradero de
los jefes. Toda revolución cruenta deja siempre como posible y
hasta inevitable el juego numeral de las víctimas, de modo tal
que uno y otro bando puedan sentarse a la mesa y barajar en el

tapete sus propios muertos. Haydée no lo hace, aunque tal vez en sus sueños perdure una pesadilla de ojos arrancados. Perdonar y olvidar –nos ha dicho ella–, y sobre todo combatir por un orden humano y una sociedad que hagan imposibles, en adelante, los horrores de la jungla.

Detrás de ese afán, ella trabaja día y noche, como si fuese la madre, la hermana y la novia del movimiento. De pronto recuerda mi cristianismo y el de Elbiamor:

—Antes de la revolución –nos dice–, yo era creyente, como todos los míos. Después entendí que, si deseaba trabajar por un orden nuevo, debía prescindir de Dios, olvidarlo.

No entendemos el por qué de tal resolución, romántica, y callamos.

—El otro día –infiere de pronto–, mi hija de cuatro años me preguntó quién era Dios.

—¿Y qué le respondió usted?

—Le dije que Dios era todo lo hermoso, lo bueno y lo verdadero que nos gustaba en la naturaleza.

La miramos con ternura.

—Belleza, Bondad y Verdad –le dije al fin–: son, justamente, tres nombres y tres atributos de lo Divino.

Haydée calla. Luego se dirige a su escritorio y me trae como obsequio una caja de habanos construida con maderas preciosas de Cuba.

¿Y el ambiente religioso de la isla? Puedo decir que actualmente se oficia con regularidad en los templos católicos y protestantes. En las santerías se ofrece al público el acervo iconográfico tradicional, junto con la utilería de las magias africanas, que conservan en la isla una tradición semejante. Fidel Castro, en una campaña contra las malezas rurales, aconsejó, no sin humorismo, respetar las hierbas rituales de los brujos. En realidad, no se manifiesta en Cuba ni menor ni mayor religiosidad verdadera que en muchos otros países del orbe cristiano, incluido el nuestro.

Sé, de muy buena fuente, que en el Comité Central del Partido hay católicos viejos y católicos de reciente conversión, además de algunos marxistas puros, uno de los cuales, en su inocencia, me confesó haber bautizado a un niño con champagne y en el nombre de Marx, de Lenin y de Fidel. Y digo "en su inocencia", porque aquel hombre, fundamentalmente bueno, "no sabía lo que hacía", dicho evangélicamente.

Triunfante la gesta revolucionaria, tuvo un despunte de oposición en algunos sacerdotes de nacionalidad española y algunos pastores protestantes de nacionalidad estadounidense, que obraban, sin duda, por razones "patrióticas". Fidel Castro dijo, entonces, que todo cristiano debería ser, por definición, un revolucionario. Recuerdo que hace ya muchos años, en cierto debate sobre el comunismo realizado en París, alguien (creo que Jacques Maritain) definió al comunismo como una "versión materialista del Evangelio". Pensé yo en aquel entonces que era preferible tener y practicar una versión materialista del Evangelio a no tener ni practicar ninguna.

Y me digo ahora, con más ciencia y experiencia, que toda realización en el orden amoroso de la caridad, sea consciente o inconsciente, entraña en sí misma una "petición" de Jesucristo.

Terminó para nosotros la Misión Cuba. Una tarde respondemos a los alumnos, en la Escuela de Letras. Uno me pregunta por el *Facundo*, de Sarmiento, y le aclaro algunas nociones. Otro interroga sobre *El matadero*, de Echeverría, y César Fernández Moreno se encarga de las respuestas. Pero todos los cubanos acuden al corte de caña: gobernantes y gobernados, obreros y estudiantes, artistas y técnicos.

Se ha iniciado la Séptima Zafra de la revolución, que promete ser la más cuantiosa del siglo. Los contingentes están saliendo a la tierra (o a la caña, como dicen allá): todos van alegres, porque el trabajo ya no es una "maldición antigua", sino un esfuerzo que hace doler las manos en el machete, los tres primeros días, y concluye por mudarse en una felicidad virgiliana.

Estamos en el aeropuerto José Martí, como a nuestra llegada; el cuatrimotor Britannia nos espera, trajinado y temible a los ojos de Elbiamor. Nuestros compañeros de Cuba nos despiden: hay calor en sus manos y esperanza en sus voces. El avión toma la pista: ellos quedan allá, con su ensueño acunado entre peligros, y sin otro sostén que su líder y los símbolos de su enseña nacional, enumerados en la misma canción con que inicié esta crónica: "Un Fidel que vive en las montañas, un rubí, cinco franjas y una estrella".

ENRIQUE RAAB
CUBA, VIDA COTIDIANA Y REVOLUCIÓN*

La Habana es un ejemplo de construcción urbana que sobrevive gracias a la adaptación

Imagen I

Primera mañana en La Habana. Termina el desayuno, larguísimo, en el Hotel Deauville. (Llegará el momento de averiguar por qué son tan largos esos desayunos.) Cruzo el Malecón y me apoyo en la pared. Una sonrisa me ataja, mientras dos ojos torvos recorren mi indumentaria, de arriba abajo, de abajo arriba. Uno se siente estudiado como extranjero y se pregunta si es esa camisa entallada, o esos pantalones –un *oxford* discreto– o esos mocasines a la italiana los que hacen el papel de delatores. El que sonríe es un negro sesentón. Ya está al lado. Saluda: *Good morning, sir...* Y entonces, se reacciona mal, porque ¿vale la pena despertarse en Cuba para ser saludado en inglés? Por eso, se retruca con un agresivo: *No hablo inglés, compañero. Soy argentino.* Como si nada. El compañero sigue hablando en inglés. No tiene mucha idea de dónde queda la Argentina. Pero sí de dónde queda Miami. Su dedo indica

* Primera publicación en Buenos Aires, De la Flor, 1974.

hacia el mar, hacia la lejanía, 90 millas nada más entre La Habana y Florida. Y ya la sonrisa, nada sincera, ni cordial, ni simpática, se agranda, como pasando a la ofensiva.

"Tiene usted cigarros?" –pregunta, abandonando resignadamente el inglés. Toma uno, un *L&M* que hace rodar sensualmente entre los dedos. "Esto sí que es tabaco, no lo que se vende aquí". La afirmación queda sin respuesta. El sueño de todo periodista que llega a Cuba se está cumpliendo ahí mismo, con salir nomás del hotel: ver, a cara limpia y despotricando contra el gobierno, a un gusano contrarrevolucionario. Comienzo a ponerme nervioso; estoy viviendo, sin darme cuenta, la situación con un dramatismo exacerbado (¿No dicen afuera que en Cuba, los que critican al gobierno en las calles son deportados a las granjas de trabajo obligatorio? Cf. *Selecciones del Reader's Digest*, edición en español, junio de 1966.) Y el viejo continúa, siempre en un español que deletrea como con asco: "No tiene usted idea, *sir*, de lo que era el Malecón, antes… No se podía ni cruzar por la cantidad de carros que corrían. Dodge, Oldsmobile, Ford, Chevrolet… Era una fiesta para los ojos… Y los hoteles: aquí, en este hotel donde usted vive, había un casino con 22 mesas. Ruleta, *chemin-de-fer*, treinta y cuarenta. El Habana Hilton (ahora se llama Habana Libre, pero el viejo parece ignorar que los tiempos han cambiado) era el mejor de América Latina. Yo he conocido, *sir*, a una *people* muy importante. Rita Hayworth me decía Francisco, y Edward G. Robinson me mandaba elegir su tabaco y mister George Raft, en persona, me dio trabajo en el *Capri*. Vea ahora la tristeza, *sir*. No hay turistas, no hay *people*, todo está desierto".

Larga pausa. Su dedo índice, que antes señalaba hacia Miami, ha virado en 180 grados apuntando al Malecón apacible. Es cierto: los Dodge que se ven, destartalados, pasan a razón de uno cada 10 minutos; algunos Chevrolet, más viejos aún, arrastran sus carrocerías maltrechas a lo largo de las calles. El viejo mira el espectáculo con pena. "*No people, sir, no cars*" –lloriquea, desdeñando, como si no existiesen, los Alfa Romeo, los Toyota, los Moscovich. "En 1957 mister Raft me llevó, para su servicio particular, a Nueva York. Decía que nadie sabía hacer el *job* como yo. *You are best, Francisco*" –decía–. "Y de veras, *sir*, yo tenía mi fama entre los americanos… ¡Pues sí que la tenía!"

No hay que dramatizar tanto, pensé mientras Francisco miraba de nuevo, con sonrisa humilde, el paquete de *L&M* metido en el bolsillo de mi camisa. ¿Qué hace ahí, recostado contra el Malecón, Francisco? Su paladar sólo aguanta el humor norteamericano, Hayworth y Robinson lo llamaban por su nombre de pila, Raft lo condecoró con un viaje a Nueva York, una distinción que, bajo el capitalismo, podía equipararse a un premio al trabajo ejemplar. "Yo quise salir de Cuba pero cuando arreglé mis cosas, en 1961, el puente aéreo ya estaba cortado. Ninguno de los caballeros yanquis quedaba en La Habana. No pude salir, me quedé aquí, me moriré aquí… Mi sueño es tomar, una vez más siquiera, un trago de Coca-Cola." La lengua pasa por los labios, los humedece como si toda el agua del Caribe no pudiese suministrar la misma humedad que un solo vaso de gaseosa.

"¿Y qué trabajo hacía, usted, Francisco, antes de la revolución?"

Todavía la lengua sigue llevando una ilusión de Coca-Cola a esos labios mustios. Entre los dedos amarillentos, se está extinguiendo el segundo *L&M*.

"Trabajo, no, *sir*… No era trabajo… era un *job*… Yo era jefe de los lustrabotas del *Capri*. Mister Raft me decía que sólo yo sabía hacer brillar sus botines como si fuesen un espejo."

Imagen II

Caminar por La Habana es como atravesar un pasaje nocturno, vagamente surrealista. Si todo fuese más geométrico, las arcadas en ruinas sugerirían a De Chirico; si todo fuese más tétrico, podría ser que uno estuviese transitando alguna de las Calles de la Muerte, del *Orfeo*, de Cocteau. Así como está, La Habana hace tambalear, en la mente del visitante, una cantidad de estructuras casi arcaicas.

Por ejemplo, Galiano adentro, hay una secuela de grandes tiendas. Sus nombres –todavía visibles– rememoran el furor mercantil-progresista de principios de siglo. Tienda "El Progreso"; Grandes Tiendas "La Flor de Oriente"; *Supermarket* "El Faro de La Habana"; Peletería "El Oso de Siberia"; Mercería "El Encaje de Bruselas". Arrimando la cara a las vidrieras, se divisan televisores en la peletería, conservas de leche evaporada y compotas en "El Encaje de Bruselas" y cosméticos y perfumes –sí, las cubanas usan *rimmel* y lavanda– en "El Faro de La Habana". Otros negocios son ahora depósitos de afiches propagandísticos: detrás de un letrero que dice *Coiffeur de dames*, en la calle Trocadero, uno ya no se asombra al descubrir un *poster* que inmortaliza el abrazo de Camilo Cienfuegos y el Che.

"En los países capitalistas –dice Roberto Segré, arquitecto argentino, uno de los responsables del plan de remodelación de La Habana– las capitales son fachadas de lujo y de incitación al consumo. Detrás, por lo general, están la miseria y el desvalimiento. En Cuba es al revés. La revolución volcó todo su esfuerzo al interior: entre 1962 y 1968, la isla se cubrió de viviendas, hospitales, escuelas.

"A La Habana le decían la ciudad castigada. Ahora, sin embargo, hay otra vez acuerdo en que en el esquema de la revolución, una concentración urbana tiene su sentido preciso. Sólo que este plan es de ejecución lenta. Estamos trabajando con miras al año 2010.

Por ahora, las zonas urbanizadas construidas por la revolución tienden a no incurrir en divisiones sectoriales –en el fondo, divisiones de clase– que son propias del capitalismo. Toma, por ejemplo, la Plaza de la Revolución. Comenzó a construirla Batista, se terminó en 1960, a principios del proceso revolucionario. La Plaza está concebida como un gran centro ciudadano, con el inmenso monumento a Martí y el obelisco como epicentro. Y sin embargo, ahí nomás, a 500 metros, hay una fábrica de tabaco y del otro lado, una destilería de ron. La imagen de una ciudad socialista no debe escindir en dos su vida laboral de su vida de descanso. El capitalismo oculta las zonas fabriles como territorios vergonzantes; enlaza, en cambio, poniéndolos en un foco enfáticamente visible, las grandes bocas de expendio del consumo, las insignias de lujo y del poderío económico de una clase. Los repartos ya están construidos y tenemos que arreglarnos con ellos lo mejor que podamos. La Habana vieja, corazón histórico de la ciudad, quedará tal cual es. Pero La Habana nueva será demolida, de aquí a 30 años. Es una zona de conventillos, muy poco aptos y en pésimo estado habitacional."

¡Antes, la belleza!

Imagínese la calle Corrientes, en una de sus cuadras más densas, digamos entre Esmeralda y Suipacha. Imagínese que, de sus 4 pizzerías sólo ha quedado una; que todos sus kioscos de cigarrillos y golosinas han desaparecido (porque ahora, cigarrillos y golosinas se expenden en el almacén de la cuadra, junto con el resto de los alimentos destinados a cada habitante). Imagínese, por fin, que no todos los juguetes, no todos los libros, no toda la ropa se vende ya en esa cuadra de la calle Corrientes, a quien la pueda comprar, sino que también esos mismos libros, esas mismas camisas, ese mismo trozo de pizza se está vendiendo en un pueblito de La Rioja, o en la quebrada de Humahuaca, o en Recreo, provincia de Catamarca. Si esto ocurriese, a Buenos Aires le sobrarían bocas de expendio, habría –como lo hay en La Habana– muchas mercerías convertidas en despensas, muchas corbaterías que almacenan productos medicinales, muchos negocios que albergan viviendas familiares.

La Habana, es cierto, no es ahora una ciudad hermosa. A duras penas, la revolución la está convirtiendo en una ciudad funcional.

Y así, caminar por La Habana es como saltar sobre una ruina y descubrir que esa vieja arcada de un palacio se ha transformado en un poste telegráfico, o que aquella bulliciosa plaza de los mercaderes es ahora un parque deportivo destinado al juego de los niños.

No hay duda. Antes, La Habana era más bella.

"Cuatro tiendas Lafayette tenía antes la ciudad, compañero, y todo esto ahora se ha terminado. Había visos con encaje, *tailleurs* con cuellos de cibelina, perfumes Nina Ricci, y hasta sándalo para perfumar la casa." La nostalgia de la anciana es infinita, mientras rememora, sentada en un banco del Prado, tanta esplendidez. "Yo me acuerdo, aunque ya soy vieja, que una vez la Lafayette de la calle Galiano mostró en uno de sus escaparates el traje que usó la reina de Inglaterra para la Coronación. Los habaneros hacían filas y más filas, porque había que tener su turno para ver toda esa maravilla."

"Sí, compañera. ¿Pero, eran accesibles, los precios de las Lafayette?"

La anciana hace girar su abanico en un gesto de inesperada, casi juvenil picardía.

"Yo no sé, compañero… Nunca entré a la tienda. ¡Pero las vidrieras eran tan hermosas de ver…!"

Sin impedir una relación informal con los cubanos, el ICAP se ocupa de los visitantes

Dos clases de conversaciones pueden sostenerse en Cuba: las formales y las que no lo son. No hay manera de confundirse o de pasar, inconscientemente, de un estilo de diálogo a otro. Los límites entre ambos son firmes y el cuadro ambiental que rodea esos *conversatorios* –como gustan decir los cuadros políticos– tiene características muy distintivas.

Si una delegación visita Cuba, lo más seguro es que se ocupe de ella el ICAP (Instituto Cubano por la Amistad con los Pueblos). Casi todas las noches, uno se entera, por intermedio del guía del ICAP, qué entrevistas, conversatorios y diálogos con entidades oficiales le depara a uno el día próximo. A veces, el ritmo de esas actividades es normal: por ejemplo, a las 10, conversatorio con cuadros de la Federación de Mujeres Cubanas; a las 12.30 vuelta al hotel para almorzar; a las 15.30, entrevista con el ANAP (Asociación Nacional de Agricultores Pequeños); a las 18.30 encuentro con la conducción nacional de los Comités de Defensa de la Revolución. A las 20.30 regreso al Deauville, para la cena.

Pero esa planificación sensata puede llegar, por presión del tiempo, o porque uno está justo en Cuba en la semana festiva de principios de año, a tomar contornos de maratón. Y entonces ocurre que el ICAP ha programado para un solo día 4 entrevistas por la mañana; una hora de almuerzo en el hotel, y ya a las 14 horas

está la guagua (el ómnibus) a las puertas del Deauville para emprender la carrera vespertina. Que puede contener, digamos, las siguientes postas: a las 15, JUCEPLAN (Junta Central de Planificación); a
las 16.30, MINED (Ministerio de Educación); a las 17.30, MINSAP
(Ministerio de Salud Pública); a las 19, MINREX (Ministerio de
Relaciones Exteriores). Después, el ICAP sabiamente deja tiempo
para que uno, en su libreta, deslinde el nomenclátor de siglas y
ordene los conversatorios sin correr el peligro de atribuirle al
dirigente de MINREX opiniones sobre la difteria o al compañero
de JUCEPLAN, estadísticas del analfabetismo en el año 1960. Queda
tiempo, también, para tomar un *mojito* (uno de los más geniales
inventos cubanos que necesita, por desgracia, del ron cubano para
su alquimia) y luego, comer y afrontar lo que es la novena y última
programación del día: una noche en el Tropicana, el *cabaret* más
grande del mundo.

(El compañero Luis, periodista argentino, esbozó la siguiente
verosímil teoría, a la que una visible influencia de Borges no le
quita nada de probabilidad. Nosotros, los argentinos, decía Luis,
estábamos compitiendo en número y velocidad de entrevistas con
otro grupo, compuesto de genetistas checoslovacos, para quienes
el ICAP había programado, en otros lugares de Cuba, un plan de
entrevistas de similar intensidad. Esa emulación contra un anta-
gonista invisible –aunque hacia el final ya nadie creía que fuese
inexistente– levantaba considerablemente nuestro humor. Por eso
aceptábamos con resignación los pequeños billetes que el compañero Cruz, nuestro tutor, nos dejaba en el *lobby* del hotel, anunciando, por ejemplo, que al día siguiente, habría no menos de
nueve conversatorios. "Ánimo, compañeros" –decía la misiva–.
"Hay que hacer un pequeño esfuerzo, porque hay noticias de
que los genetistas checos han hecho hoy, entre Santa Clara y
Holguín, más de 16 conversatorios. Hubo que programar, para

mañana, unas 9 entrevistas del grupo periodístico argentino; si no, compañeros, la emulación está perdida."

Dejamos Cuba, compañero Cruz, sin saber quiénes, si los genetistas checos o nosotros, fueron los vencedores de esa emulación.

Cuando los cubanos hablan en el marco de un conversatorio arreglado por el ICAP, la cosa sucede sin muchas sorpresas: el colectivo —o sea el grupo visitante— se sienta alrededor de una gran mesa y escucha, primero, una exposición general sobre el tema. Luego, después de sorber entre uno y cinco mojitos y engullir unos bocadillos de *cocktail*, llega el minuto de las preguntas. Las preguntas no sólo reciben respuestas; los cubanos insisten en que sobre ellas continúe la discusión. Por eso, nunca olvidaré esa mañana de diciembre, cuando nuestra delegación visitó la Escuela Secundaria Básica en el Campo (ESBEC) "José Gervasio Artigas". Evelio Saura se llama su director, un muchacho de 23 años, hijo de campesinos, a quien el mérito y el tesón habían llevado a dirigir una escuela de 510 alumnos a una edad que hasta en Cuba —donde hay maestros de 14 años— puede pasar por precoz. Visitamos tu escuela, compañero Evelio, y contestaste con infinita paciencia nuestras preguntas. Pero cuando nos congregamos de nuevo en tu despacho, el compañero del ICAP informó que la guagua ya estaba lista, que teníamos que partir de inmediato hacia La Habana, para atender otras entrevistas. Recuerdo el desaliento con que nos despediste, compañero Evelio. Y recuerdo también la velada melancolía de tu voz, cuando de pie junto a la guagua, sólo atinaste a decir: "¡Lástima, compañeros argentinos, que no tengan tiempo para la discusión! ¿Cómo sabré yo si lo que estoy haciendo está bien o está mal?".

(Te prometo, compañero Evelio, que cuando tenga la dicha de volver a Cuba, pediré al ICAP o al MINED, o al mismísimo Fidel, que me deje discutir contigo todo lo que vimos en la maravillosa

ESBEC "José Gervasio Artigas". Me quedaré contigo todas las horas
necesarias, sin ninguna guagua delante de las puertas que fije límite
a nuestra discusión. Porque creo, como tú, que sólo discutiendo
con otros hombres podemos llegar a saber dónde está el acierto y
dónde el error. Sólo discutiendo, entre compañeros, hay garan-
tías de que se profundice la ruta de una revolución.)

Pero hay que apresurarse, porque la gente lo pregunta, a dejar
sentado que no sólo el ICAP o cualquier otro ente estatal orquesta
el juego de preguntas y respuestas entre los cubanos y sus visitantes. Para descifrar este fenómeno portentoso que se llama Cuba
puede recurrirse, si se quiere, a las toneladas de papel impreso que
a uno le van poniendo en la valija desde el mismo día de la llegada. O se puede transcribir, textualmente, las extensas disquisi-
ciones de los dirigentes; o se puede –y no creo que sea el buen
camino– estudiar los editoriales de *Granma*, o los prefacios de
Verde Olivo, o los escritos doctrinados aparecidos en la última
Bohemia. Yo quiero contar hoy, porque ya forman parte de mi
experiencia, dos diálogos que transcurrieron, sin mesa larga, sin
compañeros camareros que servían mojitos y bocadillos, sin el
ritual de la exposición preliminar y de las preguntas finales. En
ninguno de ellos había una guagua impaciente que urgiese a seguir
viaje hacia la próxima entrevista.

Diálogo I

Noche de Año Nuevo. El ICAP ha tomado nota de que pasare-
mos la fiesta lejos de nuestras familias. ¿Qué hacer? El 23 de diciembre la cosa está cocinada: tendremos nuestra fiesta en un CDR, en
Santiago de las Vegas, a 17 kilómetros de La Habana. A las 10 de
la noche, ya está la guagua, con 10 argentinos adentro viajando

hacia allí. El CDR de Santiago de las Vegas se ha engalanado para nosotros. La cuadra reluce con inscripciones, carteles y banderitas argentinas.

"Bienvenidos, bienvenidos" –nos abraza la compañera Flora mientras alguien empuja a los niños del CDR hacia el cordón de la vereda. (Después, a medida que pase la noche, sabremos que la compañera Flora tiene fama de mujer dura y alegre: de otro modo, no se puede llegar a los 72 años con esa robustez y esa energía, después de haber perdido dos hijos en los combates de Las Villas, pocos días antes del triunfo de la revolución.)

Y nos estamos sentando en la mesa que se ha tendido, para nosotros, en la calle. Hay, por supuesto, mojitos pero también *jaibols*, que no son otra cosa que el *highball* norteamericano, o sea, cualquier gaseosa mezclada con cualquier alcohol. Y entre los bocadillos de camarones y los budincitos de puerco, se apoyan unos pequeños sobres que tenemos que abrir. Los niños del CDR han escrito esas cartas, para que cada uno de nosotros las lleve a un niño argentino. La que encontré junto a mi plato, escrita con pulcra caligrafía infantil, terminaba rogando para que "algún día, compañerito, se unan para siempre los ideales de Martí con los del general San Martín".

Nos anuncian que a eso de las 2 de la mañana vendrá un *conbo* para que podamos bailar. "Entretanto –anima Flora– pues no se queden ahí sentados, bailen con el radio, que cualquier música es buena para mover los pies." Los argentinos son tímidos: la idea de estar haciendo un papelón –¿por qué? ¿ante quién?– nos hace quedar pegados a nuestros asientos. Hasta que la compañera Flora, 72 años, muchas desgracias en su vida, arrastra a uno de nosotros al centro de la calle y, con afinación perfecta, grita a voz en cuello las estrofas iniciales de *El día que me quieras*. Y así, querámoslo o no, tenemos que bailar. Porque Flora, mientras baila, no se olvida de vociferar: "Oye, que siempre soñé con ir a la Boca, que es la patria del tango… ¿No es así, compañero?". (Le aclaramos, delicadamente, que no es así.) "Pues bueno, no importa… Pero los argentinos son admirables: está, claro, nuestro inolvidable comandante Ernesto Che Guevara… Y el cómico Pepe Biondi, que tanto, tanto, me ha hecho reír… Y Libertad Lamarque… Y Carlos Gardel… ¿Y sabes tú cuál es la tristeza grande de los cubanos? Pues que cuando murió en ese accidente aéreo, Gardel estaba viajando para Cuba por primera vez. ¡Ya lo íbamos a recibir aquí como se lo hubiese merecido! ¡Pero ocurrió esa fatalidad, y la pobre Cuba se quedó sin haberlo conocido al morocho de la Boca, don Carlos Gardel!"

Diálogo II

Dos semanas más tarde la guagua me conduce solo, sin mis compañeros, a la Calzada. "A las 7 –me había dicho Cruz– te espera Alicia Alonso." Y mis compañeros, con aire vagamente sobrador, me habían preguntado si yo creía que en la Cuba de hoy era realmente tan importante entrevistar a una estrella del ballet. Durante el viaje yo reflexionaba sobre esas prevenciones; ¿pero se puede entender Cuba sólo a través de sus organizaciones políticas?

Porque antes del 59, para el mundo, Cuba era el azúcar, y el castillo del magnate Dupont de Nemours, en Varadero, y Nicolás Guillén, y el suntuoso prostíbulo de lujo que los norteamericanos habían construido a lo largo del Malecón. Y era, también, Alicia Alonso.

En París pertenecía al círculo más estrecho de Colette, de Jean Cocteau, del marqués de Cuevas. Pablo Picasso ejercitó sus carbonillas tratando de apresar, sobre el canson blanco, ese perfil que él llamó *naturaleza muerta con nariz.* André Gide, ya octogenario, arrastró su osamenta cansada hasta el *Théâtre des Champs Elysées* porque no quería morir, así lo dijo, sin ver por última vez la *Coppelia* de la Alonso. Y en la Cuba de hoy, la empresa estatal de heladerías se llama *Coppelia.* "¿Y sabes tú por qué?" –se le puede preguntar a cualquier niño de La Habana, que está pasando su lengua por un mantecado triple, teniendo la seguridad de que contestará: "Porque la muñeca Coppelia es la compañera Alicia Alonso, primera bailarina de la revolución".

Alicia Alonso está sentada en su despacho de la Dirección del Ballet Nacional de Cuba. Desde hace 25 años corren las versiones más pesimistas sobre el estado de su vista. En Buenos Aires, en 1959, el Colón debió habilitar un sistema especial de reflectores para que la luz guiara a esos ojos, ya entonces imposibilitados de distinguir volúmenes y formas. Ahora, Alicia me mira fijo, mientras hablo; pero es doloroso comprobar que lo que guía la dirección de su mirada no es mi rostro, sino mi voz.

Fernando Alonso se ubica cerca de ella. Partenaire y marido desde 1942, se ha entablado entre ellos, con el tiempo, una especie de comunicación secreta y fulminante: "Está el fotógrafo, Alicia" –musita por lo bajo Fernando, y ella interroga, levantando la frente, si hace falta algún maquillaje o si está bien así, lista para las fotos.

Alicia Alonso. La Plisetskaia dijo de ella: "el cuerpo humano, en libertad". Alejo Carpentier, parafraseando a Paul Valéry: "De Alicia ¿qué decir de Alicia? Es como un templo griego, donde tan importante es el espacio dejado entre dos columnas como las columnas mismas". Y José Lezama Lima, en habitual desborde gongorino: "Pues ya Alicia Alonso debe saber, reabriendo la antigua flor de la sabiduría como imagen y espejo, qué delicioso punto rosa constituye ella en el debate metafísico o qué silogismo cris-

talizado, para usar la metáfora hegeliana, desenvuelve como grá-
ciles asociaciones de conceptos e imágenes de ríos en el tiempo".

Alicia es más simple que las metáforas que intentan describirla.
Me acaban de decir –mientras salió un instante a maquillarse para
las fotos– que el oculista Barraquer la operó en Barcelona, por tercera vez, hace sólo 3 meses. Gran alegría, porque al volver a La
Habana, Alicia, por primera vez en años, reconoció a sus amigos. Pero el júbilo fue corto: ahora está como antes, tratando de
guiar sus ojos por los sonidos de una voz.

"Dígame usted, Alicia… En 1959, cuando triunfó la revolución, usted era una de las figuras máximas del arte internacional."

Alicia queda expectante. No dice que sí ni que no.

"Voy a esto, Alicia. Usted pudo haberse ido, haber aceptado
contratos en Nueva York, en Londres, en París. Todas las puertas
estaban abiertas."

"Sí –dice Alicia–. Digámoslo así: las puertas estaban abiertas."

"Y entonces, sabiendo que el camino de Cuba no iba a ser fácil,
que habría dificultades, carencias, privaciones… ¿por qué se quedó
usted? ¿Por qué renunció a los lujos a que estaba acostumbrada?"

Alicia consulta con Fernando; extiende la mano sobre el escritorio, buscando unos lentes. Se los calza. Debe ser un gesto mecánico, porque –me aseguran– con o sin lentes, las tinieblas per-
sisten.

"Y bueno… Para mí no es difícil responder a la pregunta…
Porque es cierto, yo era una niña mimada de todo el mundo
capitalista. En París me ovacionaban y en Londres me pagaban
los *cachets* más enloquecidos. Y en Nueva York, el *Ballet Theatre*
agotaba su taquilla una semana antes de nuestra presentación.
Pero, sabe usted… Cuando vino la revolución, yo no sabía nada
de política, no sabía ni siquiera quién era Marx. Tenía una vaga
idea de que era un espíritu perverso, una especie de genio del

Mal… Pero ya entonces, fíjese bien, ya entonces, dentro de mi ignorancia, yo me hacía la más simple de las preguntas: *¿Por qué, habiendo tanta comida en el mundo, hay chicos que pasan hambre? ¿Por qué algunos tienen de más y otros de menos?* Hasta que, en 1959, por primera vez con Fidel…"

Larga pausa. Uno no se atreve a interrumpir esa ensoñación que anima, por un segundo, sus ojos inermes.

"Y usted me dice que yo antes era rica, que tenía todo, que si me costó trabajo renunciar. Pero ¿cómo me iba a costar trabajo? Si yo vivía, hasta entonces, de superfluidades. Otro vestido más, de Chanel, para regalárselo a una amiga después de habérmelo puesto una vez… Comprar mucha comida, para después botarla… Recibir orquídeas todos los días, para tirarlas al canasto."

Otra vez el silencio, la breve ensoñación.

"Porque antes, yo estaba llena de lujos exteriores. Y ahora, trabajando para el pueblo, estoy llena de lujos interiores. ¿Y se imagina usted qué feliz la hace a una vivir toda llena de lujo interior?"

Esta edición de *Hacia la revolución,*
se terminó de imprimir en el mes de octubre de 2007,
en los Talleres Gráficos Nuevo Offset, Viel 1444,
Ciudad de Buenos Aires, Argentina.